SOMMAIRE

QUENTIN MOYNET

OUT !

HISTOIRES DINGUES ET DÉCALÉES : LE TENNIS COMME VOUS NE L'AVEZ JAMAIS LU

PRÉFACE DE
BENOÎT PAIRE

Hugo Poche

PRÉFACE

Le tennis a toujours été un jeu pour moi. Il se trouve que c'est devenu mon métier. Mais, si je joue au tennis, c'est d'abord pour m'amuser sur le court et pour que les gens qui viennent me voir prennent du plaisir. J'ai un jeu plutôt particulier, qui s'y prête bien. Ça m'éclate de tenter des coups dingues et de voir la réaction des spectateurs. Bon, quand tu te loupes complètement, tu passes pour un con. Mais quand c'est réussi, c'est génial. À l'entraînement, j'en tente beaucoup. C'était déjà le cas quand j'étais gamin. Ça m'arrivait de m'ennuyer lors de certaines séances, mais, dès que je réussissais un truc improbable, je retrouvais le sourire. Je sentais que j'avais une main particulière.

Mes idoles de jeunesse étaient Marcelo Ríos et, surtout, Marat Safin. Marat, je kiffais sa personnalité. Je voulais être comme lui, avoir la classe sur le court, faire de beaux points. J'essayais d'imiter son revers. En fait, je me reconnaissais en lui : il était nerveux et dévoilait ses émotions, comme moi. Et, finalement, tout le monde se souvient de lui. Ce n'est pas le cas de tous ceux qui ont gagné des Grands Chelems ou été numéros un mondiaux. Safin, lui, a marqué les esprits et apporté quelque chose de différent. Les Safinettes, par exemple ! Dans son box à l'Open d'Australie, une rangée de femmes, grandes et blondes. À chaque fin de match, il remerciait son clan et hop, plan sur son box : que des culs ! C'était drôle, décalé, top.

Depuis, je trouve que le tennis s'est beaucoup aseptisé. Avec les réseaux sociaux et les micros partout sur le court, dès que tu dis quelque chose, c'est répété et amplifié. L'ATP est de plus en plus stricte, ça part tout de suite en amendes et en suspensions. Ça ne me plaît pas forcément, même s'il faut fixer certaines limites. Parfois, je trouve qu'on ne nous laisse pas assez nous exprimer. Moi, j'ai décidé de jouer la carte de la transparence : je montre tout ce que je fais. Quand je pars en vacances, pourquoi je n'aurais pas le droit de boire des spritz comme n'importe qui ? Mais, croyez-moi, je ne suis pas le seul joueur à sortir. Sauf que certains veulent garder une image sérieuse. Ce sont ceux-là mêmes que je croise en soirées !

Il y a beaucoup d'hypocrisie dans ce milieu. Prenez les interviews d'après-matchs. Les joueurs ne se lâchent pas et ne disent pas ce qu'ils pensent. Si on trouve que l'adversaire a été nul, pourquoi ne pas le dire ? Même si on va se faire défoncer… Ce n'est pas un manque de respect, c'est un constat sur un jour précis. Ça ne veut pas dire qu'on le trouve mauvais dans l'absolu. Peut-être que, la semaine suivante, le même joueur va te battre. À Monte-Carlo, en 2017, j'affronte Tommy Haas. Il me bat 6-2, 6-3. En plein match, je dis qu'il est complètement nul. Ça se répand sur les réseaux sociaux. C'est un joueur que je respectais énormément, que j'admirais ; il était très fort, exceptionnel. Mais, ce jour-là, il ne m'a pas battu parce qu'il a bien joué, il m'a battu parce que je suis passé à côté. Si tu demandes à Casper Ruud ce qu'il pense de moi après m'avoir mis 6-1, 6-1 à Madrid en 2019, il ne va pas dire que je suis super fort ! J'étais un enfant à côté de lui. Pourtant, j'ai fini l'année vingt-quatrième, lui cinquante-quatrième. J'aimerais parfois plus d'honnêteté…

C'est pour ça que, selon moi, les mecs comme Nick Kyrgios et Fabio Fognini font beaucoup de bien au tennis. J'aime leur folie. Kyrgios, quand il affronte Antoine Hoang au deuxième tour de l'US Open, en 2019, le match est sur un grand court et c'est plein. On a beau critiquer son attitude, dire qu'il insulte tout le monde, qu'il est nonchalant et qu'il n'a pas envie de jouer, tout le monde va le voir en fin de compte. Les gens savent qu'il va se passer quelque chose. Ses matchs, c'est toujours un show. Un jour, à Wimbledon en 2019, j'entre dans le vestiaire. Kyrgios vient de perdre contre Nadal au deuxième tour. Il sort à peine du court. Je le vois commander trois bières et les avaler cul sec. Puis, il est parti en conférence de presse. Normal ! Nick, c'est un bon mec, naturel, il ne se prend pas la tête, il gagne bien sa vie. Les médias australiens le défoncent, mais il reste le même, il n'en a rien à foutre.

Moi, en revanche, ce sont des choses qui peuvent me toucher. Je trouve que les médias exagèrent parfois. Ils vont faire un article simplement parce que j'ai cassé une raquette ou arraché mon polo. On s'en fout, non ? Plein de joueurs s'énervent sur le court et n'ont pas droit à un papier derrière… Ça entretient ma mauvaise réputation. D'ailleurs, ça a longtemps été compliqué avec le public français. J'étais pris en grippe à cause de mon comportement. Tous étaient contre moi. J'avais du mal à gérer ça, j'en étais triste. Il y a eu un Bercy très dur, en 2013. Je sors sous les sifflets après ma défaite contre Pierre-Hugues Herbert. L'année d'avant, contre Nishikori, pareil. Je crois que ça a commencé à changer quand j'ai joué pour la première fois en Coupe Davis, contre l'Espagne, à Lille, en 2018. Et l'année suivante, j'ai vécu le plus beau Roland-Garros de ma vie. Des émotions comme ça, j'ai franchement peur de ne jamais en revivre. D'abord quand je bats Pierre-Hugues en cinq sets au deuxième tour. Sur la balle de match, j'ai ressenti un truc tellement fort. J'étais quelqu'un d'autre, transcendé. Puis, le huitième de finale contre Nishikori avec un public de folie. C'était une ambiance de match de foot. Et, quelques mois plus tard, à Bercy, où ça avait toujours été très dur pour moi, je perds contre Gaël Monfils, mais je sors ovationné. Le vent avait enfin tourné.

Tout le monde ne va pas le croire, mais je suis vachement plus calme qu'avant sur le court. Je faisais beaucoup plus de conneries quand j'étais jeune. J'étais encore plus con que je ne le suis maintenant ! Mes parents ont parfois dû me sortir du terrain en plein match à cause de mon comportement. Une fois, j'avais cassé toutes mes raquettes, c'est mon adversaire qui m'en a prêté une. J'étais dans l'extrême. C'était des colères incontrôlables, sur n'importe quoi. Une année, à Grasse, je n'avais pas envie de jouer un tournoi. Mon coach, Laurent Raymond à l'époque, me forçait la main, alors j'ai cassé toutes mes raquettes pour ne pas jouer. Des anecdotes comme ça, j'en ai plein… Casser des raquettes, me faire disqualifier, insulter tout le monde…

J'en ai fait, des conneries ! Et j'ai fini par me faire virer du Centre national d'entraînement.

À l'époque, en plus de mon comportement, je n'avais pas de très bons résultats, mais j'étais très protégé par Patrice Dominguez, qui était alors le directeur technique national. Je ne le remercierai jamais assez pour l'aide qu'il m'a apportée. Il croyait en moi et en mon potentiel, il ne s'arrêtait pas à mes écarts de conduite. Mais il s'est fait licencier en 2009 et Patrice Hagelauer, qui l'a remplacé, m'a convoqué dans son bureau et m'a dit : « Je ne te connais pas, je ne t'ai jamais vu jouer, mais tu es viré. Fais tes affaires. » Du jour au lendemain. Je suis reparti chez moi, à Avignon. Je n'avais pas d'entraîneur, pas de structure, pas d'argent. C'est la seule fois où j'ai vraiment arrêté le tennis pendant plusieurs mois. J'ai repris le foot. Mais la balle jaune a fini par me manquer. J'ai commencé à travailler avec Lionel Zimbler et j'ai atteint la dix-huitième place mondiale en 2016.

J'ai l'étiquette du mec talentueux mais branleur. Souvent, les gens me disent que j'ai la capacité d'être top 10. Sauf qu'il me manque aussi beaucoup de choses : être très sérieux à l'entraînement, faire des préparations physiques… Des sacrifices dont je ne suis pas capable. Peut-être que j'ai le niveau tennistique, mais ceux qui sont top 10 ont aussi le physique et le mental. Ils ont tout, moi pas. Gagner un Grand Chelem n'a jamais été mon moteur. Je préfère être top 30 en kiffant ma vie, en jouant au golf, en buvant des spritz quand j'ai envie, plutôt que tout sacrifier pour être numéro un mondial. Tout le monde me dit que j'aurai le temps de profiter après ma carrière et que je devrais m'investir à fond dans mon tennis. Mais tous ceux qui sont robotisés comme ça, ils ne profitent jamais après. La plupart des mecs restent sur le circuit. Je n'en vois pas un se lâcher complètement. Parce que, leur vie, c'est ça : tennis, tennis, tennis. Ils sentent un vide quand ils arrêtent de jouer. Moi, le jour où j'arrête le tennis, mes spritz, mes soirées et mon golf, je les aurai toujours. Ma vie est très belle, beaucoup rêveraient d'avoir la même. Je gagne de l'argent, je profite, je voyage, je suis le plus heureux du monde ! J'ai une chance de dingue. Je ne sacrifierai rien pour être numéro un mondial. En 2019, je suis allé à Mykonos, à Ibiza, je me suis régalé, j'ai passé les plus beaux moments de ma vie avec mes potes. Et ça, je ne le ferai pas quand j'aurai quarante ans.

Je ne jalouse pas du tout les Nadal, Federer, Djokovic. Je les respecte beaucoup et je trouve magnifique ce qu'ils font, leur investissement. Mais, putain, quand je vois Rafa gagner Roland et deux jours après s'entraîner au Queen's pour préparer la saison sur gazon… C'est un autre monde ! Moi, si je gagne Roland, je ne suis pas sûr d'aller ni au Queen's ni à Wimbledon d'ailleurs. En fait, je crois que j'arrête ma saison ! Ce sont des champions. Sans eux, le tennis ne serait pas ce qu'il est aujourd'hui. Je les regarde avec une admiration énorme, mais je ne serai jamais comme ça. Ça ne m'empêche pas de me considérer comme un champion. J'ai été dix-huitième mondial, ça fait dix ans que je suis dans le top 100 et j'ai trois titres ATP, c'est une belle carrière. D'ailleurs, mon ex me le répétait assez : « T'es un champion. Tu joues les plus grands tournois du monde face aux meilleurs joueurs du monde. »

Sauf que, paradoxalement, à cette époque-là, ça n'allait pas au niveau du tennis. En fait, c'est bête à dire, mais je suis meilleur quand je suis célibataire. Dans ma vie personnelle, je n'ai jamais été aussi épanoui que quand j'étais avec mon ex. Mais quand j'aime, je donne tellement que je ne suis pas assez concentré sur ma carrière. C'est simple, dès que je perdais un match, je prenais le premier vol pour la rejoindre plutôt que de rester sur place et me préparer pour le tournoi suivant. J'ai déjà fait des allers-retours simplement pour la voir une journée. Une année, je perds au premier tour à São Paulo. Le lendemain, on est partis quatre jours à Rio tous les deux. Je ne m'entraînais pas et je buvais des cocktails. Moyen pour mon tennis… Je ne sais pas séparer ma vie privée de ma vie de joueur. Ça s'est vu aux Jeux olympiques de Rio, en 2016. Cet épisode et mon exclusion de l'équipe de France n'auraient pas eu lieu si j'avais été célibataire et je me serais sans doute plus amusé dans le village ! Mais à ce moment-là, je m'en fichais : j'étais très heureux.

J'étais vraiment mal, il y a trois ans. La rupture m'a détruit, j'étais encore amoureux. Elle me manquait beaucoup. C'est pour ça que mon meilleur pote Jean-Charles a passé l'année 2018 avec moi sur le circuit. Je ne pouvais pas être seul. Je suis passé à côté de certains matchs parce que mon ex me manquait trop, je pensais à elle en jouant. Mon pote était là pour me remettre les idées en place. J'avais besoin de lui parler, de lui dire ce que j'avais sur le cœur. Sans lui, sur certains tournois, je serais rentré chez moi sans jouer. J'étais incapable d'être sur un court de tennis. Ma tête était ailleurs. J'avais envie de réessayer avec elle, de tout donner, mais ce n'était pas possible. Alors, j'ai acheté un cahier pour dessiner. Quasiment tous mes tatouages sont des dessins issus de ce cahier. Je lisais des bouquins sur ce qui m'était arrivé. Et j'écoutais de la musique triste. J'ai une sacrée playlist !

Ça me met encore plus dans le fond, mais c'est mon truc.

Pour être honnête, elle me manque toujours. Je n'avais jamais été amoureux à ce point. Trois ans après, je suis encore capable de parler d'elle avec émotion. Après, quand le tennis va bien, que tu as tes potes, que tu fais tes soirées, tu y penses moins et, avec le temps, tu oublies, même si ce n'est pas facile tous les jours. Là, je suis bien, célibataire, ça m'aide pour mon tennis, mais j'ai quand même envie de construire ma vie avec quelqu'un et d'avoir une famille. Parce que la famille, c'est tout pour moi. À Wimbledon, en 2019, j'ai loué une maison où je vivais avec mes parents, mon frère, sa femme, mon neveu et mon coach. C'était exceptionnel. Imaginez : je jouais au tennis avec mon neveu de trois ans à Wimbledon ! Je suis fier de ça. Quand j'étais petit, on regardait Wimbledon à la télé. J'avais une cassette de 1991 chez moi, je la regardais tous les ans. À aucun moment, on ne s'imaginait que je participerais un jour à ce tournoi. Encore moins que j'affronterais Andy Murray sur le central en huitième de finale ! Donc, on en profite…

C'est pour ça que je ne sacrifierai rien pour aller plus haut. C'est ma vie et je veux qu'elle reste ainsi. Remplie de hauts et de bas, de victoires et de défaites, de rires et de larmes, de pétages de plomb et d'explosions de joie. Un condensé d'émotions que vous retrouverez page après page dans le livre de Quentin Moynet, mine d'or d'histoires et d'anecdotes plus incroyables les unes que les autres. Vous allez sourire, pouffer, ouvrir grand les yeux, rester bouche bée et verser quelques larmes. Si vous n'êtes pas encore un dingue de tennis, vous risquez de devenir complètement accro. Et si vous pensez tout savoir sur ce sport, préparez-vous à le redécouvrir.

Benoît Paire

FORFAITS ET ABANDONS ABSURDES

LE MASO RUSSE

L'espérance de vie d'une raquette de tennis sur un court est plus ou moins la même que celle d'un piéton sur l'autoroute. L'outil à cordes a la préférence des joueurs pour évacuer leur frustration après la faute de trop. Ils la balancent contre leur chaise, la fracassent au sol ou la brisent en deux avec le genou ou le pied. Mikhail Youzhny, lui, avait un autre bouc-émissaire lorsque les choses ne tournaient pas en sa faveur : son crâne. En 2008, au Masters 1000 de Miami, le Russe s'asséna trois violents coups de raquette sur la caboche et s'ouvrit le cuir chevelu. Soigné à la hâte par le médecin du tournoi sous le regard mi-amusé mi-choqué des spectateurs, l'ancien numéro huit mondial finit la rencontre et battit (7-6, 3-6, 7-6) l'Espagnol Nicolás Almagro, qui servait pourtant pour le match au moment du pétage de plomb de son adversaire. Youzhny y vit peut-être une solution, certes extrême mais efficace pour renverser des situations désespérées. Alors, il remit ça sept ans plus tard, à Roland-Garros. Au deuxième set d'un premier tour mal embarqué face au Bosnien Damir Dzumhur, il sortit sa botte secrète : onze coups de raquette contre son crâne en l'espace de quelques secondes. Pas de saignement cette fois, mais des vertiges et un abandon dans la foulée, à 6-2, 6-1 contre lui. Il laissera son crâne tranquille jusqu'à la fin de sa carrière, en 2018.

DROIT DANS LE MUR

Casser une raquette n'est pas très respectueux (ni très économique), mais c'est moins douloureux (et moins idiot) que passer ses nerfs sur son propre corps. Henri Leconte et Marc Rosset l'ont appris à leurs dépens. En février 1988, à Milan, le premier fut corrigé (6-1, 6-2) par sa bête noire, l'Allemand Boris Becker, contre lequel il s'inclinait pour la cinquième fois en autant de confrontations. Fou de rage de n'avoir toujours pas trouvé la solution, il explosa à son retour au vestiaire et asséna un énorme coup de poing dans une cloison en bois. Celle-ci s'écroula sur l'Australien Pat Cash, qui était en train de se faire masser dans la pièce voisine. Dans la foulée, « Riton » disputa son double avec Guy Forget comme si de rien n'était. Mais il se réveilla le lendemain avec la main enflée. La fracture lui coûta six semaines d'arrêt…

Marc Rosset, lui, loupa l'Open d'Australie à cause d'un accès de colère. C'était en janvier 1996, lors de la Hopman Cup, une exhibition par équipes nationales mixtes qu'il disputait avec sa compatriote Martina Hingis. Lors du double décisif de la finale contre la Croatie de Goran Ivanišević et Iva Majoli, les Suisses manquèrent quatre balles de match à 6-3, 6-7, 5-4. Sur la dernière, Rosset vit rouge après ce qu'il considéra comme une erreur d'arbitrage. Il frappa dans un panneau publicitaire au bord du court. Celui-ci était accroché à un bloc de béton… Aïe !

RAMASSEUR DISTRAIT, LIGAMENT DÉCHIRÉ

Si la poisse avait son Grand Chelem, Tommy Haas en aurait glané un paquet. Pas épargné par les blessures tout au long de sa carrière, qui le mena tout de même jusqu'à la deuxième place mondiale, l'Allemand fut particulièrement malchanceux à Wimbledon en 2005. Alors qu'il s'échauffait au service à quelques minutes d'affronter le Serbe Janko Tipsarević au premier tour du majeur londonien, il glissa sur une balle qu'un des ramasseurs, distrait, avait laissé traîner sur le gazon. Touché au pied droit, Haas fut strappé en urgence. Il tenta de jouer malgré tout, mais la douleur, trop forte, le poussa à abandonner à 6-2, 2-1 en faveur de son adversaire. Verdict : un ligament déchiré, deux mois d'arrêt.

À DORMIR DEBOUT

L'histoire prête à sourire aujourd'hui, mais elle aurait pu virer au drame. En mars 2006, Peter Polansky, jeune espoir du tennis canadien, fut appelé dans un rôle de remplaçant en équipe nationale pour affronter le Mexique en Coupe Davis. Après un entraînement, il rentra à l'hôtel de sa sélection à Mexico et s'endormit devant la télévision. Il se réveilla quelques heures plus tard allongé sur le sol, trois étages plus bas, les jambes en sang. Le joueur de dix-sept ans avait fait un cauchemar dans lequel un individu l'attaquait au couteau. Victime d'une violente crise de somnambulisme, il était passé par la fenêtre de sa chambre. Miracle, sa chute fut amortie par un buisson, mais ses jambes, en particulier la gauche, étaient dans un sale état : des bouts de verre s'étaient enfoncés dans son mollet. À l'hôpital, les médecins envisagèrent l'amputation. Au bout de soixante-douze heures, ils décidèrent finalement de l'opérer. Cinq heures sur la table, quatre cents points de suture, quelques mois en fauteuil, et revoilà le jeune Canadien d'aplomb. Polansky reprit sa carrière comme si de rien n'était, sans jamais refaire de crise de somnambulisme. À un détail près : depuis ce jour, il demande systématiquement des chambres au rez-de-chaussée et ne dort plus à l'hôtel sans un ou deux amis pour le surveiller.

LEÇON D'ANGLAIS

Bien parler anglais est une obligation sur le circuit professionnel. Nicolás Almagro en a pris conscience en 2004. L'Espagnol au puissant revers à une main n'avait que dix-huit ans quand il se présenta aux qualifications pour Wimbledon. Malheureusement, il se trompa au moment de lire sa convocation, écrite dans la langue de Shakespeare, matière qu'il n'avait de toute évidence pas suffisamment étudiée à l'école. Il croyait ainsi jouer en troisième match (*third* en anglais) alors qu'il jouait en premier (*first*). Son premier tour de qualifications était programmé à onze heures contre le Canadien Niemeyer. Prévenu en catastrophe, il arriva avec une vingtaine de minutes de retard. Vingt minutes de trop : il avait déjà été remplacé. Le Français Olivier Patience était en train d'achever son échauffement face à Niemeyer. Patience avait lui-même oublié de s'inscrire aux qualifications et n'était pas dans le tableau initial. Seule solution dans ce cas-là : venir au stade le matin du premier tour, signer une feuille, prendre son mal en Patience et espérer un forfait de dernière minute. Bingo ! Le quatre-vingt-treizième mondial passa les trois tours de qualifs et s'offrit un match de prestige sur le Centre Court contre l'ancien numéro un mondial Carlos Moya, contre lequel il s'inclina en cinq manches (6-4, 3-6, 7-5, 6-7, 6-1). Un très beau souvenir malgré la défaite. Thank you Nicolás.

CAFÉ EMPOISONNÉ ?

On n'aura sans doute jamais le fin mot de l'histoire, mais Tommy Haas a peut-être été empoisonné lors de la demi-finale de Coupe Davis entre la Russie et l'Allemagne en 2007. Sèchement battu par Igor Andreev le vendredi (6-2, 6-2, 6-2), le leader de la sélection allemande devait disputer le premier simple du dimanche. Mais, alors que son équipe avait pris l'avantage grâce aux succès de Philipp Kohlschreiber et du double, Haas passa, dira-t-il, la pire nuit de sa vie : six heures aux toilettes à évacuer son dîner de la veille. Les médicaments prescrits à quatre heures du matin par le médecin de l'équipe, Erich Rembeck, n'eurent aucun effet. Sans énergie, Haas demanda à être remplacé par Philipp Petzschner. L'Allemagne perdit finalement les deux derniers simples et s'inclina. Coéquipier de Haas, Alexander Waske balança quelques semaines plus tard une bombe au quotidien allemand *Bild* : « J'ai parlé avec un Russe à Moscou et je lui ai dit qu'il souffrait d'une crise intestinale, mais il m'a répondu : "Non, il a été empoisonné." » Une autre personne, restée anonyme, confirmera l'existence de telles pratiques à Haas, qui appuiera la thèse de l'empoisonnement : « Quand j'y repense, c'est vrai que j'étais le seul de l'équipe à commander un dessert ou à prendre un cappuccino à la fin des repas… » Forfait pour le tournoi de Lyon, l'ancien numéro deux mondial fit un check-up complet aux États-Unis. Mais plusieurs semaines étaient passées depuis les faits et rien ne put être prouvé, malgré une enquête parallèle de la Fédération internationale.

SACRILÈGE ROYAL

Imaginez Serena Williams ou Roger Federer poser un lapin à Elizabeth II. C'est à peu près ce qu'il s'est passé il y a moins d'un siècle. Épouse du roi George V, la reine Mary – ou Mary de Teck – était une grande fan de tennis. Elle admirait particulièrement la Française Suzanne Lenglen, première star féminine de la balle jaune (ou plutôt blanche à l'époque), trente-quatre titres du Grand Chelem (dont douze en simple) et deux médailles d'or olympique à son palmarès.

À Wimbledon, en 1926, la reine demanda, le mercredi de la première semaine, à voir jouer le phénomène le lendemain, à l'occasion de sa visite annuelle. Elle souhaitait notamment assister à son premier tour de double, prévu en troisième rotation. Pour arranger la souveraine, le nouveau secrétaire du club avança le deuxième tour en simple de Lenglen afin qu'elle puisse disputer son double dans la foulée. Or, son prédécesseur avait pris l'habitude d'envoyer à la Française ses convocations de match par courrier. Son remplaçant l'ignorait ou n'avait pas envie de se plier aux exigences de madame. Touchée à une épaule et tout juste sortie d'une jaunisse, la « Divine » avait déjà quitté le stade et pris rendez-vous chez son médecin, à Londres, pour le lendemain à midi, quand le changement d'horaire fut décidé.

Prévenue au dernier moment par une autre participante qui avait lu le journal le matin même, Lenglen refusa de décaler sa consultation. Elle arriva avec plus de trente minutes de retard au stade et fut convoquée devant le comité du tournoi, qui lui passa un savon et lui demanda de se rendre immédiatement sur le central où la reine l'attendait en tribunes. Mais pas question pour Lenglen d'enchaîner un simple et un double. Elle s'enferma alors dans le vestiaire et fondit en larmes. Les organisateurs la menacèrent de disqualification, mais rien à faire. Devant l'urgence de la situation, ils firent venir son ami Jean Borotra, qu'ils autorisèrent exceptionnellement à entrer dans le vestiaire des femmes – avec une serviette sur la tête – pour essayer de la convaincre de jouer. Sans succès : Borotra vint seul sur le central pour présenter les excuses de l'équipe de France à la reine. Les deux matchs de Lenglen furent finalement reportés. Elle disputa son double le vendredi puis, à cause de la pluie, son simple le samedi. Remonté par l'affront fait à sa reine, le public anglais lui offrit un accueil glacial et n'applaudit pas sa nette victoire contre Evelyn Marshall (6-2, 6-2). Très affectée par ce désamour soudain, la Française déclara forfait pour son troisième tour et quitta Londres. Dans la foulée, elle mit fin à sa carrière amateur et accepta l'offre du promoteur américain C. C. Pyle pour une tournée professionnelle de quatre mois aux États-Unis. Elle fut alors radiée à vie de la Fédération française et bannie du select All England Lawn Tennis and Croquet Club.

LAVEMENT ET DISQUALIFICATION

Tout ça à cause de Peter McNamara ! Il suffisait à l'Australien de remporter le troisième set face à Corrado Barazzutti pour que l'affaire Orantes-Vilas n'en devienne pas une. Mené deux manches à zéro par l'Italien en huitièmes de finale à Roland-Garros en 1980, McNamara avait l'avantage dans la troisième, 5-3. Au même moment, en coulisses, Guillermo Vilas faisait le forcing auprès des organisateurs, via son manager Ion Tiriac, pour décaler de quelques dizaines de minutes son match contre Manuel Orantes, prévu juste après McNamara-Barazzutti sur le court numéro 1, inauguré une semaine plus tôt. L'Argentin souffrait d'importantes douleurs abdominales – il couvait en fait une appendicite – et un médecin du tournoi lui avait indiqué que, pour être en mesure de jouer, il devait immédiatement subir un lavement et attendre une heure avant d'entrer sur le court. McNamara en passe d'embarquer Barazzutti dans un quatrième set, Vilas accepta l'intervention. Mais, à peine vingt minutes plus tard, il fut appelé sur le court : McNamara venait de s'incliner au tie-break. Panique générale ! Orantes s'agaça. L'Espagnol demanda l'application du règlement et que Vilas soit déclaré forfait. Mais l'Argentin, vainqueur porte d'Auteuil en 1977, était un monument maison et Philippe Chatrier, président de la Fédération française et de la Fédération internationale, trancha : le match fut reporté au lendemain. Première bronca en tribunes.

Vingt-quatre heures plus tard, Vilas apparut sur le court à l'heure H. Mais aucune trace d'Orantes. Convaincu d'être dans son bon droit et touché dans sa fierté, il décida de rester au vestiaire. Impossible de le faire changer d'avis. L'Espagnol fut disqualifié. Restait à annoncer la nouvelle aux quatre mille spectateurs, déjà frustrés la veille. Les dirigeants Patrice Clerc, Christian Duxin, Gilles Jourdan et Hervé Dutreil furent reçus par une bordée de sifflets et de hurlements, suivie de jets d'avions en papier et de canettes. Vilas s'inclina au tour suivant face à l'Américain Harold Solomon, l'ATP apporta son soutien à Orantes et, quelques mois plus tard, Chatrier infligea à… Chatrier une amende du montant du *prize money* d'un huitième de finale à Roland-Garros, qu'il versa à Orantes. *Mea culpa.*

LE FEU, ÇA BRÛLE

Yannick Noah n'a jamais été un joueur comme les autres, même dans la blessure. En 1986, le Français, troisième mondial, finaliste à Monte-Carlo – battu par Joakim Nyström – et vainqueur à Forest Hills – où il avait infligé un 7-6, 6-0 en finale à Guillermo Vilas, rien que ça –, faisait figure de prétendant très sérieux au titre à Roland-Garros, trois ans après y avoir été sacré.

Mais, dans la foulée du tournoi de Rome – où il avait atteint le dernier carré –, Noah se rendit à l'aéroport pour rentrer à Paris. Une valise tomba lourdement sur un de ses pieds et le blessa au tendon d'Achille. Il voulut se soigner seul, au laser, et se brûla la peau. Porte d'Auteuil, il passa trois tours en serrant les dents, avant de déclarer forfait pour son huitième de finale.

Un peu plus de trois ans plus tard, au retour d'un US Open convaincant (quart de finale), il organisa un barbecue avec des amis dans sa maison, à Nainville-les-Roches, dans l'Essonne, histoire de fêter son parcours new-yorkais. Le futur chanteur eut alors une brillante idée : il utilisa un bidon d'essence pour alimenter le feu et accélérer la cuisson de la bidoche. La suite ? Retour de flammes et brûlures sérieuses entre le genou et le talon. Résultat, pas de tennis pendant trois semaines et une fin de saison tronquée. À son retour à la compétition, un mois plus tard, à Bercy, il fut interrogé sur sa mésaventure estivale : « Ça va bien, maintenant que j'ai un barbecue électrique. »

UNE GLISSADE ET DES MILLIONS

Pour quelques millions d'euros, combien seraient prêts à prendre un gros coup sur la caboche ? Pendant que vous y réfléchissez, laissez-nous vous raconter l'histoire d'Eugenie Bouchard, prodige canadienne, finaliste de Wimbledon, cinquième mondiale à vingt ans en 2014, en pleine « kournikovisation » depuis, hommage à son aînée russe Anna Kournikova, numéro huit mondiale à dix-neuf ans avant d'apparaître davantage sur les défilés de mode et les shootings photos que sur les courts de tennis. Bouchard a une gueule qui attire les flashs et elle le leur rend bien. Le tournant a peut-être eu lieu en 2015, à l'US Open. La Canadienne venait d'achever sa conférence de presse après sa victoire au troisième tour contre la Slovaque Dominika Cibulková. À son retour au vestiaire, vers vingt-trois heures, elle tomba à cause de ce qu'elle décrira plus tard comme une « substance glissante, étrangère et dangereuse » et se cogna la tête contre le sol. Commotion cérébrale, tournoi terminé, tentative de retour un mois plus tard en Chine, mais abandon et fin de saison. Dans la foulée, Bouchard déposa une plainte contre l'USTA, la Fédération américaine, pour négligence. Deux ans et demi plus tard, à l'issue d'un procès très médiatisé, la justice américaine condamna l'USTA à verser 75 % des dommages et intérêts accordés à la joueuse. On évoque une somme comprise entre six et dix millions de dollars, plus ou moins autant que son *prize money* total en carrière. Un beau coup financier, mais « Genie » Bouchard n'a plus jamais atteint la deuxième semaine d'un Grand Chelem, chutant irrémédiablement au classement. Depuis sa commotion cérébrale, c'est son tennis qui est dans le coma.

CONNORS ET BADINTER EN GUERRE CONTRE ROLAND-GARROS

Lorsqu'il apprit que Robert Badinter avait été nommé garde des Sceaux par le nouveau président de la République française, François Mitterrand, en 1981, Jimmy Connors sourit : « Pas possible ! Il a dû faire des progrès alors ! » L'Américain avait gardé un mauvais souvenir du nouveau ministre de la Justice quand il était encore simplement avocat du barreau de Paris. Sept ans plus tôt, Connors avait fait appel à ses services pour le défendre face à la Fédération française de tennis et son président Philippe Chatrier. Ce dernier lui avait interdit de participer à Roland-Garros en 1974. Il reprochait à « Jimbo » d'avoir signé un contrat avec le World Tennis Team, surnommé les « Intervilles », une compétition lucrative mixte par équipes, créée en 1973 par plusieurs businessmen souhaitant faire du tennis un sport « à l'américaine », spectaculaire et populaire, avec de nouvelles règles censées attirer un public moins connaisseur et plus jeune. À grands coups de chèques à cinq chiffres, le WTT attira certains des plus grands joueurs du circuit, parmi lesquels John Newcombe, Ken Rosewall, Rod Laver, Roy Emerson, Tony Roche et… Jimmy Connors. Mais l'ATP et la plupart des fédérations européennes, inquiètes pour l'avenir de leur sport, des Grands Chelems et de la Coupe Davis, s'opposèrent à ce projet. Plusieurs pays, parmi lesquels la France et l'Italie, décidèrent d'écarter de leurs tournois tous les joueurs s'engageant avec les Intervilles.

Président de la FFT depuis 1973, Philippe Chatrier en fit le grand combat de son mandat. Dès 1974, il n'hésita pas à empêcher Connors, déjà star du jeu, de disputer Roland-Garros, quitte à affaiblir son plateau. Fou de rage, l'Américain engagea Badinter, avocat reconnu et fan de tennis, et porta l'affaire devant la justice. Mais il fut débouté. Il ne remit les pieds porte d'Auteuil que cinq ans plus tard mais ne s'y imposa jamais (quatre demi-finales). Peut-être est-il passé à côté du « Calendar Slam », le Grand Chelem calendaire qui consiste à remporter les quatre tournois du Grand Chelem la même année, à cause de Chatrier ? Incontestable numéro un mondial en 1974, il remporta l'Open d'Australie, Wimbledon et l'US Open (tous trois disputés sur herbe), mais son interdiction de disputer Roland-Garros l'empêcha de devenir le troisième homme à réaliser cette performance hors norme, après Donald Budge en 1938 et Rod Laver en 1962 et 1969. Chatrier, lui, sortit grandi de cette guéguerre et devint président de la Fédération internationale de tennis en 1977.

MUSTERMINATOR

Thomas Muster venait d'ouvrir le coffre de la voiture, une Pontiac Bonneville, pour y récupérer un sac. Avec Ronnie Leitgeb – son entraîneur – et Wolfgang Ritschke – un photographe autrichien –, ils avaient demandé à Michelle Boyd – une bénévole de l'organisation du tournoi –, qui était au volant, de s'arrêter en ville, près du centre commercial de Bayside, pour qu'ils s'achètent des sandwichs. À peine deux heures plus tôt, le joueur autrichien de vingt et un ans avait épuisé Yannick Noah en demi-finale du tournoi de Miami, à Key Biscayne, le 31 mars 1989. Mené deux sets à zéro, Muster avait, comme souvent, fait preuve d'une incroyable résilience pour renverser le Français en cinq manches (5-7, 3-6, 6-3, 6-3, 6-2) et s'offrir une finale de prestige – la plus grande depuis le début de sa carrière – contre le numéro un mondial Ivan Lendl. Elle n'eut jamais lieu. Alors que Muster avait encore la tête dans le coffre, une Lincoln Continental en contre-sens percuta la voiture garée, qui heurta sa jambe gauche et le projeta plusieurs mètres en arrière.

La police arrêta le chauffard, Robert Norman Sobie. Sérieusement aviné, l'Américain de trente-sept ans avait tenté de s'enfuir. Sonné mais conscient, le quatorzième mondial rassura son entraîneur, indemne, et lui glissa même qu'il serait en mesure de jouer la finale le lendemain. Il était loin du compte : deux ligaments de son genou gauche étaient déchirés. Le sac qu'il portait à l'épaule était, lui, écrasé sous la roue gauche du véhicule. À quelques centimètres près…

Muster fut immédiatement transporté au Mercy Hospital, avec le photographe et la bénévole, également blessés. Opéré une première fois sur place par le docteur Virgin, il déclara évidemment forfait pour la finale, qui fut remplacée par une exhibition entre Lendl – sacré sans jouer – et le Suisse Jakob Hlasek, et rentra en Autriche pour subir une nouvelle opération.

La durée de son absence fut estimée entre six et neuf mois et certains craignirent que Muster ne retrouve jamais son meilleur niveau. Mais, quelques semaines seulement après l'accident, il était à l'entraînement, assis, la jambe gauche plâtrée et allongée sur un banc commandé à un menuisier local, à grogner sur chacun des coups droits qu'il frappait des heures durant. Il reprit la compétition en septembre, à Barcelone, où il atteignit les quarts de finale, après avoir notamment battu Henri Leconte. Six ans plus tard, il remportera Roland-Garros, le seul Grand Chelem à son palmarès, et deviendra numéro un mondial la saison suivante. L'homme de fer avait bien mérité son surnom de « Musterminator ».

LE FOOT AVANT TOUT

Gianni Rivera ne pouvait pas se douter que son but, à la cent onzième minute de la demi-finale de la Coupe du monde 1970 contre la République Fédérale d'Allemagne à Mexico, aurait des conséquences à neuf mille kilomètres de là, à Londres. Nicola Pietrangeli était dans les tribunes de l'Estadio Azteca, ce 17 juin. Le joueur italien, double vainqueur de Roland-Garros en 1959 et 1960, avait ses entrées et assista à l'une des plus belles rencontres de l'histoire des Coupes du monde. Le but en prolongation du Ballon d'Or offrait à l'Italie la victoire (4-3) contre la grande Allemagne de Franz Beckenbauer – sur le terrain avec la clavicule cassée et le bras en écharpe – et la qualification pour la troisième finale de son histoire après les titres de 1934 et 1938. Pas question pour Pietrangeli de la manquer, qui plus est face au Brésil de Pelé. Sauf que l'Italien de trente-six ans avait un vol pour Londres, où il devait participer à Wimbledon quelques jours plus tard. Depuis 1954, il n'avait pas manqué une seule fois le rendez-vous britannique, atteignant notamment les demi-finales en 1960, seulement battu par l'Australien Rod Laver en cinq manches (4-6, 6-3, 8-10, 6-2, 6-4).

Le tirage au sort du tableau lui avait réservé un premier tour délicat contre l'Américain Dennis Ralston, finaliste quatre ans plus tôt. Mais, le 22 juin, Pietrangeli ne se présenta pas sur le court. Il avait décidé de rester au Mexique où, la veille, il avait regardé, dans les tribunes du Stade Azteca, son Italie se faire marcher dessus par le Brésil (4-1). À l'époque, le système des *lucky losers*, qui permet aujourd'hui à un joueur éliminé en qualifications de remplacer dans le tableau final un forfait de dernière minute, n'existait pas. Ralston rejoignit donc le deuxième tour sans jouer. Il atteignit les huitièmes de finale, battu par le futur vainqueur, l'Australien John Newcombe.

Pietrangeli, lui, revint deux fois à Wimbledon avant d'arrêter sa carrière : en 1972 et, surtout, en 1973. Cette année-là, l'Italien ne devait pas participer au majeur londonien. Mais le boycott d'environ quatre-vingts joueurs – en soutien au Yougoslave Nikola Pilić, suspendu par sa propre fédération pour avoir décliné une sélection en Coupe Davis – obligea les organisateurs à repêcher de nombreux joueurs et à qualifier des amateurs. Pietrangeli n'avait même pas ses raquettes, c'est le Roumain Ilie Nastase qui lui prêta des affaires. Il fut éliminé dès le premier tour par le Néo-Zélandais Jeff Simpson (8-6, 2-6, 7-5, 6-2).

MAUVAIS PERDANT

« Je ne peux pas jouer contre un tel veinard ! » Nicolae Misu quitta le court central dans une telle furie qu'il en oublia de ramasser ses affaires à côté de la chaise d'arbitre sans voix face à l'attitude du joueur roumain. Mené 6-2, 6-3, 3-1 par le Sud-Africain Ivie Richardson au troisième tour de Wimbledon 1924, Misu – fils du ministre des Affaires étrangères roumain et connu pour son caractère de cochon – ne supportait plus de voir toutes les balles de son adversaire accrocher les lignes. Il préféra abandonner et finira par s'excuser auprès de Richardson en lui offrant… une cartouche de cigarettes.

GALOP D'ESSAI RATÉ

Gilles Moretton n'avait jamais dépassé le premier tour de l'US Open, mais, en cet été 1981, il se sentait capable d'aller loin à New York. Et pour cause, le Français de vingt-trois ans était en pleine forme : quart de finale à Indianapolis, quart de finale à Stowe et, surtout, une finale à Atlanta une semaine avant Flushing. Dans la capitale de l'État de Géorgie, il avait notamment battu Phil Dent (7-5, 6-4) – sur le déclin sept ans après sa finale à l'Open d'Australie mais encore valeur sûre du circuit – et Fritz Buehning (5-7, 6-4, 6-2) – jeune Américain en pleine ascension – avant de buter sur un autre local, Mel Purcell (6-4, 6-2).

Mais juste avant le majeur new-yorkais, Moretton fut invité avec Yannick Noah et Henri Leconte à venir se reposer dans la maison de Donald Dell sur les rives du Potomac, près de Washington. Premier véritable agent du tennis pro dans les années soixante-dix et quatre-vingt, Dell s'occupait notamment des trois Français. Un matin, il proposa à ses convives une sortie à cheval. Dans une descente, la selle de Moretton bascula vers l'avant. Le Lyonnais se retrouva soudainement sur le cou de sa jument qui, prise de panique, se mit à galoper avant de s'arrêter brutalement en bas de la pente. Vol plané de cinéma et atterrissage sur l'épaule, salement amochée. Malgré la douleur, Moretton tenta sa chance à l'US Open. En serrant les dents, il franchit péniblement le premier tour face au modeste Portoricain Ernie Fernández (6-3, 3-6, 4-6, 7-6, 6-3) avant d'être balayé par l'Indien Vijay Amritraj (7-5, 6-3, 6-4). Il s'arrêta plusieurs semaines pour soigner son épaule, mais sa fin de saison, marquée par cinq défaites en six matchs, fut totalement gâchée par cette chute improbable.

LE « DOC » AUX DOIGTS JAUNES

Sophie Amiach n'avait que vingt-trois ans, mais, deux saisons après avoir atteint le meilleur classement de sa carrière (cinquante-septième en 1984), la jeune Française traversait une profonde crise de confiance et de résultats. Retombée au-delà de la cent-cinquantième place mondiale, elle décida de tenter la tournée de la dernière chance : six mois à travers le monde pour se relancer ou arrêter. Après avoir vendu sa voiture pour financer son road trip, elle atterrit à Buenos Aires. Tout juste arrivée, elle voulut se dégourdir les jambes et entreprit un petit décrassage sous forme de footing. Mais, au bout de quelques minutes, elle marcha sur un morceau de bois recouvert par du plastique et se tordit méchamment la cheville.

Le pied en vrac, elle se rendit à l'hôpital le plus proche et fut auscultée par un médecin tremblotant, mégot à la main, qui ne lui inspirait pas vraiment confiance… Le « doc » aux doigts jaunes posa un plâtre sur sa jambe sans que celle-ci ne soit en extension, ce qui est indispensable pour éviter que le tendon d'Achille ne se rétracte. Résultat, après avoir retiré son plâtre,

Amiach dut passer par la case rééducation. Elle manqua plusieurs mois de compétition et glissa hors du top 500 en 1987. Mais contrairement à ce qu'elle avait décidé en démarrant son voyage, brutalement interrompu, elle poursuivit sa carrière jusqu'au début des années quatre-vingt-dix, sans jamais réintégrer le top 100.

TRICHE ENTRE AMIES

Une défaite volontaire équivaut-elle à un abandon ou à un forfait ? Avant de remplir deux copies doubles sur ce futur sujet du bac de philo, intéressons-nous au « tanking » de Pauline Parmentier, une entorse au règlement que l'on mettra sur le compte de l'erreur de jeunesse.

En juillet 2003, la Française de dix-sept ans partit disputer un dix mille dollars à Ancona, en Italie, en compagnie de son amie, la joueuse luxembourgeoise Mandy Minella. Seules avec leur baluchon et leurs raquettes, les copines franchirent les premiers tours des qualifications. Mais, au troisième et dernier tour, elles se retrouvèrent l'une face à l'autre. Tête de série numéro deux du tableau de qualifs, Parmentier savait, à la suite de plusieurs forfaits de dernière minute dans le tableau principal, qu'elle serait repêchée en cas d'élimination : à l'époque, les *lucky losers* – joueurs battus au dernier tour des qualifications et repêchés dans le tableau principal en cas de forfait après le tirage au sort – n'étaient pas tirés au sort, mais choisis en fonction de leur classement. Alors, d'un commun accord, les deux joueuses, qui voulaient rester ensemble, décidèrent avant la partie que Minella en sortirait gagnante. Comme prévu, la Luxembourgeoise s'imposa (6-3, 1-6, 6-4) et Parmentier fut repêchée. Ironie du sort, la Française s'inclina dès le premier tour alors que Minella atteignit la finale.

SIMULATION RATÉE

Attention, phénomène de crasse. Son nom ne vous dit peut-être rien. Cinquante-cinquième mondial à son meilleur, en 2009, Daniel Köllerer est pourtant l'un des joueurs les plus « sales » de tous les temps. On parle là de quelqu'un unanimement haï sur le circuit, à tel point qu'une pétition avait été lancée en 2006 dans le vestiaire pour le bannir. Après une série d'incidents, l'Autrichien fut suspendu plusieurs mois. Accusé d'avoir lancé au Brésilien Júlio Silva « Retourne dans ta forêt, le singe », d'avoir insulté des ramasseurs de balles et d'avoir traité de « fils de pute » l'Espagnol Nicolás Almagro, « Crazy Dani », qui fut attrapé à la gorge par son compatriote Stefan Koubek lors d'un changement de côté ou frappé par l'Italien Federico Luzzi parce qu'il avait craché dans sa main avant de serrer celle de son adversaire après la balle de match, n'aura cessé de repousser les limites de l'inacceptable.

En septembre 2010, lors du Challenger de Szczecin en Pologne, Köllerer ajouta une nouvelle ligne à son immense palmarès de joueur détestable en s'essayant à une grossière simulation en pleine rencontre. Au début du troisième set contre l'Uruguayen Pablo Cuevas, l'Autrichien, qui venait de perdre un point au filet, s'effondra au sol en se tenant l'arrière de la jambe gauche. Il était pourtant clair que la raquette de son adversaire ne l'avait pas touché, encore moins blessé. L'arbitre de chaise alla à sa rencontre mais ne donna aucun crédit aux accusations de Köllerer, qui n'en démordait pas et fit appel au superviseur. Quand, après plusieurs minutes, il comprit qu'il n'obtiendrait pas gain de cause, celui qui était tombé au deux cent treizième rang mondial retourna sur le court, disputa trois points en boîtant, concéda le break et… abandonna. Au moment de quitter le court, il se retourna et lança à Cuevas une menace à peine voilée : « Pablo, fais attention à toi. » Énième épisode peu glorieux d'une carrière achevée brutalement en 2011 : accusé d'avoir été impliqué dans des matchs truqués, il fut suspendu à vie.

CHAMPIONS DE LA BLESSURE CONNE

Roi de la blessure absurde, Tommy Haas a quelques beaux dauphins.

Son compatriote allemand Michael Stich, touché au pied gauche après avoir perdu l'équilibre en enfilant son short dans le vestiaire juste avant un match, est en bonne position avec son forfait à Milan en 1996. Le Croate Goran Ivanišević dût carrément passer par la case opération pour enlever le morceau de coquillage coincé dans son talon gauche suite à une balade anodine sur la plage, à Miami, en 2003. La blessure de Jo-Wilfried Tsonga dans les rues de Toronto, neuf ans plus tard, lui coûta cher. Il s'ouvrit le genou droit en heurtant une bouche d'incendie : huit points de suture et un forfait au Masters 1000 de Cincinnati. Quatre points de moins que Serena Williams, qui se coupa les deux pieds et se déchira un tendon en marchant sur du verre à la sortie d'un restaurant, à Munich, en 2010. Ça vaut bien la grave luxation de la cheville dont fut victime Kim Clijsters en 2011 lors du mariage d'un de ses cousins : la Belge fit le show sur la piste de danse, pieds nus, jusqu'à une mauvaise réception qui la priva de presque toute la saison sur terre battue. À quelques millimètres près, Sam Querrey aurait surpassé tous ses collègues de mésaventure. En 2009 à Bangkok, l'Américain, pour refaire ses lacets, s'appuya sur une table basse qui se brisa sous son poids. Un morceau de verre ouvrit son bras droit et passa tout près d'un nerf, ce qui aurait probablement signé la fin de sa carrière, à seulement vingt et un ans. Au lieu de quoi, il fut opéré en urgence dans un hôpital local et se paya une belle frayeur. C'est finalement à Julien Benneteau que nous décernons la palme : une blessure à l'auriculaire droit en manipulant des baguettes dans un restaurant japonais où il déjeunait avec son partenaire de double Nicolas Mahut, à Auckland, en 2011. Résultat : forfait à l'Open d'Australie et un chambrage *ad vitam æternam* par son coéquipier.

SANTÉ FRAGILE

« NE JOUE PAS »

Dans la voiture de l'organisation qui l'emmenait comme tous les jours à Flushing Meadows, Mardy Fish fut victime d'une violente crise de panique, suivie d'une autre, puis encore une… Et ainsi de suite toutes les dix à quinze minutes. L'Américain de trente ans s'apprêtait à affronter Roger Federer, numéro un mondial et légende ultime du jeu, en huitième de finale de l'US Open, son tournoi préféré, à domicile, sur le central Arthur-Ashe, le plus grand stade de tennis du monde, en ce jour de fête nationale (*Labor Day*) et familiale (l'anniversaire de son paternel). Le genre de moments dont tout joueur professionnel rêve et pour lequel Fish s'était donné corps et âme des années durant. Mais, ce 3 septembre 2012, il ne souhaitait qu'une chose : faire demi-tour.

Depuis plus d'un an déjà, le joueur souffrait de crises d'angoisse à répétition, paradoxalement apparues alors qu'il disputait le meilleur tennis de sa carrière, jusqu'à atteindre la septième place mondiale, disputer deux finales de Masters 1000, à Cincinnati et Montréal, et un quart de finale de Grand Chelem à Wimbledon. Ses attentes et celles du public grandissant, la peur de ne pas être à la hauteur et le sentiment de devoir toujours faire mieux furent à l'origine des premières crises. Elles l'empêchaient de dormir ou de voyager seul – ce qui poussa sa femme et ses parents à l'entourer davantage –, mais pas d'être performant. Le court était son refuge, le seul endroit où l'anxiété relâchait son insupportable étreinte. Jusqu'à cet US Open…

Au troisième tour, Fish subit sa première crise en plein match, contre Gilles Simon. Il menait deux sets à un, 2-3 dans le quatrième, quand un simple regard vers l'horloge suffit à déclencher un terrible moment d'angoisse. Elle affichait 1 h 15 du matin. « Il est très tard, je vais me sentir hyper mal demain, le match est trop long, je vais devoir parler aux médias après, m'étirer et manger… » Ces pensées négatives tournèrent en boucle dans sa tête. Puis, le trou noir. L'Américain remporta les quatre jeux suivants et le match mais ne garda aucun souvenir de la fin de partie. Tout juste se rappelle-t-il avoir demandé à Justin Gimelstob – un bon ami – d'abréger l'interview d'après-match sur le court.

Deux jours plus tard, dans la voiture, à quelques heures de défier Federer, tout lui revint en mémoire et les battements de son cœur accélérèrent brutalement : « Est-ce que je vais encore faire une crise de panique sur le court, devant des milliers de gens ? » « La seule chose qui m'aide à me sentir mieux en ce moment, c'est d'envisager ne pas disputer ce match », avoua-t-il à sa femme, assise à côté de lui. Après quelques secondes de silence à le regarder dans le blanc des yeux, sa compagne répondit : « Alors, tu ne devrais pas jouer. Tu n'es pas obligé de jouer. Ne joue pas. » Fish écouta sa chère et tendre et déclara forfait pour la rencontre la plus attendue de la journée à New York. Il ne disputera plus que dix tournois et seize matchs sur le circuit professionnel jusqu'à la fin de sa carrière, trois ans plus tard, à New York, où il se qualifia grâce à son classement protégé pour l'US Open 2015, son premier Grand Chelem depuis son forfait trois ans plus tôt. Son dernier aussi, puisqu'il rangea définitivement la raquette dans la foulée de sa défaite au deuxième tour contre l'Espagnol Feliciano López.

SAUVÉE PAR UN BLANCHIMENT

Marre de recevoir des spams par mail ou des prospectus qui remplissent votre boîte aux lettres ? Ils peuvent pourtant vous sauver la vie ! En avril 2019, Nicole Gibbs bloqua sur l'un d'entre eux. La publicité proposait un blanchiment dentaire gratuit. Ça tombait bien, l'Américaine avait été invitée à l'enterrement de vie de jeune fille de sa bonne copine – la Danoise Caroline Wozniacki – prévu quelques semaines plus tard aux Bahamas. Pas question d'afficher un sourire moins brillant que les autres, surtout que de nombreuses photos finiraient sur les réseaux sociaux. Gibbs fonça chez son nouveau dentiste. Mais la visite vira au cauchemar.

Le docteur Kevin Lee nota une légère excroissance sur le dessus de sa bouche. Elle était présente depuis plusieurs années, mais ses anciens médecins lui avaient assuré que ce n'était rien. Plus méfiant, Kevin Lee lui demanda de passer une biopsie. Une semaine plus tard, le verdict tomba : elle souffrait d'un cancer des glandes salivaires. Réflexe humain mais pas malin, Gibbs se précipita sur Internet où la sentence « 17 % de chances de survie dans les cinq ans » la fit tomber de sa chaise. Elle avait déjà déclaré forfait pour la saison sur terre battue et craignait désormais pour sa vie.

Heureusement, il s'agissait d'une forme de cancer moins agressive et moins dangereuse que redouté, qui ne nécessitait pas de chimiothérapie ni de radiothérapie, seulement une opération, qui se déroula le 17 mai. Il y eut quelques complications – une infection l'obligea à rester une semaine à l'hôpital et un point de suture sauta dans sa bouche – et elle dût conserver une sonde alimentaire durant presque un mois, mais Gibbs put revenir à la compétition début juillet. « Quand j'ai repris le sport, j'avais perdu beaucoup de poids, entre cinq et six kilos, ce qui est beaucoup pour moi vu que je ne suis pas bien lourde de base, racontait-elle. J'ai eu une semaine vraiment difficile quand j'ai arrêté de prendre des antidouleurs, que j'avais encore la sonde et que j'ai recommencé à aller à la salle de sport. Mon entraîneur Daniel Ciccolini a été incroyable et très patient. Il m'a poussée à aller à la salle tous les jours. Ça m'a aidée à revenir plus vite. »

En août, elle parvint même à se qualifier pour le tableau principal de l'US Open, son Grand Chelem maison. « Tout ça m'a permis de me rendre compte à quel point j'aime le tennis, j'ai encore beaucoup à donner à ce sport, glissa-t-elle. C'est dur, parfois, en tant qu'athlète professionnelle, de ne pas tomber dans une sorte de “facilité mentale”. On passe tous par ces moments, après une mauvaise défaite, où on se dit : “Pourquoi est-ce que je joue encore ?” Mais là, j'ai vraiment dû faire face à la possibilité d'être totalement privée de tennis. Ça a renforcé ma passion pour ce jeu. Désormais, dans un moment difficile, je mets davantage les choses en perspective. J'ai de la chance d'être là. Oui, c'est dur ; oui, il y a des défis de taille ; mais il y a pire dans la vie. Je suis chanceuse d'être sur un court de tennis. »

GOUROU ET RÉGIME JUS DE FRUITS

Huitième mondiale à vingt ans, Patty Schnyder avait pourtant bien du mal à faire parler d'elle, même dans sa Suisse natale, toujours dans l'ombre de la plus *bankable* Martina Hingis, alors reine du circuit et quintuple victorieuse de Grands Chelems. Pourtant, en février 1999, les journaux locaux l'affichèrent enfin à leur une. Il n'était malheureusement pas question de tennis. Sa famille, morte d'inquiétude, poussait un cri d'alerte. La joueuse avait coupé les ponts avec ses parents, son petit ami et son entraîneur après que ceux-ci lui eurent lancé un ultimatum : choisir entre ses proches et Rainer Harnecker.

L'homme de quarante-deux ans était entré dans sa vie quelques mois plus tôt, lors d'une semaine d'entraînement organisée juste avant Noël par son coach, Eric van Harpen, à Palma de Majorque. Son préparateur physique, Frieder Schömezler, l'avait introduite à ce séduisant quadra qui se présentait à la fois comme nutritionniste, guérisseur et préparateur mental. Il affichait sur son CV des expériences avec Steffi Graf et Marc

Rosset. Sauf que tout était bidon. Rosset affirmera plus tard à des confrères suisses n'avoir jamais entendu parler de ce Rainer Harnecker. Trop tard… Le gourou, adepte de l'Église de Scientologie, était entré dans la tête de Schnyder qui, à son retour de Majorque, ne jurait déjà plus que par lui, son régime à base de jus de fruits, de légumes et de nuits réduites au minimum : cinq heures de sommeil, pas plus.

En janvier, délestée de cinq à six kilos, elle remporta le tournoi de Gold Coast mais se planta ensuite à l'Open d'Australie, battue dès le deuxième tour par Amélie Mauresmo. Elle vira alors Harnecker, pour le plus grand soulagement de son entourage. Mais, dès le mois suivant, à Hanovre, elle était de nouveau accompagnée de ce sombre personnage qui affirmait devoir être à ses côtés vingt-quatre heures sur vingt-quatre… Le père Schnyder engagea un détective privé pour en savoir plus sur celui qui n'avait jamais habité à l'adresse qu'il prétendait la sienne. « Au début, nous avons laissé Patty libre de son choix, avait déclaré sa mère, mais nous ne savions pas ce que deviendrait cette relation. Maintenant, nous sommes inquiets, nous voulons connaître la vérité. […] Il faut qu'elle sache que notre porte est et restera toujours ouverte. Nous sommes une famille très unie. J'attends que Patty ouvre les yeux et qu'elle nous appelle ».

Redescendue au trente-septième rang mondial en 2001, Schnyder finit par s'écarter de son coach-amant nocif. Pour la protéger du gourou, son père mit à sa disposition un garde du corps, Rainer Hofmann. L'ancien champion de fléchettes devint plus tard son mari et son coach. Malgré plus de huit millions de dollars de gain, sans compter les revenus publicitaires, Schnyder termina sa carrière criblée de dettes de plusieurs centaines de milliers d'euros. Les biens du couple, abandonnés dans leur domicile à Bäch, furent mis aux enchères en 2012. Schnyder divorça l'année suivante puis reprit sa carrière, en 2016, avant de définitivement raccrocher fin 2018, à presque quarante ans, sans avoir réussi à réintégrer le top 100.

LE BURN-OUT DE COURIER

Superbe cogneur de fond de court à la prise de balle ultra précoce, Jim Courier restait sur sept finales en onze Grands Chelems lorsqu'il débarqua au Masters de fin d'année à Francfort en 1993. Numéro deux mondial, il était l'un des favoris de ce sommet entre les huit meilleurs joueurs du monde. Il disparut pourtant dès la phase de poules après trois défaites et un seul set marqué. Épuisé par une interminable saison, l'Américain de vingt-trois ans subissait en réalité un mini burn-out. Surclassé au premier match par son compatriote Michael Chang (6-4, 6-0), il eut une attitude particulièrement étrange lors de la rencontre suivante, perdue face à l'Ukrainien Andreï Medvedev (6-3, 1-6, 7-6). Sans sa visière blanche fétiche, il interpella d'abord son entraîneur, José Higueras, lors d'un changement de côté : « Tu sais ce qui vient de me traverser l'esprit ? Je viens de me demander ce qu'il advient de l'accord NAFTA. » Penser à l'accord de libre-échange nord-américain en plein match du Masters ne lui suffisait visiblement pas. Un peu plus tard dans la partie, il sortit le livre *Maybe the moon* de son sac et lut quelques pages à chaque changement de côté. Pour information, le roman d'Armistead Maupin conte l'histoire de Cadence Roth, actrice naine de soixante-dix neuf centimètres qui rêve de percer à Hollywood malgré son handicap. On laisse Jim vous raconter la suite…

TROIS BARRES DE CÉRÉALES PAR JOUR

Elle venait de faire une première incursion remarquée sur le circuit professionnel à Ponte Vedra Beach, en Floride. Grâce à son succès contre la quatre-vingt-unième mondiale Alla

Kudryavtseva (7-5, 6-4) sur la terre battue américaine, Madison Keys y était devenue – à quatorze ans et quarante-huit jours – la septième plus jeune joueuse de l'histoire à remporter un match WTA, la plus jeune depuis Martina Hingis en 1994. C'est à ce moment-là, quand les projecteurs commencèrent à se braquer sur elle, que l'Américaine prit de plein fouet des critiques sur son poids. « Des gens me disaient que j'étais grosse et que je devais perdre du poids. Ça a fini par entrer dans ma tête », avoua la joueuse qui connut alors de graves troubles de l'alimentation, au point de ne plus manger que trois barres de céréales de cent calories chacune par jour. « Ça a duré presque deux ans et provoqué chez moi une forme de dépression, racontait-elle. Je me suis éloignée de mes amis et de ma mère. Je suis devenue totalement parano parce que je voulais garder ça secret et que personne ne s'inquiète. » Keys finit par réaliser que ce régime drastique avait des conséquences sur ses performances : « Je ne pouvais même pas terminer une semaine d'entraînement, je n'avais plus rien dans le corps ! » L'Américaine reprit progressivement le contrôle de son alimentation et de sa carrière, qui la mena notamment à la finale de l'US Open 2017 et au sacre au Masters 1000 de Cincinnati deux ans plus tard.

LES MALHEURS D'ALLIE

À vingt-quatre ans, Allie Kiick a déjà vécu des malheurs pour plusieurs vies. Depuis le début de sa carrière, l'Américaine a passé presque quatre ans *out*, loin des courts, blessée ou en rééducation. Victime de plusieurs grosses opérations aux deux genoux, la joueuse née à Fort Lauderdale, en Floride, a aussi connu la maladie. La sienne – une épuisante mononucléose qui la cloua au lit plusieurs mois, puis un cancer de la peau qu'elle découvrit en août 2015 et dont elle réchappa (même si elle doit toujours consulter un oncologue tous les trois mois) – et celles de ses proches : sa mère fut victime d'une crise cardiaque à laquelle elle survécut et son père est atteint de la maladie d'Alzheimer. Et concernant cette dernière, la culpabilité n'est jamais loin : « Tous les jours, quand j'arrive sur le court, je me demande pourquoi je ne suis pas avec lui, explique-t-elle. Quand on me demande, je souris et je dis que tout va bien, mais, à l'intérieur, je hurle. Je vis au quotidien avec la culpabilité de ne pas en faire assez. Parfois, j'évite d'aller le voir ou de lui parler, c'est dur de voir son père décliner. J'ai déjà perdu une grande partie de mon père. Il est là, mais plus vraiment. Il a toujours été mon héros, quelqu'un dont je pouvais m'inspirer. Je n'ai plus ça. Je n'ai plus mon père. »

UNE PIQUOUZE POUR JOUER

Il ne sera peut-être jamais mieux que deux cent vingt-quatrième mondial en simple et cent cinquante-troisième en double, avec pour meilleure performance un titre au Challenger de Winnetka et une qualification pour le tableau principal de l'US Open en 2017. Qu'importe, Juan Cruz – dit JC – Aragone revient de si loin que sa présence sur le circuit professionnel en 2020 est un exploit. Fin 2011, alors qu'il était un jeune espoir du tennis américain en vadrouille pour une série de tournois en Amérique du Sud, il contracta ce qu'il pensait être une simple grippe. Mais son état ne cessa d'empirer, au point que ses parents – Paula et Facundo – lui achetèrent un billet retour pour la Californie. Pris en charge au UCLA Medical Center de Los Angeles, il fut immédiatement placé en soins intensifs : son foie et ses reins étaient en train de lâcher. Un médicament contre l'acné avait provoqué une grave réaction allergique qui le plongea dans le coma pendant trois semaines. À son réveil, une longue rééducation attendait le gamin de seize ans, qui prit un nouveau coup sur la tête dix-huit mois plus tard.

Il venait de reprendre le tennis quand, victime de sévères déshydratations, il passa des examens sanguins qui révélèrent qu'il souffrait de diabète de type 1, développé à cause de sa réaction allergique un an et demi plus tôt. Dans ce cas, le pancréas ne produit plus d'insuline, dont le rôle – vital – est de réguler la glycémie (taux de glucose dans le sang). Ainsi, les diabétiques de type 1 doivent quotidiennement s'injecter de l'insuline en doses adaptées à leur alimentation. S'ils le font en trop petite quantité, ils souffrent d'hyperglycémie, qui peut mener jusqu'au coma dans le pire des cas et dont les conséquences à long terme sur certains organes peuvent être importantes. À l'inverse, en cas de surdosage, c'est l'hypoglycémie, qui peut entraîner une perte de connaissance. Alors imaginez le fardeau que cela peut représenter pour un athlète professionnel. « Tout ça m'a submergé au début, c'était trop, j'avais l'impression que je n'y arriverais jamais, c'était très difficile à comprendre et à accepter, avoue JC Aragone. Je ne connaissais rien au diabète, je croyais que ça concernait seulement les gens en surpoids. C'est dur et frustrant parce qu'il n'y a pas de formule magique, il faut s'ajuster en permanence. »

Heureusement pour l'Américain, né à Buenos Aires, la recherche a fait avancer les choses et les technologies l'aident à surmonter les contraintes quotidiennes : désormais, plus besoin de se piquer le bout des doigts pour mesurer sa glycémie avant et après chaque repas, un petit appareil implanté sur le bras ou sur le ventre lui permet de connaître son taux de glucose en permanence.

« Et j'ai une pompe à insuline depuis environ cinq ans, explique-t-il. C'est plus facile, surtout la nuit. Par exemple, quand ma glycémie est basse, la pompe s'arrête automatiquement et n'envoie plus d'insuline. » Mais il ne peut pas l'utiliser quand il joue au tennis : trop lourde. C'est là que les ennuis commencent. « Je dois me préparer à deux scénarios en permanence : à l'entraînement, ma glycémie tombe très bas du fait de l'effort physique donc je bois beaucoup de boissons sucrées pour éviter l'hypoglycémie. Mais en match, avec la nervosité, l'excitation et l'adrénaline, ma glycémie explose ! Donc je dois m'injecter de l'insuline avec une aiguille. Oui, je me pique en match. » Ce qui lui vaut parfois des regards interloqués et des questions des organisateurs. « Ils ne sont pas habitués, il n'y a pas beaucoup de diabétiques sur le circuit, souffle-t-il. En général, on ne m'autorise pas à le faire sur le court, je vais au vestiaire. »

Les premiers mois, Aragone, du genre anxieux, avait tellement peur de faire une hypoglycémie et de s'effondrer sur le court qu'il ne prenait pas d'insuline en match. « S'il m'arrive quelque chose sur le court, qui va pouvoir m'aider ? Personne ne sait ce que j'ai ni comment réagir. Le temps que le médecin arrive, je serai déjà dans les vapes », se disait-il, paniqué. Résultat : sa glycémie montait dangereusement. Une catastrophe pour sa santé, mais aussi pour ses performances : il se déshydratait en quelques minutes et avait des crampes partout au bout d'à peine une heure de jeu, parfois. « Et, à l'inverse, quand tu t'injectes trop d'insuline, c'est très désagréable : tu commences à te sentir faible, à suer, à trembler, énumère-t-il. Et tu dois te "resucrer", boire une boisson. Parfois, tu paniques et tu en prends trop, c'est un cercle vicieux. Au final, ça t'oblige à avaler plus de sucre que tu ne le ferais normalement, ce qui n'est évidemment pas bon, surtout pour un athlète. »

Avec le temps, l'Américain a appris à mieux gérer ces moments. « Mais ça reste une bataille permanente, assure-t-il. Je me fais davantage confiance aujourd'hui, mais c'est toujours une décision difficile à prendre : s'injecter de l'insuline ou pas et en quelle quantité ? C'est très frustrant. Quand je dispute un match, mon adversaire est 100 % concentré sur la victoire. Moi, je dois aussi penser à garder une glycémie équilibrée. Et, en plus de ça, je dois réfléchir à quoi faire pour la suite du match. Ça fait beaucoup à gérer. J'ai un travail supplémentaire par rapport à tous les autres joueurs. »

Ça ne l'empêcha pas de s'extraire des qualifications de l'US Open en 2017, un an après avoir acheté un billet pour accéder au stade alors qu'il était stagiaire en gestion de fortune chez J.P. Morgan. Et ce malgré des crampes dans tout le corps lors de son premier match contre Marco Cecchinato, remporté au bout de la douleur.

MARIJUANA, AIR TENNIS, ANTIJEU : LE DESTIN BRISÉ DE HOWARD SCHOENFIELD

C'est l'histoire d'un jeune prodige brisé, brillant raquette en main, mais pas fait pour ce monde-là, dans lequel il vécut une bonne partie de sa vie comme un ermite, enfermé dans la chambre d'une institution spécialisée où il soignait sa schizophrénie paranoïde. En 1975, Howard Schoenfield remportait l'US Open junior, son huitième titre chez les jeunes. Un seul autre Américain faisait alors aussi bien : un certain John McEnroe. Mais la vie du gamin de dix-sept ans avait déjà basculé.

Un an plus tôt, alors qu'il disputait le championnat national des moins de dix-huit ans à Kalamazoo dans le Michigan, Schoenfield vit son grand-père débarquer au milieu de sa séance d'entraînement. Sa mère Nancy avait acheté un pistolet, conduit jusqu'à un parc dans Beverly Hills – où la famille, originaire de Rochester dans le Minnesota, avait déménagé pour la carrière du fils – et s'était tiré une balle dans la tête. Le drame marqua évidemment très profondément le jeune homme, déjà particulièrement fragile.

Dès son enfance, alors qu'il était une bête de travail et confiant sur un court de tennis, il devenait un petit garçon craintif et maladivement timide en dehors, asocial et incapable de prendre la parole devant ses camarades de classe à l'école. Le tennis fut un temps son refuge, mais il ne faisait en réalité que cacher un problème plus profond. À l'adolescence, il se mit à voler dans le sac de sa mère pour acheter de la marijuana. Le suicide de celle-ci ne fit qu'accentuer son addiction, jusqu'à fumer de l'herbe matin, midi et soir. En même temps qu'il devenait l'un des tout meilleurs jeunes du pays, il sombrait. Peu de temps après avoir remporté l'US Open junior, il tomba dans une profonde dépression et passa plusieurs mois à l'hôpital.

À sa sortie, il tenta de s'imposer sur le circuit professionnel. Grâce à son talent, il réussit quelques coups ici et là, remporta même un tournoi, à Tulsa en avril 1980, en battant quatre tops 100, et atteignit le soixante-huitième rang mondial. Mais les rechutes furent de plus en plus violentes. Il fut ainsi surpris à s'endormir à cause de sa consommation de marijuana lors de changements de côté, mais aussi à s'entraîner… sans balles. Du air tennis, des coups à blanc. Une année, à Indianapolis, il fut disqualifié après avoir refusé d'échauffer son adversaire et balancé dans les bâches toutes les balles qu'il lui envoyait.

La situation se dégrada encore après son titre à Tulsa. À Surbiton, en Angleterre, en juin 1980, l'arbitre canadien Bill Kempffer dénonça son « comportement antisportif » après sa défaite au premier tour – 6-1, 6-1 – face au Néo-Zélandais Chris Lewis, dans un match où l'Américain avait balancé un service à la cuillère dans le bas du filet et n'avait même pas essayé de frapper un retour. Schoenfield multiplia ensuite les abandons et les disqualifications, comme à Toronto, en août 1980. Il était mené 4-0 au premier set par l'Australien John James quand le chef des superviseurs, Dick Roberson, fit irruption sur le court pour arrêter la partie et disqualifier Schoenfield, qui écopa d'une amende car « il ne jouait pas de manière professionnelle, c'est-à-dire qu'il ne donnait pas son maximum ». « Je n'avais jamais vu ça », pesta le directeur du tournoi, John Beddington. Interrogé au téléphone par United Press, Schoenfield avoua même avoir oublié le nom de son adversaire, avant de s'interroger sur la suite à donner à sa carrière. Il ne disputa finalement plus qu'un seul match sur le circuit, six mois plus tard sur la terre battue de Viña del Mar au Chili. Une défaite au premier tour… sur abandon.

Dans la foulée, il fut admis dans une institution à Jacksonville où on lui injecta deux doses de Prolixin par mois pour réduire son anxiété et ses comportements psychotiques. Malgré la volonté de son père Leslie, chef du service gastroentérologie d'une clinique à Los Angeles, Schoenfield ne rejoua plus jamais. Sa schizophrénie paranoïde de type 1 fut diagnostiquée des années plus tard. Il s'installa dans un nouvel établissement à Hialeah, en Floride. Le manager du centre résuma dans la presse locale : « C'est la pire forme de schizophrénie. Il entend des voix, il délire, il est parano… »

QUAND LES FANS S'EN MÊLENT

LECONTE DE FÉES
PUIS LE CAUCHEMAR

Un exploit en cinq sets contre son ancienne bête noire, l'Allemand Boris Becker, en huitième de finale, puis deux victoires en patron face à Andrei Chesnokov et Jonas Svensson, une qualification pour sa première finale de Grand Chelem en simple – ce sera la seule – et un public conquis qui s'était enfin trouvé un nouveau héros, cinq ans après le sacre de Yannick Noah : le parcours d'Henri Leconte lors de l'édition 1988 de Roland-Garros fut beau. Il aurait pu devenir extraordinaire. Au lieu de quoi il se transforma subitement en cauchemar, dont il ne sortit pas indemne.

Les deux journées précédant la finale contre le Suédois Mats Wilander furent éprouvantes. Le Français eut du mal à trouver le sommeil, s'imagina mille fois soulever le trophée et autant de fois passer à côté. Il ne fut jamais tranquille : dans son appartement à Neuilly-sur-Seine, des personnalités – parmi lesquelles le maire de la ville, Nicolas Sarkozy, qui avait marié le couple Leconte – ne cessaient de débarquer à l'improviste. Le dimanche, dans la foulée d'une *Marseillaise* chantée par Michel Sardou et du défilé de la patrouille de France au-dessus du central, Leconte entra sur le court la tête à l'envers et, après une entame pourtant réussie – il servit pour le gain de la première manche à 5-4 –, il perdit quinze des dix-huit derniers jeux et s'inclina sévèrement (7-5, 6-2, 6-1).

Lors de la remise des trophées, qui s'effectuait alors en tribunes, le fantasque gaucher au revers à une main sombra dans le n'importe quoi. « J'espère que vous avez un petit peu compris mon jeu », lâcha-t-il au micro, jambe gauche posée nonchalamment sur la rambarde, avant de répondre à un spectateur qui venait de balancer ironiquement un moqueur « On va pleurer »… Un discours absurde d'une bonne minute qui provoqua l'incompréhension de la foule et lui colla longtemps à la peau. Il passa en un instant de potentiel héros à souffre-douleur du public.

Le joueur n'arrangea pas son cas, trois mois plus tard, en se mettant lui-même à l'écart lors des Jeux olympiques de Séoul, où il refusa de loger au village olympique. Une blague circula alors au sein de la délégation française : « Leconte, il faut lui enlever deux syllabes. » « Riton » eut ensuite la mauvaise idée de s'incliner dès le deuxième tour, contre le local Kim Bong-soo, modeste trois cent soixante et unième mondial… Il paya son attitude le mois suivant lors de son retour en France, à Bercy, où, à l'occasion de son premier tour contre un certain John McEnroe, il fut hué et insulté dès son entrée sur le court et tout au long d'une partie logiquement perdue (7-5, 6-1) dans un contexte plus hostile que jamais. « Riton, où est ta médaille ? », le chambra un fan, avant que les mots ne deviennent plus crus, même dans les tribunes VIP d'habitude si polies : « T'es qu'une merde ! », « Rentre chez toi ! », « Casse-toi ! »… Au point que l'arbitre Bruno Rebeuh fut obligé d'intervenir à deux reprises au micro : « Je vous rappelle qu'il s'agit d'un match de tennis… » Même John McEnroe, roi des empoignades avec les fans, en resta bouche bée : « Je n'avais jamais vu ça. » « On se serait cru dans une foire, tout le monde huait Leconte, il y avait des avions en papier qui volaient », décrivit Rebeuh.

Leconte mit plusieurs années à se réconcilier avec le public français. La finale de la Coupe Davis 1991 contre les États-Unis et sa victoire contre Pete Sampras à Lyon acta le grand pardon.

TRAQUENARD À ASUNCIÓN

En 2010, la France avait vécu une finale de Coupe Davis particulièrement éprouvante contre la Serbie, à Belgrade. À cause de son issue – une défaite au bout d'un cinquième match décisif à sens unique perdu par l'inconsolable Michaël Llodra –, mais aussi à cause de l'ambiance, hostile au point que des membres du RAID avaient dû se greffer à la sécurité des Bleus. « *Peanuts* ! », répondraient les acteurs malheureux d'un déplacement ô combien plus explosif, vingt-cinq ans plus tôt, à Asunción, au Paraguay. Un premier tour a priori abordable pour la bande à Noah, solide treizième mondial deux ans après son sacre à Roland-Garros, accompagné du jeune et prometteur Leconte, top 50 à vingt et un ans, face à une sélection emmenée par Victor Pecci, finaliste porte d'Auteuil six ans plus tôt mais sur la jante depuis un long moment.

Le capitaine Jean-Paul Loth et ses troupes comprirent dès leur arrivée sur place, dans une salle de basket transformée en court de tennis avec un parquet vitrifié ultra rapide d'un autre temps, qui ne laissait aucune trace de balle, que la rencontre puait le traquenard. « Paraît qu'il faut même se méfier de ce qu'on vous sert à manger. Pour l'instant, ça va, même si, le matin, le serveur me passe les plats en me murmurant "Victor Pecci, Victor Pecci" à l'oreille », glissait

Noah à Pierre-Michel Bonnot, envoyé spécial du journal *L'Équipe*, quelques jours avant le début de la rencontre.

Un matin qu'ils discutaient au bord de la piscine de l'hôtel Ita Enramada, les deux hommes furent interrompus par le bourdonnement d'un hélicoptère qui les survolait. Alors que le directeur de l'hôtel invitait tout le monde à rentrer à l'intérieur de l'établissement, un commando armé se déploya. Des snipers se positionnèrent dans les arbres le long de l'allée menant au casino voisin : général et président du Paraguay depuis trente et un ans, Alfredo Stroessner voulait jouer au black jack. Et peut-être, aussi, intimider l'équipe de France. La spécialité locale… Les Paraguayens et leurs fans survoltés avaient tout prévu. Le vendredi, jour des deux premiers simples, trois mille cinq cents personnes s'entassèrent dans un gymnase conçu pour moitié moins et accueillirent les Bleus dans un immense brouhaha, qu'une *banda* – sorte de fanfare typique des tribunes de football sud-américaines – relançait en permanence. Le tout dans une chaleur étouffante et une ambiance surréaliste, où des spectateurs munis de battes de baseball faisaient des allers-retours près du banc français quand d'autres prenaient un malin plaisir à écraser des gobelets en plastique ou des canettes lorsque les visiteurs s'apprêtaient à servir. Sans oublier les immondes cris de singe que subissait Noah.

À l'un d'entre eux, le Français répondit par un salut hitlérien sarcastique. Le Paraguay était, à l'époque, considéré comme une terre de refuge pour nazis en fuite, parmi lesquels le docteur Mengele, « l'Ange de la mort » d'Auschwitz…

À l'issue de deux marathons épiques lors desquels ils furent sanctionnés de plus de fautes de pied que durant tout le reste de leurs carrières, Noah, papa de Joakim depuis seulement quelques jours, et Leconte, alors en froid avec son capitaine, s'inclinèrent tour à tour en cinq manches face à Pecci (6-8, 15-13, 2-6, 8-6, 10-8) et Francisco González (4-6, 6-3, 3-6, 6-3, 6-4). Ils rentrèrent à leur hôtel à cinq heures du matin, groggy. Courageuses, conscientes que la France courait après un titre en Coupe Davis depuis 1932, les troupes de Loth s'accrochèrent et revinrent à deux partout, grâce à la paire Noah-Leconte puis à Noah. Mais le vacarme redoubla en même temps que les provocations et les insultes, qui firent sortir de leurs gonds le jeune Guy Forget et le journaliste de TF1 Hervé Duthu à grands coups de bras d'honneur. Et Leconte céda dans le cinquième match décisif contre le héros local, Pecci (6-3, 6-4, 3-6, 7-5).

Dès le match terminé, le terrain fut immédiatement envahi. Et alors qu'au milieu du désordre, les vaincus se précipitaient vers le vestiaire, le journaliste de TF1 Hervé Duthu prit une mandale en pleine caboche qui le coucha net.

Noah rebroussa chemin, hissa l'homme assommé sur son dos et rejoignit ses coéquipiers à l'abri. Sous l'impulsion de ses joueurs, excédés par ce qu'ils avaient subi sur le court, Loth s'en alla voir Philippe Chatrier, alors président de la Fédération française de tennis et de la Fédération internationale, pour qu'il réagisse et porte réclamation. Il n'en fit rien, ce qui provoqua la fureur de Noah, qui mit cinq ans à passer l'éponge, quand Chatrier lui proposa de devenir capitaine de la sélection. « Je ne remettrai pas les pieds dans un pays où on vous fouille à l'entrée du vestiaire comme un voleur, où les ramasseurs vous font des grimaces et où les juges de ligne vous volent en vous faisant des clins d'œil », affirma le numéro un français.

De son côté, Loth refusa de serrer la main du président du Paraguay, Alfredo Stroessner, après la rencontre, ce qui lui valut une interdiction de séjour d'une dizaine d'années. Le lendemain, le capitaine piqua une colère quand il découvrit, à la une de journaux qu'on avait glissés sous la porte de sa chambre d'hôtel, Noah et Leconte en train de faire la fête en boîte de nuit avec l'équipe du Paraguay. Ils trinquaient au piège qui venait de se refermer sur eux.

« *CHAU* LLEYTON »

L'info demande à être vérifiée, mais on parierait bien que Lleyton Hewitt n'a jamais passé de vacances en Argentine. En tout cas, pas depuis 2006. L'Australien y a vécu un calvaire en demi-finale de la Coupe Davis cette année-là, accueilli comme l'ennemi public numéro un des spectateurs locaux devenus *locos* (fous) cette semaine de septembre.

Les prémices du différend – c'est un euphémisme – entre les Argentins et Hewitt remontent à 1997. Les deux sélections disputaient alors la Coupe Davis junior, à Vancouver, au Canada. Parmi les favoris au titre, l'Argentine des prometteurs Nalbandian, Coria et Massa connut un démarrage poussif avec une défaite surprenante face au modeste Venezuela. Le capitaine, Gustavo Luza, rassembla ses joueurs dans une chambre de leur hôtel pour faire le point. Quelques instants plus tard, ils entendirent des cris venant du balcon d'en face et découvrirent Lleyton Hewitt en personne, sourire jusqu'aux oreilles, s'époumoner et brandir une pancarte de fortune sur laquelle on pouvait lire « Argentine, deuxième zone, pour se battre entre la neuvième et la seizième place ». Fous de rage, les joueurs argentins voulurent en découdre mais furent retenus par Luza, qui ne put en revanche éviter une confrontation musclée le lendemain.

Les relations ne se réchauffèrent jamais entre les Argentins et Hewitt. Il y eut le crachat de Juan Ignacio Chela lors d'un changement de côté à l'Open d'Australie 2005, puis, six mois plus tard, les insultes de Guillermo Coria lors du quart de finale de Coupe Davis à Sydney. Mais le conflit atteignit son sommet l'année suivante, une fois de plus en Coupe Davis, à Buenos Aires, où Hewitt arriva entouré par une dizaine d'agents de sécurité et deux gardes du corps : condition négociée, tout comme l'assurance de faire les trajets entre le vestiaire et la salle de presse en voiture, afin qu'il accepte de disputer la demi-finale.

Mais sa protection rapprochée ne pouvait rien contre les huées et les insultes des supporters argentins, bien chauffés en amont par leurs joueurs. « Lui, c'est sûr, on ne l'aime pas du tout. Je dirais même plus : personne ne l'aime. Il est odieux », avait balancé David Nalbandian. Très présent pendant cette campagne 2006, Diego Maradona ajouta de l'huile sur le feu, comme il l'avait déjà fait en huitième de finale contre la Suède. Il aurait, paraît-il, insulté Robin Söderling : « Il croyait que l'on vivait encore au temps des arcs et des flèches. Maintenant, il sait que l'Argentine est un pays civilisé. Hewitt, il faut le ruiner, le détruire, l'écraser… mais sur le court, pas ailleurs. » Son peuple l'écouta. L'Australien eut droit au doux surnom de *puto* (pédé) qui l'accompagna de sa sortie du vestiaire à la fin de son match contre José Acasuso, le vendredi. Dans les premiers rangs, un spectateur l'insulta à bâtons rompus jusqu'à être viré par la sécurité. Dans l'enceinte résonnait un hymne peu glorieux : « Tous ces pédés, on doit absolument les battre ! » Au milieu de quatorze mille Argentins hostiles, Hewitt finit par céder et s'inclina en cinq sets (1-6, 6-4, 4-6, 6-2, 6-1), précipitant la défaite sèche de sa sélection. À sa sortie de salle de presse, avant de monter dans une voiture de l'organisation, l'Australien eut droit à d'ultimes noms d'oiseaux et à un dernier slogan : « *Chau* Lleyton ! » Au revoir, Lleyton.

UN FRANÇAIS PAS CHEZ LUI À PARIS

Le public français a tendance à être particulièrement chauvin et à n'avoir d'yeux que pour ses représentants. Mais il existe quelques exceptions : Roger Federer aujourd'hui, Jimmy Connors il y a une quarantaine d'années. Absent du majeur parisien de 1974 à 1978 à cause d'une brouille avec Philippe Chatrier qui lui reprochait d'avoir disputé des exhibitions lucratives, l'Américain avait fait son retour en 1979 et séduit les fans français par sa gouaille, son humour et son jeu spectaculaire. Le 28 mai de l'année suivante, il se retrouva opposé au local Jean-François Caujolle au deuxième tour. Intermittent du spectacle sur le circuit, l'ancien grand espoir tricolore, alors soixante-seizième mondial à vingt-sept ans, était dans un bon jour. Il avait battu Connors quelques semaines plus tôt à Monte-Carlo (7-6, 6-2) et comptait bien remettre ça à Paris. Avant la rencontre, l'Américain, ulcéré par l'affront monégasque, annonça aux journalistes : « Je veux Caujolle. »

Avec sa magnifique patte gauche et son toucher de balle, Caujolle baladait « Jimbo » qui commença à l'insulter aux changements de côté. Jusque-là, rien de surprenant. Mais à mesure que le Français rouait de coups le numéro trois mondial, le public du central, composé de nombreux gamins – mercredi oblige – moins patriotiques que fans du showman « amerloque », se retourna contre lui. À deux sets à zéro, l'agacement monta dans la célèbre tribune D, rebaptisée depuis tribune Henri-Cochet, située en face de la chaise d'arbitre, dépourvue de loges VIP et donc occupée par les plus mordus de la balle jaune. À 5-2 contre lui au troisième set, Connors sauva une balle de match, un passing en bout de course de Caujolle qui sortit de cinq ou dix centimètres sous les acclamations de cette fameuse tribune D, qui siffla le Marseillais lorsqu'il remit en cause une décision de l'arbitre et le conspua dès lors à chacun de ses coups gagnants.

Secoué par cette ambiance surréaliste, le Français sombra. Il perdit dix-sept des dix-neuf jeux suivants et s'inclina en cinq sets (3-6, 2-6, 7-5, 6-1, 6-1). L'année suivante, les deux joueurs s'affrontèrent à nouveau à Roland-Garros, au troisième tour, mais le public n'eut cette fois pas le temps de choisir son camp : Caujolle refusa le combat et fut expédié en trois manches (6-0, 6-2, 6-0). Désormais, quand l'actuel directeur de l'Open 13 de Marseille joue avec ses amis, il entend régulièrement sur des points importants : « Pense pas à Connors. »

LE VIP TARÉ

Rappelez-vous de la folie furieuse qui entourait la prodige américaine Coco Gauff lors de son parcours jusqu'en huitièmes de finale de Wimbledon, en 2019, à seulement quinze ans. Multipliez-la par dix et vous aurez un aperçu de ce qu'a vécu Jennifer Capriati l'année de ses quatorze printemps. Titrée en junior à Roland-Garros et à l'US Open la saison précédente, « Jenny » disputa son tout premier tournoi WTA en mars 1990 à Boca Raton, en Floride. Les fans américains étaient déjà fous d'elle. Certains un peu trop, notamment un homme, assis dans une loge VIP, qui vociférait et insultait chacune des adversaires de sa protégée. « Tu ne vas pas gagner. Si tu gagnes, je te tue ! », cracha-t-il au visage de Nathalie Tauziat au troisième tour. « Jennifer, on boira une coupe de champagne quand tu l'auras tuée », criait-il à chaque match de Capriati, qui bénéficia de certaines largesses des arbitres, notamment en quart de finale contre Helena Suková. Mais la moindre contestation provoquait les huées d'une foule en délire. Capriati atteignit la finale où Gabriela Sabatini la stoppa (7-5, 6-4). Aucune nouvelle du VIP menaçant depuis…

INDÉCENCE ROMAINE

Pousser un joueur et un arbitre à abandonner en plein match, c'est « l'exploit » réussi par le public romain du Foro Italico lors des internationaux d'Italie en 1978. En 1976 déjà, l'Américain Harold Solomon avait craqué face aux provocations répétées du public et jeté l'éponge alors qu'il menait 2-6, 7-5, 5-4 en quart de finale face à l'Italien Adriano Panatta. Deux ans plus tard, ce fut à nouveau un adversaire du héros local qui subit les foudres du central.

José Higueras survolait les débats dans cette demi-finale, jusqu'à mener 6-0, 5-1. Soudainement plus relâché, Panatta revint à 5-4.

Un murmure parcourut alors le stade, suivi de hurlements au moment où Higueras s'apprêtait à servir à nouveau pour le gain du deuxième set. « Silence ! Silence, bande d'imbéciles ! », s'époumona Bertie Bowron. L'arbitre anglais de soixante-neuf ans était lui aussi sous tension. Il gardait un mauvais souvenir du Foro Italico. Quelques années plus tôt, le joueur roumain Ion Tiriac l'avait tiré par l'oreille dans le vestiaire après un conflit sur un point. Alors pas question de se laisser marcher dessus par des spectateurs irrespectueux. Mais son intervention musclée ne fit qu'ajouter de l'huile sur le feu…

« Silence, par pitié ! », tenta-t-il quelques minutes plus tard alors qu'Higueras manquait une sixième balle de set. En vain… Excédé par les sifflets et les huées, l'Espagnol fracassa sa raquette contre la terre battue. Un spectateur répondit en lui lançant une canette qui atterrit à ses pieds, alors que des « Bouffon ! Bouffon ! » résonnaient dans les tribunes. L'entraîneur de Panatta lui-même tenta de calmer ses voisins, mais on lui rit au nez. Toujours au service, Higueras reçut une pièce de monnaie sur le pied. Quelques secondes plus tard, il commit une nouvelle faute directe sous les sifflets. Bertie Bowron voulut faire rejouer le point, mais le superviseur annula sa décision, alors même qu'il n'avait le droit d'intervenir que sur demande de l'arbitre.

C'en était trop pour l'officiel britannique qui, après une rapide discussion avec son collègue, lâcha un « *Grazie* » au micro, salua ironiquement le public, descendit de sa chaise et quitta le court. Il fut remplacé à la hâte par un arbitre italien qui assista sans broncher à l'enterrement d'Higueras. L'Espagnol perdit les trois jeux suivants et le set, attrapa ses affaires et abandonna. Dans le tunnel menant aux vestiaires, au milieu de la foule, il recroisa Bertie Bowron qu'il remercia pour ses vains efforts. « Il fallait que j'abandonne, sinon j'aurais tué quelqu'un », enragea Higueras.

Le lendemain, en finale, le public eut une attitude beaucoup plus polie. Panatta affrontait Björn Borg, qui inspirait un respect général. Le Suédois s'imposa en cinq manches (1-6, 6-3, 6-1, 4-6, 6-3) et eut droit à des applaudissements. À rendre fou Higueras…

EN TERRE TRÈS HOSTILE

L'Amérique du Sud a offert à l'équipe de France de Coupe Davis ses déplacements les plus folkloriques, pour le meilleur, parfois, et pour le pire, souvent.

En 1982, les Bleus de Yannick Noah avaient rendez-vous à Buenos Aires pour lancer leur campagne. Face à la bande à Guillermo Vilas, alors quasi injouable sur sa terre battue favorite, le premier tour apparaissait plus que piégeux malgré l'absence du numéro deux argentin, José Luis Clerc. L'hostilité des fans locaux et *locos* n'arrangea rien. Dès le vendredi, les Français découvrirent un public de football, pas vraiment du genre à faire silence pendant les points. Chauffés en permanence par une fanfare survoltée, les supporters chauvins avaient une mission : faire dégoupiller les joueurs de Jean-Paul Loth. Tous les moyens étaient bons, même le jet de projectiles sur le court. Face à Vilas, Noah esquiva des pièces, des cailloux et des boulons. Le numéro un français garda son calme. Pas Thierry Tulasne. Néophyte, le joueur de dix-huit ans, qui avait pourtant parfaitement lancé la France en dominant Ricardo Cano (6-1, 6-3, 6-2) en ouverture, se leva et offrit un bras d'honneur aux tribunes. Évidemment, son geste provoqua un mouvement de foule. Les gardes du corps recrutés pour assurer la sécurité du clan français durent intervenir. Le juge-arbitre prit la parole pour prévenir les fans que leur équipe risquait une défaite sur tapis vert si la situation ne se calmait pas.

Après la défaite de Noah contre Vilas (6-1, 4-6, 7-5, 3-6, 7-5), le score était d'un partout. Le samedi, Loth surprit tout le monde en changeant la composition du double au dernier moment. Trop fébrile à l'échauffement, Pascal Portes fut remplacé par Gilles Moretton. Le matin même, celui-ci, persuadé de ne pas jouer, s'était tranquillement promené en ville. Catapulté sur le terrain, il fut d'abord happé par l'atmosphère alors que les projectiles continuaient de pleuvoir sur la terre battue de Buenos Aires. À 5-4, au moment de servir pour le gain du premier set, il commit trois doubles fautes. Sur l'une d'entre elles, il frappa sur la tête de Noah, qui eut pourtant un rôle décisif pour lui remettre la sienne à l'endroit. La défaillance passée, le double français s'imposa en quatre manches face à la paire Vilas-Ganzábal (6-8, 6-3, 6-2, 6-4). Le lendemain, après la correction reçue par Tulasne contre Vilas (6-1, 6-0, 6-1), Noah offrit le point de la victoire aux Bleus face à Cano (8-6, 6-1, 8-6). La fanfare argentine pouvait ranger ses instruments. Cette année-là, les Français atteignirent la finale, battus à Grenoble par les États-Unis d'un certain John McEnroe.

L'OISEAU DE MAUVAIS AUGURE

Cliff Richey n'oubliera jamais ce satané oiseau, un mainate qui piaillait sans arrêt dans le jardin de la maison collée au terrain d'entraînement qui avait été attribué aux États-Unis. D'ailleurs, les Américains en étaient persuadés : les organisateurs leur avaient volontairement refilé le pire court du club. Ce n'est qu'un aperçu de ce qui attendait le Team USA cette semaine de juin 1967, à Guayaquil, en Équateur. Pour cette finale du continent américain en Coupe Davis, dont le vainqueur accéderait aux demi-finales mondiales, des tribunes en bois avaient été montées pour accueillir environ deux mille fans. La bière coulait à flot, mais l'ambiance, bien qu'animée, resta raisonnable les deux premiers jours, à l'issue desquels – sensation – l'Équateur menait 2-1. Richey avait pourtant ouvert la voie aux États-Unis face à Pancho Guzmán (6-2, 2-6, 8-6, 6-4), mais Arthur Ashe, peu à l'aise sur terre battue, s'était pris un gadin contre Miguel Olvera (4-6, 6-4, 6-4, 6-2) avant que la paire Clark Graebner-Marty Riessen, grande favorite, ne cède face au duo Guzmán-Olvera (0-6, 9-7, 6-3, 4-6, 8-6).

Dos au mur, les Américains n'avaient d'autre choix que de remporter les deux simples du dimanche. Le premier opposait Ashe à Guzmán. Resté à l'hôtel pour se préparer à un éventuel cinquième match décisif, Richey suivait la rencontre à la radio. Les nombreux *bueno forehand* (bon coup droit) des commentateurs l'inquiétèrent et, à un set partout, il décida de monter dans un taxi pour rejoindre le stade. À son arrivée, il entendit un hurlement de plaisir descendant des tribunes. Guzmán venait de remporter le troisième set. À cette époque, une pause de quinze minutes était prévue entre la troisième et la quatrième manche. Richey fila donc dans le vestiaire, où Ashe tirait la tronche des mauvais jours. Le capitaine George MacCall frappa dans un casier et lança : « Si on perd cette rencontre à la con, je vais bouffer cette putain de terre battue ! »

Richey tenta de réveiller Ashe, abattu. Il lui conseilla de ne plus monter une seule fois au filet et de « limer » du fond du court. Ashe s'exécuta et survola le quatrième set grâce à ses qualités défensives. Mais le double finaliste de l'Open d'Australie, persuadé de ne pas tenir en se contentant de défendre, recommença à monter au filet et s'inclina en cinq manches (0-6, 6-4, 6-2, 0-6, 6-3). La rencontre était perdue et l'ambiance se transforma soudainement. Alors que le terrain était envahi par les fans, Danilo Carrera, le capitaine de l'Équateur, sauta par-dessus le filet pour enlacer Guzmán, mais il trébucha et se cassa la jambe gauche. Au même moment, la sœur de Guzmán se précipita sur son frère et, dans la confusion, lui asséna involontairement en plein visage un coup qui le sonna. Carrera fut transporté en civière jusqu'à une ambulance qui l'emmena à l'hôpital le plus proche. À son retour au stade, il était en fauteuil roulant, la jambe plâtrée.

Même si l'issue du match était connue, il restait un dernier simple à disputer entre Richey et Olvera. Mis au courant de l'exploit réalisé par l'équipe équatorienne, de nombreux étudiants du coin voulurent participer à la fête, mais il n'y avait plus le moindre billet à vendre. Certains tentèrent d'entrer par effraction, d'autres lancèrent des pierres sur le court. À chaque changement de côté, l'émeute était proche. À deux sets partout, Richey interrogea son capitaine sur le changement d'attitude d'Olvera au début de la cinquième manche. L'Équatorien semblait rater des coups volontairement. MacCall lui glissa : « Il a peur que ça dégénère s'il gagne. Il veut se barrer en vitesse. Après la balle de match, ne reviens pas sur ta chaise, fonce directement au vestiaire. Je récupérerai tes affaires. » Richey remporta le cinquième set sans perdre un jeu (5-7, 6-4, 7-5, 4-6, 6-0) et quitta le terrain à toute berzingue. Le mainate, lui, continuait de piailler.

UNE AMÉRICAINE EN TCHÉCOSLOVAQUIE

Lorsqu'elle apparut sur le court, le public se leva et applaudit. La standing-ovation dura de longues minutes. Seule la tribune officielle resta de marbre. Onze ans après avoir demandé l'asile politique et cinq ans après avoir obtenu la nationalité américaine, Martina Navrátilová était de retour en Tchécoslovaquie, son pays d'origine, pour la première fois. La numéro un mondiale avait fait le déplacement pour disputer la finale de la Fed Cup en juillet 1986. Quelques semaines plus tôt, elle avait appelé Chris Evert, sa rivale sur le circuit et coéquipière en sélection. « Veux-tu venir en Tchécoslovaquie avec moi, même si ça pourrait être risqué ? » Evert avait dit oui.

À l'arrivée de l'équipe des États-Unis, Navrátilová fut totalement ignorée. Aux yeux des organisateurs, du gouvernement et des médias, elle n'existait pas. Son nom n'était même jamais cité dans la presse locale. Si Evert avait les honneurs du Central, Navrátilová devait se contenter d'un court annexe alors qu'elle était la meilleure joueuse du monde. Mais les officiels n'avaient pas anticipé la réaction de la foule, admiratrice de ce qu'elle avait eu le courage de faire en 1975.

Alors, à son entrée sur le court, au moment de défier Hana Mandlíková, Navrátilová reçut la plus vibrante ovation de toute sa carrière. En tribunes, les spectateurs pleuraient. Et, pendant le match, tout le monde soutenait celle qui jouait pour l'adversaire, l'ennemi même. Navrátilová s'imposa en simple (7-5, 6-1) puis en double avec Pam Shriver face à Hana Mandlíková et Helena Suková (6-4, 6-2), et les États-Unis s'imposèrent.

C'EST FLOU

LE WHISKY,
REMÈDE AUX MIGRAINES

Touché au poignet gauche pendant l'US Open 2007, Marat Safin devait observer une période de quatre à six semaines de repos. Son entraîneur, Hernán Gumy, lui donna alors quartier libre, avec une seule consigne : ne pas trop tirer sur la corde. Mais, plutôt que de rentrer chez lui, de passer du temps en famille ou les pieds dans l'eau, le Russe, de plus en plus déprimé par la routine de la vie sur le circuit – voyage, match, dodo –, décida de s'en éloigner le plus possible en se lançant dans un trek au Népal. Des amis avaient prévu de marcher au Tibet. Il les accompagna avec d'autres randonneurs expérimentés. L'objectif était d'atteindre le sommet du mont Cho Oyu, qui culmine à 8 201 mètres d'altitude. Convaincu de pouvoir y arriver en compensant son manque d'expérience par ses capacités physiques d'athlète de haut niveau, Safin craqua au bout d'une dizaine de jours et abandonna à un camp de base à environ 4 000 mètres. Parti sans médicaments pour l'altitude, il souffrit d'insupportables maux de tête qui l'empêchèrent de terminer l'ascension. Il pensait pourtant avoir trouvé une solution face à ses douleurs : le whisky. Une gorgée lui offrait deux heures de répit, mais la migraine revenait encore plus fort par la suite. Il eut fallu vider quelques bouteilles pour aller au bout du trek. Difficile de gravir une montagne en voyant flou…

L'ALCOOL, C'EST DE L'EAU

Boire ou gagner, Marat Safin avait décidé de ne pas choisir. Le Russe remporta le premier de ses deux Grands Chelems en septembre 2000 à l'US Open. Pas loin de la sortie de route aux deuxième et troisième tours contre Gianluca Pozzi et surtout Sébastien Grosjean, battu au tie-break du cinquième set, il réussit une seconde semaine monstrueuse. Il balaya successivement Juan Carlos Ferrero, Nicolas Kiefer, Todd Martin puis Pete Sampras en finale. Rien que ça. Pourtant, plusieurs fois durant la quinzaine, le prodige fut aperçu très « touché », démarche incertaine, regard vitreux, au moment de regagner sa chambre d'hôtel au beau milieu de la nuit.

Le Français Michaël Llodra le croisa ainsi ivre à cinq heures du matin, à quelques heures de sa demi-finale contre Martin, qu'il expédia malgré tout en trois petits sets (6-3, 7-6, 7-6), comme Sampras deux jours plus tard (6-4, 6-3, 6-3). Paraît-il qu'il répéta l'expérience en 2002 à l'Open d'Australie, où il atteignit à nouveau la finale mais s'inclina en quatre manches (3-6, 6-4, 6-4, 7-6) face au Suédois Thomas Johansson. Gueule de bois, cette fois.

LE RÉGIME MURGE

À Melbourne, en 2001, un immense défi attendait l'équipe de France face à l'Australie en finale de Coupe Davis. Le mardi, à trois jours du début de la rencontre, le capitaine Guy Forget annonça à Arnaud Clément qu'il ne serait que remplaçant car il préférait lancer Nicolas Escudé sur gazon, derrière le numéro un Sébastien Grosjean. Il lui demanda de rester mobilisé au cas où, mais « La Clé » eut du mal à encaisser la nouvelle. Avec Michaël Llodra, qui n'était que *sparring partner* pour cet événement, ils sortirent tous les soirs jusqu'au bout de la nuit. Ça ne les empêcha pas d'affronter les titulaires du double, Fabrice Santoro et Cédric Pioline, de les battre tous les jours et de ne pas perdre le moindre set de la semaine.

LE GRAND GOBELET DE LECONTE

En 1988, la France affrontait la Suède de Mats Wilander et Stefan Edberg en demi-finale de Coupe Davis à Båstad. Le premier jour, Yannick Noah céda en cinq manches face à Wilander (2-6, 13-11, 6-3, 3-6, 6-0). Vint le tour d'Henri Leconte, qui avait la lourde tâche d'égaliser. Très tendu, le Français lâcha rapidement les deux premiers sets contre Edberg. Au changement de côté suivant, Noah, de retour sur le banc après un passage au vestiaire, versa deux canettes de bière dans un grand gobelet Coca-Cola et le donna à son coéquipier. Assis à côté de son capitaine Jean-Paul Loth, Leconte l'avala cul sec, rota, sourit et reprit le match. Il remporta les deux manches suivantes mais s'inclina finalement dans le set décisif (6-4, 6-4, 8-10, 3-6, 6-4). Peut-être aurait-il fallu verser une troisième canette dans le gobelet…

SACRÉ BEAUJOLAIS

Le tournoi de Monte-Carlo 1986 avait été gâché par la pluie, qui provoqua le report de nombreux matchs tout au long de la semaine. À tel point que, le samedi soir, Yannick Noah était encore en lice dans les deux tableaux, devait affronter le Suédois Nyström en finale du simple et avait potentiellement deux autres matchs à disputer en double puisqu'il était qualifié pour les demies avec Guy Forget. Dans la nuit, le téléphone de sa chambre d'hôtel sonna. C'était sa femme, Cécilia. Elle se rendait à l'hôpital pour accoucher. Évidemment, impossible pour le Français de se rendormir. Sa fille Yéléna vit le jour à neuf heures du matin et Yannick devait jouer deux, voire trois matchs dans la journée après une nuit blanche. Il ne pensait qu'à sauter dans l'avion. Il prit une rouste contre Nyström (6-3, 6-2). Restait le double. C'est à ce moment-là qu'il croisa un petit Italien surnommé « Cino », responsable historique du vestiaire à Monaco. Quand il apprit la naissance de Yéléna, Cino lui offrit un grand verre de vin rouge, du beaujolais en l'occurrence. Noah l'avala cul-sec. Épuisé et le ventre vide, il ressentit rapidement les effets de l'alcool. Paradoxalement, il réussit une demi-finale incroyable. « C'est la première fois de ta vie que tu retournes des services », lui lança, amusé, Forget. Le duo enchaîna en finale face à la paire suédoise Nyström-Wilander et s'imposa en trois manches (6-4, 3-6, 6-4). Noah quitta Monte-Carlo avec un nouvel enfant, un titre en double et une petite gueule de bois.

C'ÉTAIT « BROADWAY VITAS »

Si certains ont l'alcool agressif ou bête, comme le Chilien Marcelo Ríos, numéro un mondial en 1998, qui pouvait uriner sur des gens en boîte de nuit, d'autres l'ont joyeux et entraînant. C'était le cas de Vitas Gerulaitis, certainement le joueur le plus apprécié sur le circuit dans les années soixante-dix et quatre-vingt. Compétiteur de taille bien que dans l'ombre des Björn Borg, Jimmy Connors et John McEnroe, l'Américain était surtout un excellent camarade, pas jaloux pour un sou des succès de rivaux qu'il considérait comme des amis, et sans aucun doute numéro un mondial de la bringue, ce qu'il ne sera jamais sur un court de tennis (troisième en 1978).

Au volant de sa Rolls-Royce jaune immatriculée « VITAS G », généralement accompagné de plusieurs femmes, il était un homme de la nuit, et le célèbre Studio 54 de New York son QG. Impossible d'entrer dans cette discothèque luxueuse de Broadway sans être membre ou sans faire des kilomètres de queue. Sauf pour « Broadway Vitas », guitariste passionné devenu icône de la pop, ami des stars du rock et du cinéma, de Mick Jagger à Andy Warhol en passant par Keith Richards, Meat Loaf, Steven Tyler et Tina Turner, et aussi du propriétaire des lieux, Steve Rubell. Le « maître des fluides » y amenait ses collègues Borg, McEnroe, Noah ou Vilas. « Nous sommes rivaux sur le court, amis dans la vie et bourrés le reste du temps », expliquait-il avec malice.

Dans le temple de tous les excès, un balcon, vestige de cet ancien théâtre, était réservé aux parties de jambes en l'air, tandis que les amateurs de stupéfiants en tout genre se retrouvaient à la cave. Gerulaitis, lui, tapait des lignes blanches. Un soir, avec son grand pote Mick Jagger, il inventa un jeu, devenu ensuite coutume de la boîte : gonfler un ballon avec un peu de cocaïne dedans, le laisser monter au plafond puis l'éclater : « C'était comme si la drogue tombait du ciel et nous était livrée par Dieu. » Le fêtard claquait son *prize money* plus vite que ses services. Son ami et ancien joueur australien Paul McNamee avouera d'ailleurs : « Quelqu'un qui bossait chez American Express m'a dit qu'une année, il figurait dans ses registres comme le troisième plus gros client dépensier au monde. Un pognon monstre craqué dans les jets privés et les prostituées. » La légende raconte que, pour l'enterrement de vie de garçon de Borg, il aurait loué un bateau et invité… toutes les ex du Suédois.

Amoureux des bagnoles – Lamborghini, Ferrari, Mercedes, Porsche, deux Rolls – et des femmes, le vainqueur de l'Open d'Australie 1977 collectionnait autant les unes que les autres. Pour fêter son vingt et unième anniversaire, il invita ses fans féminines, venues l'encourager lors de son précédent match, à le rejoindre pour une pyjama party au Studio 54. Minuit passé, Vitas s'inquiéta de ne voir personne arriver. Puis, une amie l'amena jusqu'à la fenêtre où des centaines de jeunes femmes en nuisette hurlèrent en chœur : « Happy birthday, Vitaaaaas ! » Sur le court, le lendemain, le « lion lituanien » à la belle crinière blonde portait encore les stigmates d'une soirée floue, notamment des traces de rouge à lèvres sur le cou. En tribunes, certains spectateurs le remarquèrent et passèrent le match à roucouler.

Ses aventures officielles ou officieuses faisaient l'objet de paparazzades, comme celle avec Margaret Trudeau, épouse du Premier ministre canadien, la joueuse américaine Christ Evert, le top model Cheryl Tiegs ou l'actrice Jennifer O'Neill. Une autre comédienne, Janet Jones, lui annoncera lors d'un dîner au restaurant, en 1986, vouloir quatre enfants d'ici à ses quarante ans. La réponse de Gerulaitis fusa : « À quarante ans, j'aimerais avoir six femmes ! »

À quarante ans, malheureusement, l'excessif Américain décéda dans son sommeil, intoxiqué par le monoxyde de carbone qui s'échappait d'un système de chauffage de piscine défectueux. Le choc fut terrible, notamment pour ses anciens rivaux et amis. Malgré leur haine viscérale mutuelle, Jimmy Connors et John McEnroe tombèrent dans les bras l'un de l'autre lors de son enterrement, rapidement rejoints par Björn Borg pour une étreinte particulièrement émouvante. Ce qui fera dire à Mary Carillo, ancienne joueuse et amie d'enfance du défunt : « John ne pouvait pas blairer Jimmy, Jimmy n'aimait pas John, et personne ne pouvait devenir vraiment proche de Björn. Une seule personne au monde pouvait être pote avec ces trois-là. C'était Vitas. »

DJOKOVIC, DES BIÈRES ET AC/DC

La finale de l'Open d'Australie 2012 entre Novak Djokovic et Rafael Nadal reste, à ce jour, la plus longue de l'histoire des Grands Chelems : 5 h 53 d'un combat titanesque (5-7, 6-4, 6-2, 6-7, 7-5) à l'issue duquel le vainqueur – le Serbe – et le vaincu – l'Espagnol –, épuisés et au bord des crampes, demandèrent à pouvoir s'asseoir durant la cérémonie de remise des trophées. L'image des deux hommes, assis sur une chaise, têtes basses et mains sur les genoux, est iconique. Ce que l'on sait moins, c'est ce qu'il s'est passé ensuite.

À la sortie du court, à deux heures du matin passées – le match avait démarré à vingt heures –, Djokovic était attendu pour le contrôle antidopage. Mais le joueur de vingt-quatre ans était totalement déshydraté et bien incapable de remplir le flacon qu'on venait de lui tendre.

Après une longue attente, les organisateurs décidèrent de lui donner des bières pour accélérer le processus. Ils ne savaient pas que le Serbe ne buvait pratiquement jamais d'alcool… Entre ça et son état de fatigue avancé du moment, l'effet des quelques mousses descendues en vitesse fut dévastateur.

Et qu'elle ne fut pas la surprise des bénévoles du tournoi de voir, à 3 h 30 du matin, le tout nouveau vainqueur de l'Open d'Australie débarquer au milieu de leur soirée de fin de quinzaine, monter sur le podium, se déhancher sur la scène et beugler au micro « *I'M ON A HIIIGHWAAAY TO HEEELL* », la célèbre chanson d'AC/DC. Un spectacle qui aurait pu se prolonger si Djokovic n'avait pas été rappelé à ses obligations médiatiques, notamment une conférence de presse où l'attendaient des dizaines de journalistes qui n'avaient pas la moindre idée de la scène qui venait de se jouer dans les entrailles de Melbourne Park.

DRAPEAU BLEU, BLANC, ROUGE SUR LE VISAGE

Ne jamais s'endormir en pleine soirée arrosée alors que les copains ne sont pas encore couchés. Julien Benneteau a eu le malheur d'oublier cette règle élémentaire à Londres en 2012. Ce soir-là, le Français célébrait sa médaille de bronze olympique obtenue avec Richard Gasquet autant que l'argent récolté par ses compatriotes Jo-Wilfried Tsonga et Michaël Llodra lors du tournoi de double des Jeux olympiques. Après avoir passé une partie de la soirée au Club France, les tennismen terminèrent la nuit dans leur maison, à Wimbledon, entre eux. Épuisé, Benneteau s'endormit à cinq heures du matin, avec sa breloque et un grand sourire. Deux heures plus tard, il ouvrit les yeux et découvrit de nombreuses traces de bleu et de rouge sur ses draps… Il se leva et marcha jusqu'à la salle de bain pour contempler dans le miroir son visage recouvert de bleu, de blanc et de rouge. Ses potes l'avaient barbouillé dans son sommeil sans qu'il ne s'aperçoive de rien.

SOIRÉES MAJEURS

Un titre en Grand Chelem, ça se fête. Ça se chante, ça se danse, ça se boit. Jusqu'au petit matin, debout sur le bar d'une boîte de nuit ou tout habillé dans une piscine. Les souvenirs sont parfois flous, les gueules de bois mémorables. En 2005, Roger Federer eut besoin de quatre jours pour se remettre de sa soirée après son sacre à l'US Open. Cinq ans plus tôt, Marat Safin partagea un moment avec Lenny Kravitz dans un immense club new-yorkais. La suite de la nuit s'effaça de la mémoire alcoolisée du Russe… Iva Majoli, elle, n'oublia pas sa rencontre avec John McEnroe, quelques heures après avoir battu Martina Hingis en finale de Roland-Garros 1997. La Croate était aux Bains Douches, ancien lieu célèbre des nuits parisiennes, lorsque la star américaine lui offrit un tee-shirt à son effigie. Elle l'enfila par-dessus sa robe et poursuivit la fête, jusqu'à une balade matinale sur les Champs-Élysées.

À quelques kilomètres de là, vingt-six ans plus tôt, Ilie Nastase célébra… sa défaite en finale de Roland-Garros 1971 contre Kodes. Le Roumain dépensa l'intégralité de son *prize money*, soit environ vingt mille francs. Il rinça tous ses amis chez Castel puis, à la sortie, rue Princesse, il croisa un sans domicile fixe qui l'interpella : « Donne-moi cinq francs, Vilas. » « Tu es malade, je suis Nastase. Vilas est moche ; moi, je suis beau », répondit Nastase, qui lui tendit un billet de vingt francs. Le SDF lui lança alors : « Je ne te crois pas. Nastase est très drôle ; toi, tu n'es pas drôle. »

John Newcombe, lui, célébra son premier titre en Grand Chelem, à Wimbledon en 1967, dans l'appartement qu'il partageait avec sa femme à Lancaster Gate, dans le centre de Londres. Bien évidemment, l'alcool coula à flot, à tel point que madame Newcombe retrouva son époux allongé sur le sol, à côté du lit, à trois heures du matin. Gueule de bois et bouche pâteuse, le joueur de vingt-trois ans fut privé de grasse mat' : il devait prendre un avion à neuf heures du matin pour disputer un match exhibition à Amsterdam. À ses côtés, son compatriote Tony Roche, encore pompette de la veille, voyait double et passait littéralement à côté de la balle.

En 1988, après son titre à Roland-Garros, Mats Wilander rejoignit une fête donnée en l'honneur d'un disque de platine de Sting. Les deux hommes se connaissaient et s'appréciaient. Le Suédois proposa un troc au chanteur : sa coupe des Mousquetaires contre son disque de platine. « OK, pas de problème ! Je serai le seul Britannique avec une coupe de Roland-Garros ! », acquiesça Sting. Quelques semaines plus tard, le chanteur invita son ami tennisman chez lui, pour une soirée en présence, notamment, d'Annie Lennox. Wilander découvrit non seulement que Sting avait des dizaines de disques de platine mais surtout que son trophée de Roland-Garros servait de corbeille à fruits dans la cuisine. En colère, il demanda à le récupérer, ce que Sting accepta.

Aucune de ces célébrations n'arrive à la cheville de la fête de Nainville-les-Roches. C'était le 5 juin 1983, date mythique dans l'histoire du tennis français : le sacre de Yannick Noah à Roland-Garros. Tout le monde se souvient de la folie qui avait emporté le stade Philippe-Chatrier, la danse de papa Zacharie sur le court et les larmes du fiston, nouveau roi de la terre battue. La suite fut tout aussi extraordinaire. « Huit fois sur dix, une fête après une victoire est pourrie. Parce qu'il se passe trop de temps entre la balle de match et la fiesta. En 1983, ça s'est super bien enchaîné », expliquait Noah il y a quelques années. Ses amis avaient anticipé sa victoire (6-2, 7-5, 7-6) en finale contre le Suédois Mats Wilander et préparé une soirée hors norme.

Direction Nainville-les-Roches, village paumé dans l'Essonne, où le joueur possédait une belle maison de campagne (un ancien presbytère) avec des pierres apparentes, un grand jardin, une grange, un studio d'enregistrement, une piscine, un sauna, un perroquet du Cameroun et un coq du genre matinal et bruyant. C'était la « maison du bonheur », où les potes pouvaient s'inviter à leur guise, sans prévenir. Famille, copains, copains de copains et voisins : tout le monde convergea vers le 91 après la victoire du Français. Y compris deux membres du groupe Téléphone, Jean-Louis Aubert et Louis Bertignac. Ils offrirent aux invités, qui se trémoussaient dans la piscine pour la plupart, un concert privé jusqu'au bout de la nuit. Il y avait aussi le footballeur brésilien Paulo César, l'actrice Annie Girardot et des journalistes, parmi lesquels Gérard Holtz. Seul manquait à l'appel… Yannick Noah.

La star de la soirée se fit attendre malgré elle. La presse l'occupa un long moment. Puis, à sa sortie du stade, il déboucha un magnum de champagne sur le parking avec Mabrouk, le responsable de l'entretien, et toutes ses équipes. Environ quarante kilomètres plus loin, il fit une apparition remarquée : « Arrivée au sprint, envolée majestueuse et plongeon grand style », décrivit Philippe Bouin dans *L'Équipe*. Après une danse avec sa maman Marie-Claire, Noah offrit, micro en main et pieds nus, un beau spectacle à l'assistance. Jusqu'à quatre heures du matin, moment choisi pour filer au Circus, une boîte de nuit à Paris, où il tomba nez à nez avec… Wilander. Les deux hommes dansèrent ensemble jusqu'au petit matin.

TROPHÉE DU FAIR-PLAY

« À LA DEMANDE DE MATS WILANDER »

En 1982, Roland-Garros découvrit une gueule d'ange à l'épaisse tignasse blonde et bouclée. Pro depuis à peine six mois, Mats Wilander disputait à dix-sept ans ses premiers Internationaux de France. Le Suédois, déjà dix-huitième mondial, marqua d'abord les esprits par son niveau de jeu sur l'ocre parisienne, au point de bouter la tête de série numéro deux Ivan Lendl hors de la porte d'Auteuil dès les huitièmes de finale (4-6, 7-5, 3-6, 6-4, 6-2). Une semaine plus tard, face à l'Argentin Guillermo Vilas, il remporta (1-6, 7-6, 6-0, 6-4) le premier de ses sept Grands Chelems.

Mais plus que son titre, c'est son comportement de seigneur qui en fit l'un des chouchous de la foule. En demi-finale contre José Luis Clerc, il pensait avoir match gagné au bout de trois heures et trente-neuf minutes d'un âpre combat quand une attaque de coup droit de l'Argentin fut annoncée faute par un juge de ligne. Clerc, persuadé que sa balle avait accroché la craie blanche, s'emporta auprès de l'arbitre de chaise Jacques Dorfmann, qui ne voulut rien entendre, jusqu'à ce que Wilander intervienne. « À la demande de Mats Wilander, on rejoue le point », annonça Dorfmann au micro, provoquant une énorme acclamation dans les tribunes du central. En cabine des commentateurs, le journaliste français de TF1 Hervé Duthu et son consultant Jean-Paul Loth, alors directeur technique national et capitaine de l'équipe de France de Coupe Davis, n'en revenaient pas. « Quelle sportivité extraordinaire chez Mats Wilander. Inclinons-nous et ayons beaucoup de respect pour ce jeune Suédois », lâcha le premier, avant que le second n'ajoute : « Exceptionnel ! On n'a jamais vu ça. C'est quelque chose de fabuleux. Là, on est dans le domaine du sport, du gentilhomme. C'est merveilleux de voir ce jeune homme rendre une balle de match alors qu'il avait partie gagnée. » Son issue n'en fut pas différente puisque Clerc balança un revers dans le filet sur le point suivant.

Six ans plus tard, un autre Suédois se distingua par son fair-play : en 1988, à Bercy, Jonas Svensson signala à deux reprises à l'arbitre qu'une balle de Jakob Hlasek jugée faute était en réalité sur la ligne. Sa bonne action ne fut pas récompensée : il finit par perdre la rencontre

(3-6, 6-3, 6-2). Wilander, lui, avouera de longues années après avoir mis un terme à sa carrière n'avoir plus jamais rendu le moindre point à un adversaire. Fair-play mais pas maso, le Mats.

GRAVÉ DANS LE ROCHE

Derrière ses succulentes caresses en volée de revers, il aurait pu rester ce magnifique loser, fils de boucher fort comme un bœuf mais fragile comme un œuf, dont les innombrables succès en double n'auraient suffi à compenser ses échecs répétés en demi-finales et finales de Grands Chelems. Mais Tony Roche bénéficia d'un petit coup de pouce du destin, en 1966, à Paris. Ou plutôt d'un geste de fair-play unique.

L'Australien le méritait sans doute plus qu'aucun autre après des années à composer avec des blessures à répétition et des articulations grinçantes. Foutu coude gauche qui le poussa, en 1973, à s'envoler pour les Philippines et Baguio, avec sa femme Sue, à la rencontre d'un guérisseur, un certain Placido, qui vivait dans une sorte de taudis avec sa compagne et ses quatre enfants. Roche essuya d'ailleurs beaucoup de moqueries après avoir raconté dans la presse australienne ce voyage de la dernière chance et affirmé avoir été guéri de ses affreuses douleurs, le tout contre un billet de vingt dollars.

Sept ans plus tôt, à Roland-Garros, la malédiction l'avait encore frappé, pensait-il. Pendant sa demi-finale de double, le vendredi sur le court numéro 2, il se tordit légèrement la cheville gauche sur un service, sans doute fatigué par son combat de la veille, remporté en cinq manches contre le Français François Jauffret. Contraint à l'abandon, il quitta le stade en boitillant. « C'était bouleversant de voir cet athlète, d'aspect invulnérable, pleurer comme un enfant », rapportaient les journaux qui l'imaginaient déjà forfait pour la finale du simple.

La blessure n'était pas grave, mais les organisateurs du majeur parisien avaient décidé de programmer la finale hommes le samedi et la finale femmes le dimanche. L'Australien annonça la mort dans l'âme être incapable de rejouer dès le lendemain. Quand il apprit la nouvelle, l'autre finaliste, István Gulyás, accepta de décaler la rencontre de vingt-quatre heures.

C'était pourtant l'occasion d'une vie pour le Hongrois de trente-quatre ans, jamais vu à pareil niveau auparavant. Il pouvait devenir le second Hongrois à remporter un titre du Grand Chelem, dix-neuf ans après son aîné József Asbóth, sacré à Roland-Garros en 1947. Mais Gulyás voulait gagner sur le terrain, à la loyale. Malheureusement pour lui, son beau geste ne fut pas récompensé : Roche, provisoirement libéré de la douleur grâce à une piqûre de novocaïne, le remercia en lui collant une bonne rouste (6-1, 6-4, 7-5). Quelque trente ans plus tard, Roche, devenu un temps l'entraîneur de Roger Federer, revint sobrement sur ce geste : « Ce Gulyás était un vrai gentleman. »

AGASSI, GULYÁS BIS

Connaissait-il l'histoire d'István Gulyás et Tony Roche à Roland-Garros en 1966 ? Toujours est-il qu'Andre Agassi imita au moins à deux reprises le beau geste du Hongrois, à chaque fois au tournoi de Key Biscayne, à Miami. En 1994 d'abord, l'Américain accepta de décaler d'une heure le début de la finale car son grand rival Pete Sampras était nauséeux et incapable de démarrer la partie à l'heure. S'il avait refusé, Sampras aurait été déclaré forfait et Agassi aurait remporté le trophée. Finalement, il s'inclina en trois sets (5-7, 6-3, 6-3).

Deux ans plus tard, il n'hésita pourtant pas à faire à nouveau preuve de fair-play. Même lieu, même enjeu, mais adversaire différent. Goran Ivanišević avait créé la sensation en écartant Sampras en demi-finale (2-6, 6-4, 6-4), mais le géant croate se réveilla le lendemain matin avec une affreuse douleur à la nuque. Pour laisser le temps à son adversaire de soigner son torticolis et de recevoir quelques piqûres dans les fesses pour anesthésier la douleur, Agassi accepta à nouveau de repousser d'une heure le début du match. Cette fois, ça ne l'empêcha pas de soulever le trophée : trop diminué, incapable de servir à plus de cent trente kilomètres à l'heure et de frapper correctement ses revers, Ivanišević abandonna au bout d'une dizaine de minutes de jeu, à 3-0, 40-0 pour Agassi, profondément déçu de gagner de cette manière.

CÂLIN ENTRE RICAINS

Ils n'étaient pas particulièrement proches, simplement deux compatriotes partageant la même passion. Mais ce jour-là créa un lien unique entre eux, le partage d'une souffrance commune et souvent insupportable. Le 9 avril 2018, à l'issue d'un sacré combat sur la terre battue de Houston, Steve Johnson remporta le titre pour la deuxième année de suite (7-6, 2-6, 6-4). Son adversaire, Tennys Sandgren, venait de passer tout près de s'offrir son premier trophée sur le circuit professionnel. La déception était immense, mais, au moment de saluer son bourreau du jour au filet, il le prit dans ses bras et lui glissa ces quelques mots à l'oreille : « Je sais que nos pères nous regardent en tribunes. » Johnson fondit en larmes et l'étreinte entre les deux joueurs dura de longues secondes.

Un an plus tôt, vingt-cinq jours exactement après avoir gagné pour la première fois à Houston, Johnson avait perdu son paternel. Décédé dans son sommeil, Steve Johnson Senior avait été le premier entraîneur de son fils, son plus grand supporter. Il l'accompagnait partout en tournoi et le conseillait dès que nécessaire. Sa disparition fut particulièrement dure à gérer pour le joueur qui traversa des phases très difficiles, jusqu'à passer plusieurs jours à l'hôpital à son retour de Wimbledon, épuisé physiquement et mentalement par le stress et l'anxiété accumulés les mois précédents. Il pensait même que sa carrière prendrait rapidement fin, mais il trouva les ressources pour continuer à voyager sur le circuit. Sandgren connaissait bien cette sensation. Il avait lui-même perdu son père au tout début de sa carrière, en 2011, et avait passé les semaines suivantes à ruminer sa peine en jouant aux jeux vidéo, la raquette rangée au fond d'un placard. Il y pensa au moment d'aller serrer la main de Johnson à Houston. « Ça aurait été génial que nos deux pères soient là. C'est certain qu'ils auraient été là pour la finale s'ils avaient pu. J'ai pensé à ça, je me demandais si, quelque part là-haut, ils étaient en train de regarder le match ensemble, expliquait-il. J'ai vu qu'il était très touché. J'ai décidé de lui faire partager ce à quoi j'étais déjà en train de penser. C'était fort. »

LA PILULE ANTI-CRAMPES

Un sprint vers l'avant, puis la chute. Allongé sur la terre battue néerlandaise, à côté du filet, Stéphane Robert était totalement incapable de se relever, perclus de crampes après s'être arraché pour ramener, sans succès, l'amortie déposée par l'Américain Michael Russell dans le tie-break du troisième set de la finale du Challenger d'Alphen aan den Rijn, en septembre 2009. Les secondes défilèrent et le Français écopa d'un avertissement pour dépassement de temps. Tant bien que mal, il se redressa. Et alors qu'il s'imaginait terminer la rencontre au ralenti, sans pouvoir réellement défendre ses chances, le Français de vingt-neuf ans eut la bonne surprise de voir son adversaire s'approcher et lui proposer une pilule anti-crampes. Bien sûr, Robert l'accepta. Quelques minutes plus tard, il remporta le jeu décisif, le match (7-6, 5-7, 7-6) et le tournoi.

LES LARMES DE NADAL

Alors qu'il marchait tranquillement dans les allées du tournoi de Monte-Carlo, mi-avril 2010, Wojtek Fibak tomba nez à nez avec Rafael Nadal. L'ancien joueur polonais, dixième mondial en 1977, échangea quelques mots avec l'Espagnol quand, soudainement, ce dernier, les larmes aux yeux, le serra dans ses bras. Quelques jours plus tôt, le crash d'un avion Tupolev 154, à Smolensk, en Russie, avait provoqué la mort de quatre-vingt-seize personnes, parmi lesquelles celle du Président polonais Lech Kaczyński, alors qu'il se rendait aux cérémonies commémoratives du soixante-dixième anniversaire du massacre de Katyń avec son épouse et une délégation officielle. Il n'y avait eu aucun survivant. Nadal expliqua à Fibak être très attaché à la Pologne, notamment parce que c'est là-bas qu'il avait gagné son premier titre ATP, à Sopot, en 2004.

SOUDAIN, GERULAITIS DÉBARQUA

Dans le vestiaire, personne n'aimait vraiment l'impétueux et provocateur Jimmy Connors. En tout cas, pas suffisamment pour faire ce dont seul l'élégant et généreux Vitas Gerulaitis était capable. Après sa victoire face à Björn Borg (6-4, 6-2, 6-2) en finale de l'US Open, le 10 septembre 1978, « Jimbo » fêta son sacre, son cinquième en Grand Chelem, au Maxwell's Plum, restaurant branché de Manhattan. En plein repas, l'Américain de vingt-six ans vit débarquer son compatriote Gerulaitis au volant de sa célèbre Rolls-Royce jaune, immatriculée « VITAS G ».

Accompagné par deux femmes sublimes, « Broadway Vitas », qui avait été battu quelques jours plus tôt par Borg (6-3, 6-2, 7-6) en demi-finales, entra, s'assit à la table de son collègue et le félicita chaleureusement. D'habitude grande gueule et beau parleur, Connors resta sans voix.

CASE PRISON

JEU, SET ET MEURTRE

Ils dégustaient un copieux petit-déjeuner, comme si de rien n'était. Comme s'ils n'avaient pas, deux jours plus tôt, le 4 août 1907, commis un odieux meurtre dont les preuves pourrissaient lentement dans une grande malle posée sur le sol, à côté de la table où ils s'étaient installés. Vere Thomas St. Leger Goold – plus simplement Vere Goold – et son épouse Marie-Rose Violette Goold – anciennement Girodin – étaient arrivés à Marseille quelques heures plus tôt, en provenance de Monaco, et avaient réservé une chambre d'hôtel en attendant leur train vers Calais, où ils devaient ensuite prendre un bateau pour Londres. Ils n'arrivèrent jamais à destination…

Pendant qu'ils savouraient leurs tartines, un portier de la gare de Marseille contacta la police. Le couple avait laissé une large valise au bureau d'enregistrement des bagages avec des consignes pour qu'elle soit transportée jusqu'à Londres. Mais l'employé remarqua une légère trace rouge sur un coin du sac, duquel se dégageait une odeur désagréable. Alertés, les policiers découvrirent avec horreur, au milieu de vêtements tâchés de sang, le tronc découpé d'une femme. La tête et les jambes furent retrouvées dans la malle de Vere Goold, immédiatement interpellé avec sa compagne. L'affaire, qui fit grand bruit à l'époque, fut appelée « le meurtre à la malle sanglante » dans la presse, française et internationale.

Vingt-huit ans plus tôt, on était pourtant loin d'imaginer un destin d'assassin à Vere Goold alors qu'il atteignait la finale de Wimbledon. Né à Clonmel, en Irlande, le 2 octobre 1853, il était le descendant d'un magistrat du comté de Waterford, d'un baronnet et du comte de Kenmare. De quoi bien démarrer dans la vie… Doué pour le sport – sur un bateau comme sur un cheval ou sur un ring de boxe –, il devint surtout un excellent joueur de tennis, sport élitiste en plein développement de l'autre côté de la Manche. Puissant en revers, très à l'aise au filet, il remporta le championnat national à Dublin puis tenta sa chance lors de la troisième édition de Wimbledon, en 1879, où il n'abandonna que deux sets jusqu'à la finale. Il ne fit en revanche pas le poids face à John Hartley (6-2, 6-4, 6-2). Il faut dire que le jeune homme avait passé une bonne partie de la nuit un verre à la main et tenait une bonne gueule de bois au moment de défier le révérend Hartley. L'alcool le rongeait déjà. Ça n'allait pas s'arranger…

Fatigué par une maladie, atteint par le décès successif de ses quatre grands frères et de sa grande sœur, transformé physiquement par sa consommation d'alcool mais aussi de drogues – particulièrement l'opium et la cocaïne –, Goold, bel homme blond progressivement devenu rachitique, le visage émacié et marqué, abandonna le tennis dès 1883. Tout juste eut-il le temps d'être fessé par un certain William Renshaw, futur vainqueur de sept titres à Wimbledon. Il quitta l'Irlande pour Londres, où il rencontra Marie-Rose Violette Girodin, qu'il épousa le 22 août 1891 dans le quartier de Bayswater. La Française, déjà veuve à deux reprises, y tenait un salon de coiffure. Elle était aussi une excellente couturière et avait la folie des grandeurs, l'ambition de faire partie de la haute. Le couple commença alors à vivre bien au-dessus de ses moyens. Il loua une grande maison dans l'ouest londonien et y organisa régulièrement de grandes réceptions, jusqu'à ne plus avoir les moyens de payer le loyer. Sans nouvelle de ses locataires pendant plusieurs mois, le propriétaire découvrit une maison à l'abandon, vidée de ses meubles, tous vendus. Les mauvais payeurs avaient quitté le pays, direction le Canada.

À Montréal, tout l'argent que gagnait Marie-Rose Goold grâce à ses talents de couturière était dilapidé dans des jeux d'argent et de mauvais investissements. Après un bref retour en Angleterre, du côté de Liverpool où ils gérèrent une blanchisserie, les Goold s'installèrent avec leur nièce Isabelle à Monaco, au quatrième étage de la villa Menesini, 14 boulevard des Moulins, lieu du futur crime. Ils continuèrent à dépenser l'argent qu'ils n'avaient pas en s'endettant, persuadés qu'ils allaient « braquer » le casino : « Sir Vere and Lady Goold », comme ils se surnommaient humblement, croyaient détenir une technique infaillible pour gagner. Elle ne fonctionna jamais. Mais c'est là-bas, autour d'une table de jeu, qu'ils rencontrèrent Emma Levin. Ils furent immédiatement attirés par ses énormes bijoux et se lièrent d'une amitié intéressée avec l'imposante Suédoise, veuve d'un ingénieur et armateur qui avait laissé derrière lui une fortune qu'elle exhibait depuis son emménagement à Monaco, à l'hôtel Royal puis au Bristol. Naïve, elle était souvent la cible de profiteurs auxquels elle prêtait parfois de l'argent. Les Goold, ruinés et accablés par les dettes, n'y manquèrent pas : mille francs et quelques bijoux « empruntés ».

Durant l'été 1907, ils provoquèrent une dispute avec un autre proche peu scrupuleux d'Emma Levin, qui comprit que leur amitié ne tenait qu'à la profondeur de sa rente. Vexée, celle-ci décida de quitter Monaco, sans doute pour rentrer à Stockholm, sa ville natale, ou Copenhague, au Danemark, où habitait sa mère. La suite est plus floue et ô combien sordide. Levin aurait décidé de se rendre chez les Goold pour récupérer son argent. Selon une autre version, ce sont les Goold qui l'auraient invitée chez eux pour un dernier verre avant son départ. Toujours est-il qu'elle arriva dans la villa Menesini en fin d'après-midi, le 4 août, et en ressortit en plusieurs morceaux dans des valises…

De l'instruction au procès, en décembre 1907, au tribunal supérieur de Monaco, Vere Goold, en profonde dépression et victime de délires – jusqu'à agresser ses camarades de cellule et un garde – ne cessa de changer de version. Il nia, évoqua la piste d'un assassin en fuite, puis reconnut être coupable mais dédouana son épouse de toute responsabilité. Il assura ensuite qu'il avait tué Emma Levin de manière involontaire alors qu'il essayait de la voler, avant d'impliquer enfin sa conjointe. Ce sur quoi il reviendra à nouveau lors du procès… Marie-Rose Goold, elle, nia de bout en bout, assurant avoir seulement aidé son mari à découper le corps. Mais le magistrat ne la crut pas, persuadé qu'elle était le cerveau de l'opération, Vere Goold un simple soldat, trop diminué par ses addictions pour manigancer un tel meurtre, au contraire de sa femme. « Lady Macbeth réincarnée », titra d'ailleurs le *Daily*

Globe, un journal new-yorkais, en référence à celle qui devint reine d'Écosse après avoir incité son mari à commettre un régicide. Les circonstances exactes du meurtre resteront incertaines. Un élément appuie toutefois la thèse du guet-apens prémédité : la nièce, Isabelle, était rentrée bien plus tard que d'habitude ce soir-là, comme si le couple lui avait demandé de ne pas être là avant une certaine heure pour s'occuper d'Emma Levin avant son retour…

Toujours est-il que, le 4 décembre 1907, Vere Goold fut condamné à la perpétuité, Marie-Rose Goold à la mort par guillotine. Une ordonnance souveraine du 8 février 1908 commua la peine de mort en travaux forcés à perpétuité. Elle mourra d'une fièvre typhoïde à la prison de Montpellier en 1914. Ce fut plus rapide encore pour Vere Goold, enfermé au bagne de l'île du Diable en Guyane et décédé en 1909. Les journaux de l'époque évoquèrent un suicide, mais il semblerait qu'il ait été terrassé par des fièvres puis enterré au cimetière du camp des Hattes. Il n'aurait donc pas été jeté aux requins, comme c'était traditionnellement le cas au bagne de l'île du Diable.

PAPA EST UN CRIMINEL

Au bout d'une ligne droite, le drame et le début d'une incroyable affaire criminelle. Ou quand la folie d'un père tua un jeune instituteur et joueur de tennis régional. Le 3 juillet 2003, à 23 h 45, entre Dax et Orthez, Alexandre Lagardère, au volant de sa voiture, rata un virage, franchit le terre-plein, heurta un rideau d'arbres et finit sa course dans un fossé. Mort sur le coup, à vingt-cinq ans. La route était pourtant sèche, la chaussée en bon état, Alexandre ne roulait pas trop vite d'après l'enquête et pas la moindre trace de défaillance mécanique ni de freinage : il s'était tout simplement endormi en conduisant. Rapidement, les gendarmes firent un lien entre cet accident et une autre affaire qui se déroulait au même moment dans la région.

La veille, à quelques kilomètres de là, Benoît Tauziède et Sébastien Bats s'étaient présentés à la gendarmerie de Grenade-sur-l'Adour. Accompagnés d'un responsable de la ligue régionale de tennis et d'un avocat, ils avaient fait une déposition. Les deux jeunes hommes pensaient avoir été victimes d'un empoisonnement pour l'un et d'une tentative d'empoisonnement pour l'autre avant un match de tennis. Preuve à l'appui : une bouteille d'eau, celle de Sébastien. Le 27 juin, à quelques minutes de disputer la demi-finale d'un tournoi local à Bascons, il avait surpris un homme en train de la reboucher dans le vestiaire. L'homme en question, c'était Christophe Fauviau, père de Maxime, son adversaire du jour, âgé de quinze ans... Méfiant, Sébastien n'en avait pas bu une goutte et avait conservé la bouteille après son élimination. Au cas où. Ses soupçons s'étaient confirmés dès le lendemain : Benoît, l'adversaire de Maxime en finale, avait dû abandonner en fin de premier set, totalement épuisé, les jambes lourdes, la vision floue, avant de s'écrouler sur un banc du vestiaire et de passer quarante-huit heures à l'hôpital sans que personne ne comprenne vraiment ce qu'il lui était arrivé. Personne sauf Sébastien, qui se procura le numéro de Benoît et l'appela pour partager sa théorie de l'empoisonnement. Benoît se souvint alors qu'avant son match, il avait laissé son sac sur un banc du vestiaire pour aller regarder la finale dames. À son retour, ses affaires avaient été déplacées. Rien ne manquait, mais sa bouteille d'eau avait été ouverte et en partie vidée. Ça ne l'avait pas empêché d'en boire.

Le 3 juillet, en milieu d'après-midi, la gendarmerie reçut les résultats de l'analyse toxicologique de la bouteille de Sébastien : l'eau contenait des résidus de Témesta, un puissant anxiolytique, principalement utilisé pour traiter l'angoisse et l'insomnie. On avait donc bien tenté d'empoisonner Sébastien. Le même jour, loin de se douter des soupçons qui entouraient désormais son père et entraîneur, Maxime Fauviau disputait un autre tournoi, à Tartas, toujours dans les Landes. Il s'imposa facilement (6-3, 6-1) contre Alexandre Lagardère. Ce dernier, instituteur dans la vie, n'avait montré aucun signe de faiblesse sur le court, il avait simplement été battu par plus fort que lui. Mais, quelques heures plus tard, chez des amis, à Dax, il ressentit soudainement une grande fatigue, au point de s'endormir sur le canapé après avoir dîné. Il se réveilla vers vingt-trois heures, étourdi et nauséeux, et décida de rentrer chez lui se coucher, à Orthez. Il n'arriva jamais jusqu'à son lit. La proximité spatiale et temporelle des deux affaires facilita la tâche des gendarmes qui ne furent qu'à moitié surpris de découvrir les résultats de l'autopsie d'Alexandre : il y avait du Témesta dans son sang. Un médicament totalement incompatible avec la conduite et dont les effets augmentent avec la pratique du sport.

Christophe Fauviau devint immédiatement le principal suspect, mais il ne fut pas arrêté tout de suite, et pour cause : il était au Caire, en Égypte, avec sa fille Valentine qui y disputait un tournoi de tennis. Le père ne vivait plus que pour ça : entraîner et accompagner ses enfants en compétition. Quatre ans plus tôt, il avait pris une retraite prématurée de l'armée, à seulement quarante ans. Entré très jeune, il était devenu pilote d'hélicoptère puis adjudant à la base aérienne de Dax. Il était considéré comme un très bon élément, mais, après quasiment deux décennies de mutations ici et là, il en avait assez. Dans la maison familiale à Tercis-les-Bains, il bricolait, un peu, et tournait en rond, beaucoup. Alors, il se réfugia dans le tennis. Si Maxime avait un bon niveau régional, Valentine, elle, représentait un véritable espoir national. À douze ans, elle faisait partie des toutes meilleures de sa catégorie d'âge. Son père, surprotecteur au point de se mettre à dos le club de Dax et d'envoyer sa fille dans une académie privée en région parisienne, l'imaginait déjà professionnelle. Elle ne le sera jamais, certainement trop perturbée par la suite des événements et l'éclatement de sa famille.

Le 2 août 2003, à l'aube, alors qu'ils s'apprêtaient à monter dans un taxi, Christophe Fauviau et sa fille Valentine furent interpellés à la gare de Dax par cinq gendarmes habillés en civil. Son épouse, Catherine, et son fils, Maxime, passèrent quelques heures en garde à vue mais furent rapidement relâchés. Pas Christophe. Du bout des lèvres, il reconnut avoir dilué du Témesta dans l'eau de trois adversaires pour « aider son fils ». Mis en examen pour « administration de substance nuisible avec préméditation ayant entraîné la mort sans intention de la donner » puis écroué à la prison de Mont-de-Marsan, il fit la une des journaux locaux et nationaux. Même la presse étrangère s'empara de l'affaire. Dès lors, les gendarmes reçurent de nombreux coups de téléphone et des lettres d'anciens adversaires de Maxime et Valentine qui se reconnaissaient dans les histoires de Benoît et Sébastien et étaient à leur tour persuadés d'avoir été empoisonnés. À chaque fois, les mêmes symptômes : des vertiges, les jambes lourdes, la vue floue, des nausées et une folle envie de dormir.

Après une longue enquête, des coups de fil à chaque joueur rencontré par Maxime ou Valentine sur les trois années précédentes – pas avant, car prescription – dans les Landes, mais aussi au Pays basque, en Haute-Savoie, à Bordeaux, Toulouse et Montpellier, les gendarmes déterminèrent vingt-sept cas d'empoisonnement potentiels, dont vingt et un concernant des filles, anciennes adversaires de Valentine. Trois chefs de mise en examen furent finalement retenus par le juge : administration de substance nuisible, administration de substance nuisible sur mineur de quinze ans et administration de substance nuisible avec préméditation ayant entraîné la mort sans intention de la donner.

Devant une soixantaine de journalistes, parmi lesquels plusieurs Américains, le procès s'ouvrit le 1er mars 2006 à la cour d'assises des Landes, à Mont-de-Marsan. Enfermé depuis août 2003, Christophe Fauviau risquait jusqu'à vingt ans de prison. Les témoignages de victimes se multiplièrent. Un jeune homme, Franck, raconta avoir affronté Maxime à l'été 2001. Victime d'une « fatigue extrême » à partir de la fin du premier set, il s'inclina et décida de rentrer chez sa petite amie en voiture. Pris par l'envie de dormir, il resta au téléphone avec sa compagne pour se maintenir éveillé. Sans quoi, il aurait peut-être connu le même destin tragique qu'Alexandre Lagardère. Christophe Fauviau avait « gentiment » proposé à Franck de remplir sa bouteille d'eau avant la partie… « Je ne pensais pas faire de mal à quelqu'un », assura l'accusé, qui consommait lui-même du Témesta pour calmer ses « tensions intérieures ». En réalité, Christophe Fauviau, dépressif, n'en pouvait plus du tennis, qui était devenu une torture pour lui. Il n'appréciait pas les victoires et ne supportait plus les défaites. « On n'a pas affaire à Machiavel ni à un pervers. Son geste, sans logique, était celui d'un fondu, de quelqu'un à la dérive. Il abrégeait les matchs parce qu'il souffrait trop. Il ne cherchait certainement pas la mort », expliqua son avocat Pierre Blazy.

L'avocat général Serge Mackowiak, qui avait réclamé une peine de huit à dix ans d'emprisonnement, demanda à Fauviau pourquoi il n'était jamais allé voir un psychologue. « Dans ma famille, ce sont les tarés qui se font soigner », répondit-il. Ses derniers mots furent pour sa fille – « Je l'ai plus détruite qu'autre chose. J'ai fait beaucoup de mal à Valentine » –, puis pour la famille du défunt : « Je porterai toujours la mort d'Alexandre Lagardère en moi. Je demande pardon. »

Après deux heures de délibéré, les jurés rendirent leur verdict : Christophe Fauviau fut condamné à huit ans de prison. Il en avait déjà effectué un tiers et sortit neuf mois plus tard sous le régime de la liberté conditionnelle. Après le verdict et avant d'accompagner son mari jusqu'à la maison d'arrêt de Mont-de-Marsan, située juste en face de la cour d'assises, Catherine Fauviau implora : « Qu'on laisse mes enfants grandir tranquilles. » Malheureusement, le crime du père fractura progressivement la famille Fauviau. La fille ne devint jamais joueuse de tennis. Le fils sombra à son tour dans la criminalité : une vingtaine de vols, dégradations et incendies de voitures en l'espace d'un mois, entre mai et juin 2008, dans les Landes. Il avait coupé les ponts avec le reste de sa famille après la sortie de prison de son père et vécu un temps à la rue ou dans des squats. Soutenu par la mairie de Tercis-les-Bains, il ne fut pas condamné à de la prison ferme mais à dix-huit mois avec sursis et mise à l'épreuve pendant deux ans.

Après l'affaire Fauviau, un trophée fut créé par la Ligue de tennis Côte Basque Béarn Landes pour encourager le fair-play dans la pratique sportive des enfants et de leurs parents : le trophée Alexandre Lagardère.

REVENANTE SOVIÉTIQUE

Elle était là, au beau milieu d'une foule de joueuses impatientes de découvrir leurs futures adversaires. Dans le prestigieux club du Tir au pigeon du Bois de Boulogne, Regina Marsíková attendait comme les autres le tirage au sort du tableau des qualifications des Internationaux de France 1985. À l'époque, la présence de toutes les participantes était obligatoire. Celle de la Tchécoslovaque surprit l'assistance. La triple demi-finaliste de Roland-Garros (de 1977 à 1979) avait totalement disparu du circuit depuis la fin de la saison 1981, achevée à la onzième place mondiale, son meilleur classement.

Cette année-là, deux semaines après son dernier tournoi, elle fut impliquée dans un dramatique accident de la route, chez elle, à Prague. En état d'ivresse au volant, Marsíková en sortit indemne mais provoqua la mort d'un homme dans une autre voiture. Elle passa sept mois derrière les barreaux avant d'être relâchée sous le régime de la liberté conditionnelle : interdiction de sortir du pays (puis du bloc de l'Est) et passeport confisqué. Elle ne put reprendre le fil de sa carrière qu'en 1985.

Grande, puissante et très à l'aise à la volée, elle réussit quelques belles performances, notamment à Houston – où elle sortit des qualifications et atteignit les quarts de finale, seulement battue par Martina Navrátilová – ou à Barcelone, où elle parvint à rejoindre le dernier carré. Mais, malgré ses efforts et un retour aux alentours de la cinquantième place mondiale, elle ne retrouva jamais son meilleur niveau et fut incapable de se qualifier pour une deuxième semaine de Grand Chelem, jusqu'à sa retraite sportive en 1989.

BIENVENUE EN OUZBÉKISTAN

Lucas Pouille se souviendra longtemps de ce malheureux oubli. En 2013, le Français était encore un simple espoir de dix-neuf ans, pas même top 200, et évoluait sur le circuit secondaire. En octobre, il avait prévu de disputer un tournoi à Tachkent, en Ouzbékistan. Pas totalement rompu au quotidien d'un joueur professionnel, il demanda tardivement à ce que le tournoi lui envoie sa lettre d'invitation. Sans elle, impossible d'obtenir son visa de séjour. On lui répondit que la lettre en question arriverait sur son mail pendant son vol. À son arrivée sur le sol ouzbek, au milieu de la nuit, Pouille alluma son téléphone pour regarder sa boîte mail. Rien, aucune trace de la moindre lettre. À la douane, il montra celle de l'année précédente… Refus catégorique. Le Français fut emmené avec ses valises dans une minuscule pièce sans fenêtre ni lumière. Il y resta entre six et huit heures, jusqu'à ce qu'une responsable du tournoi le rappelle en s'excusant d'avoir oublié de lui envoyer la lettre d'invitation. Pouille put sortir, récupérer son visa et rejoindre son hôtel, mais sans valises, ni cordages, ni chaussures, restés à l'aéroport. Il ne les récupéra qu'au moment de son vol retour, après avoir joué toute la semaine avec les affaires de son entraîneur, Emmanuel Planque. Ça ne l'empêcha pas de sortir des qualifications et d'atteindre les huitièmes de finale, où il fut éliminé par le Slovaque Lukás Lacko (6-2, 3-6, 6-2).

« *WANTED* ROSCOE TANNER »

C'était les *eighties*, un temps – presque une autre vie – où il buvait des verres avec le prince Rainier sur la Côte d'Azur et dînait avec les Reagan – le président Ronald et sa femme Nancy – à la Maison Blanche. Avec sa belle gueule et ses dents blanches, il était partout à la télévision américaine pour vendre du savon, être juge de Miss USA, apparaître dans des séries ou commenter des matchs de tennis sur ESPN. Il avait terminé sa carrière en 1984, le coude gauche en vrac mais le compte en banque plein : près de deux millions de dollars de gains et des sponsors à la pelle. Mais tout s'était évaporé depuis bien longtemps quand Roscoe Tanner, les fesses enfoncées depuis de trop nombreuses heures dans le siège d'un car sans chauffage, observait par la fenêtre la côte est des États-Unis défiler sous ses yeux. Plus d'une semaine de voyage d'une cage à une autre, du comté de Pinellas en Floride – où les autres détenus le surnommaient « Deejay » parce qu'il était le seul à ne pas savoir rapper – à celui de Somerset, dans le New Jersey. Sur la route, d'incessants arrêts pour ramasser d'autres prisonniers transférés. Des nuits à se casser le dos en essayant de s'endormir sur son siège. Parfois – miracle ! –, de rares pauses dans des prisons locales. Trois repas par jour – le luxe –, mais les poignets toujours menottés.

Roscoe Tanner était un excellent joueur de tennis, il devint un criminel médiocre. La première partie de sa vie ressemblait pourtant à un conte de fées. Fils de Leonard Roscoe Tanner II – un avocat à succès –, il grandit avec ses deux sœurs dans d'immenses demeures du Tennessee. Lorsqu'il remporta son premier titre junior en 1967, son père lui offrit, comme promis lors d'un pari, une Pontiac Tempest blanche d'occasion. Déjà, il se démarquait par son service de gaucher si particulier et minimaliste : il frappait la balle avant qu'elle n'atteigne le sommet du lancer. Il avait développé cette technique avec Jerry Evert, l'oncle de Chris Evert, qui était à la fois le prof de maths et le prof de tennis de Tanner au lycée, à la Baylor School. Il emmenait son poulain sous des arbres à branches basses : Tanner devait frapper dans les feuilles. Sa puissance à l'engagement lui valût rapidement le surnom de « Rocket Roscoe » : en quart de finale de Wimbledon en 1975, la raquette de Guillermo Vilas se fendit en deux sur un retour de service. Trois ans plus tard, à Palm Springs, il balança une fusée à deux cent quarante-six kilomètres à l'heure, record de l'époque. L'année suivante, en quart de finale de l'US Open, il cassa un filet lors de sa victoire contre Björn Borg.

S'il avait remporté deux ans plus tôt, à Melbourne, le seul titre du Grand Chelem de sa carrière – qui le mena jusqu'à la quatrième place mondiale –, c'est une défaite qui en fit une véritable star au pays. La finale de Wimbledon 1979 fut en effet la première diffusée en direct aux États-Unis, à l'heure du petit-déjeuner. Tanner poussa Borg, triple tenant du titre et immense favori, dans un match en cinq sets. Sa performance (6-7, 6-1, 3-6, 6-3, 6-4) marqua les esprits. Sa déchéance aussi.

La chute a deux causes : les femmes et l'argent. Car Tanner était un *womanizer*, un homme à femmes, un coureur. Le mariage et la vie de famille ne le calmèrent jamais bien longtemps. Ses infidélités lui coûtèrent ses deux premiers mariages avec Nancy Cook et Charlotte Brady – qui lui donnèrent trois filles (Lauren avec Nancy ; Tamara et Anne avec Charlotte) – et des pensions alimentaires à verser tous les mois.

Proche de sous qu'il avait de moins en moins, la faute à quelques mauvais investissements et à ces divorces onéreux, il devint mauvais payeur. La justice le rattrapa rapidement. En 1994, un test ADN prouva à 99,5 % que la fille de Connie Romano, avec laquelle il avait passé une nuit à New York, était bien la sienne. Tanner refusa d'assumer la paternité. Poursuivi, il accepta un arrangement à l'amiable, loin des tribunaux. Sauf qu'il ne versa jamais les cinq cent mille dollars négociés. Pour ne s'être pas présenté au tribunal en 1997, il fut arrêté pendant un tournoi senior à Naples, en Floride, et passa une nuit en prison. La première d'une longue série.

Entre les emprunts non remboursés aux anciens potes du circuit – parmi lesquels un certain Borg, dont les agents finiront par le poursuivre –, pour un total de plus de cent mille dollars, les pensions alimentaires non versées et les chèques en bois, les dettes – plus de quatre cent mille dollars – et les poursuites judiciaires s'accumulèrent. Même le paternel finit par se lasser et arrêta d'éponger les ardoises de son fils. Tout juste se contentait-il désormais de verser une petite somme pour qu'il s'achète un rasoir ou une brosse à dents lors de ses différents passages par la case prison. Ça n'empêcha pas Tanner de continuer à n'en faire qu'à sa tête. Avec sa troisième femme, Margaret Barna, il s'installa en Floride et devint prof de tennis au Treasure Island Tennis And

Yacht Club. Il ne put se priver d'acheter un yacht de dix mètres de long d'une valeur de trente-neuf mille dollars. Sauf qu'il n'en avait absolument plus les moyens et que son chèque, après une erreur initiale de la banque, fut logiquement refusé. Le propriétaire du bateau, Gene Gammon, voulut poursuivre l'arnaqueur, mais celui-ci ne donnait plus signe de vie. Et pour cause… Il avait fui en Europe.

Après avoir brièvement entraîné un joueur britannique médiocre et donné quelques leçons de tennis en France (il ne put y obtenir un visa de travail), il roula jusqu'en Allemagne où, grâce à l'ancien joueur Jürgen Fassbender, il disputa des matchs par équipes et donna des cours à trente euros de l'heure. Au même moment, un mandat d'arrêt international avait été lancé à son encontre par les autorités américaines. Le shérif de la prison du comté de Pinellas envoyait des avis de recherches à tous les organismes ayant un rapport avec le tennis. Chaque message commençait par « *Wanted* Roscoe Tanner » : Roscoe Tanner recherché. L'arrestation eut lieu le matin du 18 juin 2003, à 8 h 30, alors que Tanner prenait son bain. Il resta six semaines entre quatre murs à Karlsruhe, cellule 155, graffiti anti-américains sur les murs, bouffe immangeable et deux douches par semaine maximum. Il découvrit la religion et la Bible avant d'être extradé vers les États-Unis pour un long séjour derrière les barreaux : dix-sept semaines à Pinellas, puis cinq mois à Somerset pour un autre délit, un défaut de paiement envers Connie Romano.

Depuis, Roscoe Tanner a fait son *mea culpa*, tenté de changer son image, assuré être un homme différent, transformé par la religion. Relâché le 19 avril 2004, il déménagea en Californie et recommença ses activités de prof de tennis pour soixante-cinq dollars de l'heure, à Orange County, dans un des trois clubs de Cecil Spearman, ancien Marine devenu riche businessman. Il donna même quelques leçons à un certain James Dolan… Mais ses démons le rattrapèrent presque aussitôt. Quelques mois plus tard, il fut arrêté dans une boutique de donuts à Laguna Niguel après avoir, une fois de plus, manqué à l'appel d'un rendez-vous au tribunal du New Jersey dans l'affaire l'opposant à Romano. Dans la foulée, il disparut du jour au lendemain alors que Spearman s'était porté garant pour la location d'une voiture. Des amis de longue date – Steve Annacone, frère de Paul, et Stan Smith, numéro un mondial en 1973 et vainqueur de deux Grands Chelems – l'aidèrent à trouver des petits boulots de prof de tennis à Knoxville dans le Tennessee, puis à Vero Beach en Floride. Mais rien à faire, on lui passa encore les menottes en 2005 pour violation de son contrôle judiciaire, ce qui lui valut une année de plus en prison, à Lake Butler en Floride. Trois ans plus tard, il fit deux chèques en bois pour acheter deux 4 × 4 d'une valeur totale de soixante douze mille deux cent soixante-trois dollars. Il finit par les payer…

En 2010, il fut expulsé de la maison qu'il louait avec sa famille à Vero Beach. Ça ne freina pas sa manie des chèques en bois – un énième pour mille deux cents dollars d'impayés sur un chantier naval en 2012 – ni ses sorties de piste – une récidive de conduite sans permis qui lui valut un nouveau passage en prison en 2015, avant d'être libéré sous caution. Aux dernières nouvelles, Roscoe Tanner est toujours installé en Floride, entre deux boulots de prof de tennis. Jusqu'au prochain dérapage…

UN MATCH D'ANDY MURRAY DANS UNE PRISON IRANIENNE

L'émotion du sport peut vous redonner le sourire, même dans la noirceur d'une prison iranienne. Nazanin Zaghari-Ratcliffe est liée à vie à Andy Murray par une histoire peu banale. Début 2016, l'Anglo-Iranienne fut arrêtée à Téhéran, en Iran, alors qu'elle s'apprêtait à rentrer chez elle, en Grande-Bretagne, après avoir rendu visite à sa famille, avec sa fille de deux ans. Accusée d'espionnage par les autorités iraniennes, selon lesquelles elle aurait conspiré pour renverser le régime en place, ce qu'elle niera en vain, elle fut condamnée et enfermée pour une durée indéterminée. Elle passa les premiers mois de sa peine à l'isolement, privée de sa liberté, de son mari et de sa fille. Mais, en juillet 2016, alors qu'elle n'avait jusque-là pas pu lire le moindre livre ni journal, Zaghari-Ratcliffe eut enfin accès à la télévision qui prenait la poussière dans sa cellule. À propos des gardiens de la prison qui lui avaient octroyé cette « fleur », elle dira : « Ils n'avaient aucune idée de ce qu'ils m'avaient offert. »

La télé ne diffusait que deux chaînes. Sur la première, des feuilletons iraniens bas de gamme. Sur la seconde, du sport. « La première chose que j'ai vue ce jour-là, c'était les matchs de Wimbledon. » Et notamment celui d'Andy Murray. Grande admiratrice du joueur écossais, elle le regarda remporter sa rencontre, un sourire jusqu'aux oreilles. « J'étais folle de joie. » Quelques jours plus tard, Murray, vainqueur face à Milos Raonic (6-4, 7-6, 7-6) en finale, fut sacré dans le temple du tennis pour la deuxième fois de sa carrière. Zaghari-Ratcliffe, elle, passa près de six années supplémentaires en prison, jusqu'à sa libération en mars 2022.

Quelques mois plus tard, la femme de quarante-trois ans rencontra son idole lors d'un entretien croisé organisé par la BBC et lui raconta l'histoire de ce match regardé dans une geôle iranienne, à environ cinq mille kilomètres du Centre Court :

« Je ne savais pas combien de temps j'allais rester enfermée, mais, à ce moment-là, je me disais qu'à ma sortie, je trouverais votre mail, je vous écrirais pour vous dire combien je suis fière, mais aussi que vous ne devineriez jamais d'où je vous ai regardé, à l'isolement en prison ! Je me disais aussi que je demanderais à un ami de me trouver des billets pour la finale l'année suivante pour vous regarder en personne. Bien sûr, ça ne s'est jamais produit puisque je suis restée de longues années en prison. »

Alors, plutôt que d'aller le voir au All England Club, Zaghari-Ratcliffe, une fois sortie d'isolement, parla de lui et de son titre à Wimbledon à ses compagnons d'infortune. Chaque partie de charade était l'occasion de placer le nom de son tennisman préféré. « C'était une échappatoire. Je me sentais soudainement proche de chez moi. » Ému par ce témoignage, Andy Murray lui lança d'une voix tremblante : « Ce que vous venez de me dire est de loin l'histoire la plus incroyable et étrange qu'on m'ait racontée à propos de quelqu'un ayant regardé un de mes matchs. C'est dingue. On a tous nos problèmes, mais après vous avoir écoutée et après avoir discuté avec vous, je vais faire en sorte d'être beaucoup plus reconnaissant pour tout ce que je possède. »

AVEC LE SOUTIEN DES PRISONNIERS

Dans les années soixante-dix et jusqu'au début des années quatre-vingt, l'Open d'Australie était le parent pauvre des Grands Chelems. Les principales stars du jeu boudaient ce majeur au bout du monde et au bout d'une saison déjà éreintante. Car, à l'époque, le tournoi aux antipodes se disputait en décembre et non pas en janvier. Et le très long voyage *down under* n'intéressait pas les meilleurs joueurs du monde, ce qui profitait généralement aux Australiens et à certains seconds couteaux. Alors la déception fut de taille quand, en fin d'année 1974, John Newcombe, numéro deux mondial et héros national, annonça à sa fédération, Tennis Australia, qu'il ne disputerait pas le Grand Chelem australien prévu du 21 décembre 1974 au 1er janvier 1975. Titré deux ans plus tôt, le sextuple vainqueur de majeurs voulait cette fois passer les fêtes de fin d'année en famille.

Mais, début décembre, le joueur de trente ans reçut un coup de fil de ses dirigeants qui lui annoncèrent que Jimmy Connors avait décidé de venir en Australie. Sacré à Melbourne l'année précédente à l'occasion de sa première participation, l'Américain, qui venait de remporter Wimbledon et l'US Open, voulait s'offrir le doublé. Cette annonce changea radicalement les plans de Newcombe. Connors était en effet le numéro un mondial et son grand rival. À dix jours du début du tournoi, l'Australien enfila donc le bleu de chauffe pour une préparation express faite de longs footings et de fractionnés sur des collines. Ses efforts furent récompensés puisqu'il remporta trois de ses cinq premiers matchs en cinq manches grâce à une endurance supérieure à celle de ses adversaires.

Après avoir dominé son compatriote Tony Roche en demi-finale, Newcombe retrouva évidemment Connors en finale. L'Américain avait marché sur tous ses adversaires, ne laissant qu'un seul set en route. Passionnés par cette affiche, les médias australiens surfèrent sur la rivalité entre les deux hommes. Un photographe amena même Newcombe dans une prison du coin pour un shooting devant les prisonniers qui encourageaient bruyamment le joueur australien : « Démolis ce jeune Américain ! » Porté par tout un pays, Newcombe créa la sensation en venant à bout du grand favori en quatre sets (7-5, 3-6, 6-4, 7-6). C'était le dernier titre en Grand Chelem du vieillissant Australien – qui cédera un an plus tard en finale face à son compatriote Mark Edmondson – et la dernière apparition de Connors à Melbourne, à seulement vingt-deux ans.

RIVALITÉS ET DÉRAPAGES

« *CRY BABY* »

Ce n'est pas toujours évident d'être le compatriote de celui que beaucoup considèrent comme le plus grand joueur de tous les temps, le GOAT. S'il a beaucoup appris à ses côtés, Stan Wawrinka a parfois souffert des comparaisons avec son illustre aîné, Roger Federer. Qu'importe s'ils avaient remporté ensemble la médaille d'or du double des Jeux olympiques de Pékin, en 2008, ou la Coupe Davis en 2014. Même ses trois titres individuels en Grand Chelem ne suffirent à changer la perception du public et des médias. « Il y a eu des périodes difficiles parce que je ne suis pas jugé à ma valeur, disait récemment le numéro deux suisse dans un podcast avec Antoine Benneteau sur Eurosport. Le problème en Suisse, c'est qu'ils comparent. Peu importe ce que j'allais faire, ce n'était jamais assez bien. » Cette souffrance, accompagnée d'un bilan très négatif face à son compatriote, a parfois pu provoquer certaines tensions entre les deux hommes. L'attitude du clan Federer, aussi.

En novembre 2014, les deux joueurs s'affrontèrent pour une place en finale du Masters de Londres. La rencontre était extrêmement accrochée et intense. À 5-5 au troisième set, Wawrinka se procura une balle de break qui lui aurait permis de servir pour le gain du match, mais son retour en coup droit échoua dans le filet. Alors qu'il s'apprêtait à servir à 40A, Federer interrompit son geste. De l'autre côté du filet, Wawrinka lui tournait le dos. Il enrageait. « Pas avant le service », lâcha-t-il vers la tribune où se trouvait le clan de son adversaire, trop bruyant entre les points à son goût. On entendit alors une voix féminine résonner dans l'O2 Arena : « *Cry baby.* » Pleurnicheuse. La provocation venait de Mirka Federer, la femme de Roger. Excédé, Wawrinka s'adressa à l'arbitre, le Français Cédric Mourier : « Qu'est-ce qu'elle a dit ? » « Pas maintenant, Stan », coupa Mourier qui, plus tôt dans la partie, avait déjà été interpellé par Wawrinka à propos des interventions bruyantes et récurrentes de madame Federer. « Elle a fait pareil à Wimbledon. Chaque fois que je suis de son côté, elle gueule juste avant que je serve. »

Après le match, finalement remporté par Federer au tie-break (4-6, 7-5, 7-6), les deux joueurs eurent une petite explication dans l'intimité du vestiaire.

« Tout va bien, on est suffisamment grands, expliqua le vainqueur. Je voulais juste savoir s'il y avait de la rancune. Il n'y en a pas. On est amis, pas ennemis. » « Ce genre de choses peut arriver, mais ce n'est pas très important, on a discuté pour faire en sorte que ça ne le devienne pas », ajouta le vaincu. Les deux hommes se rassemblèrent même pour critiquer Cédric Mourier, qui avait confirmé dans la presse suisse l'intervention de Mirka Federer en tribunes. « L'arbitre n'a pas le droit de répondre à une interview », lâcha Federer, rejoint par Wawrinka : « Je ne suis pas sûr qu'il ait fait un bon travail pendant le match, c'était le foutoir. »

Une semaine plus tard, les deux joueurs remportèrent chacun un simple et le double ensemble contre la France, à Lille, pour soulever la première Coupe Davis de l'histoire de la Suisse. Ils tombèrent dans les bras l'un de l'autre. Sans rancune, donc.

AGASSI ET LA RADINERIE DE SAMPRAS

Andre Agassi et Pete Sampras n'ont jamais été amis. Comment auraient-ils pu l'être tant leur rivalité avait atteint des sommets sur le court entre 1989 et 2002 – trente-quatre duels dont cinq en finale de Grand Chelem – et tant leurs jeux et leurs personnalités étaient opposés ?

Agassi était le *bad boy*, le « *kid* de Vegas » : tenue provocatrice, short en jean et perruque pour, un temps, cacher sa calvitie. Sampras, lui, était sobre à l'extrême. Chiant, diraient certains. Sa platitude en conférence de presse tranchait avec son jeu aérien, aimanté par le filet vers lequel il se précipitait après presque chaque service, son arme fatale. Ça tombait bien : face à Sampras – meilleur serveur du monde –, Agassi – meilleur relanceur – balançait d'énormes parpaings avec son coup droit létal et sa prise de balle ultra-précoce – une révolution à l'époque – depuis sa ligne de fond de court, à laquelle il était collé. Cent quatre-vingts degrés séparaient les deux hommes, mais subsistait une forme de respect entre ces deux champions, conscients de la valeur de l'autre. Ils n'eurent d'ailleurs pratiquement pas le moindre mot de travers l'un envers l'autre durant toute leur carrière. En revanche, une fois la raquette rangée au fond du placard, les langues se délièrent progressivement.

Dans son autobiographie, Agassi qualifia Sampras de personnage « ennuyeux » et « sans inspiration ». Réponse de Sampras : « Agassi a été un grand rival, mais, finalement, je ne le connaissais pas si bien que ça quand nous étions sur le circuit. Il a toujours voulu se distinguer des autres, en bien ou en mal… » On a connu plus acerbe. Un simple début de braise, mais l'incendie se préparait. Les rancunes et les non-dits éclatèrent au grand jour le 12 mars 2010. Les deux hommes se retrouvèrent sur un court de tennis pour une exhibition à Indian Wells, en Californie, à l'occasion de la soirée *Hit for Haiti* pour les victimes du tremblement de terre qui avait frappé l'île des Caraïbes. Agassi jouait avec Rafael Nadal, Sampras avec Roger Federer. Équipés de micros, les quatre joueurs faisaient le show devant seize mille spectateurs ravis quand, à 4-4, 40-0 sur le service de Sampras, Agassi lança la première pique, gentille, celle-là : « Il faut toujours que tu sois sérieux, Pete. » Une minute plus tard, Sampras répondit en imitant la célèbre démarche saccadée de son rival, pieds rentrés vers l'intérieur, puis en reprenant certains de ses tics. « Vas-y, dis quelque chose ! » Agassi ne trouva alors rien de mieux à faire qu'à retourner ses poches vides et à lâcher : « Je n'ai pas d'argent… Ah si, j'ai un dollar… »

Sur le coup, tout le monde ne saisit pas la référence. Il fallait avoir lu le livre d'Agassi, dans lequel il raconte qu'un jour, dans un restaurant d'Indian Wells, Sampras n'avait laissé qu'un dollar de pourboire à un voiturier. Forcément, Sampras n'apprécia que moyennement ce tacle. Sentant le malaise et le sourire jaune de son coéquipier, Federer tenta de détendre l'atmosphère : « Waouh, cette rivalité est intense. Rafa, fais quelque chose ! » Raté. Sur le service suivant, au lieu de frapper en diagonale vers Nadal, « Pistol Pete » balança un énorme missile droit sur Agassi, qui l'esquiva de justesse. L'arbitre Mohamed Lahyani entra dans le jeu et donna un avertissement au fautif, ce qui amusa toute l'audience.

La blague aurait pu s'arrêter là, mais Agassi en remit une couche sur la supposée avarice de son collègue : « Je préfère ça qu'être voiturier quand tu te gares. » La phrase de trop. « OK, je suis un radin... Ça devient personnel... » « Non, tout le monde le sait déjà, Pete, ce n'est pas personnel », le coupa Agassi. Au changement de côté suivant, le speaker Justin Gimelstob s'approcha de la chaise d'Agassi. « Hey, les gars, c'est devenu un peu bizarre, là. C'est pour s'amuser tout ça, hein ? On veut rassurer les gens sur l'amour qu'il y a pour cette grande cause. » « Dédé » acquiesça : « Tout pour Haïti, bébé. » « Pour info, Andre et Pete sont tous les deux très généreux, poursuivit Gimelstob. Je t'ai déjà vu plusieurs fois laisser bien plus qu'un dollar de pourboire, Pete. » Au moment de retourner sur le court, Agassi ne put s'empêcher de chuchoter : « Je ne sais pas où tu as vu ça, mais bref. »

« C'est devenu assez intense avec Andre, avoua Sampras au bord du court, à l'issue du match, remporté 8-6 par la paire Federer-Sampras. Je veux juste te dire que je t'aime, mec. Je n'ai aucune rancune envers toi. On est amis. Il pense que je laisse des mauvais pourboires. Je donne de très bons pourboires ! » Le propriétaire du Masters 1000 d'Indian Wells, Larry Ellison, aussi : ce soir-là, il signa un chèque d'un million de dollars pour Haïti. L'altercation s'arrêta là mais laissa un goût amer aux protagonistes comme aux fans. « Ce qui était embarrassant, c'est qu'on ne savait pas trop si c'était pour rigoler ou pas. Rien de grave, mais ça ne devrait pas aller si loin, surtout dans une exhibition en faveur de sinistrés », regretta Federer le lendemain. « Des années de rivalité sont ressorties à ce moment-là », expliqua un autre ancien numéro un mondial américain et vainqueur de l'US Open, Andy Roddick. Trois jours plus tard, Agassi finit par s'excuser. « J'ai dépassé les bornes, reconnut-il. J'ai essayé d'être drôle, je n'avais que quelques secondes pour trouver un truc. J'ai fait cette blague et c'est tombé complètement à plat. J'ai essayé de passer vite à autre chose, mais Pete ne m'en a pas laissé l'occasion. Il n'a pas encaissé le coup. Je lui ai envoyé un texto pour m'excuser. »

FLAMANDE VS WALLONNE

Elle s'attendait sans doute à un retour triomphal pour fêter le deuxième sacre de sa carrière en Grand Chelem, le premier à l'US Open. Mais, à son arrivée à l'aéroport de Bruxelles-National, le 9 septembre 2003, aux alentours de midi,

Justine Henin fut accueillie par un parterre de journalistes qui voulaient moins lui parler de sa victoire à New York que des accusations à peine voilées de dopage provenant du clan de Kim Clijsters, sa compatriote et grande rivale, la numéro un mondiale, celle qu'elle avait dominée dans une finale à sens unique (7-5, 6-1), comme trois mois plus tôt à Roland-Garros (6-0, 6-4). « Vous voulez que je vous dise pourquoi Justine bat Kim régulièrement cette année ? Parce que sa masse musculaire a doublé et qu'elle possède aujourd'hui un bras comme celui de Serena *(Williams)* », avait expliqué Leo Clijsters, père de Kim, le 8 septembre dans le quotidien belge néerlandophone *Het Laatste Nieuws*.

Dans la foulée, le paternel avait reçu les soutiens de Filip Dewulf – ancien numéro un belge et demi-finaliste à Roland-Garros en 1997 – et de Wim Vandeven, préparateur physique d'une autre joueuse belge, Els Callens. « Aux États-Unis, on est moins regardant sur les compléments alimentaires. Je ne peux effectivement rien prouver, mais je vois bien que le volume musculaire des jambes de Justine semble avoir doublé. J'ai, moi aussi, à mon époque, fait de la musculation. Mais, chez moi, il n'y a jamais eu la même progression », avait lâché le premier à la VRT Radio. « Etcheberry doit avoir découvert un secret. Justine doit également avoir un bon accompagnement sur le plan médical. Mais je ne suis pas suffisamment proche d'elle pour en dire plus. Oui, j'ai un léger doute quand je vois son évolution, mais, pour être honnête, je préfère le garder pour moi. Ce que je sais, c'est que je ne parviendrai jamais à atteindre avec mes athlètes ce qu'Etcheberry a réussi avec Henin », avait ajouté le second au quotidien *Gazet van Antwerpen*.

L'homme pointé du doigt est Pat Etcheberry, préparateur physique américain de renom avec lequel Henin travaillait depuis un an et demi en Floride. « Jamais Pat, le meilleur entraîneur physique du monde, n'a été accusé de quoi que ce soit durant sa carrière. Justine mange comme tout le monde, mais elle ne travaille pas comme tout le monde. Je jure sur la tête de mes deux fils qu'elle n'a jamais pris un produit dopant, ni avec mon consentement ni à mon insu », affirma au *Soir* Carlos Rodríguez. Très en colère face à ces soupçons, l'entraîneur de Henin ne mâcha pas ses mots : « Ce qui arrive est dû à la petite mentalité de gens frustrés qui n'ont jamais fait tout ce qu'il fallait pour obtenir le maximum de leur potentiel. Si nous sommes partis aux États-Unis, c'est parce que la Belgique n'avait pas les compétences et la connaissance du haut niveau suffisantes pour amener Justine là où elle se trouve aujourd'hui. »

Ils en prirent tous pour leur grade. Le père Clijsters ? « Il a encore du mal à digérer la défaite de sa fille à New York. Depuis les débuts professionnels des deux filles, jamais on n'a entendu quelqu'un de l'entourage de Justine dire du mal de Kim ou mettre en doute ses qualités. Au contraire d'eux, nous la respectons. J'aimerais qu'il revienne sur ses sous-entendus, qui sont très graves et qui portent préjudice à la relation existant entre Kim et Justine. » Wim Vandeven ? « J'aimerais savoir de quelle bande dessinée il sort parce que je n'en ai jamais entendu parler ! Parce qu'il n'a jamais mis les pieds sur un tournoi du circuit féminin, il ferait mieux de se nettoyer la bouche avant de parler de Justine. » Et Filip Dewulf ? « J'aimerais lui dire que s'il ne peut rien prouver, comme il le dit lui-même, il ferait mieux d'écraser ! Il devrait plutôt se poser des questions quant à sa propre carrière. S'il n'a jamais atteint le maximum de ses qualités, c'est qu'il n'a jamais rien compris. » Justine Henin elle-même y alla de sa petite phrase pleine de sous-entendus. « Mon seul dopage, c'est le travail. Il existe malheureusement des gens en Belgique qui ne connaissent pas ce genre de produit », souffla la Rochefortoise qui assura être prête à subir tous les contrôles nécessaires pour prouver sa bonne foi.

L'ampleur prise par l'affaire poussa le clan Clijsters à calmer le jeu. « Justine est plus forte que Kim et gagnera encore plus souvent qu'elle, indiqua Leo Clijsters. On veut peut-être mettre certaines paroles dans ma bouche, mais je n'ai jamais évoqué un éventuel dopage de Justine parce qu'alors, on pourrait dire la même chose au sujet de Kim. » Dewulf, lui, s'excusa platement dans une lettre ouverte publiée le lendemain dans la presse belge. « Justine, je souhaite m'excuser auprès de toi. Je n'ai jamais souhaité que mes paroles jettent une ombre sur ta fantastique victoire à New York, écrivit-il. La pensée du dopage en tant que tel ne m'a jamais traversé l'esprit, j'ai plutôt fait allusion aux suppléments énergétiques comme la créatine pour expliquer ta spectaculaire métamorphose musculaire. Mais même cette allusion était de trop. J'ai commis une lourde faute professionnelle. »

Cet épisode concluait plusieurs mois de tensions entre les deux joueuses et leurs entourages. Plutôt proches chez les juniors, Henin – la Wallonne – et Clijsters – la Flamande – s'étaient naturellement éloignées à mesure qu'elles étaient devenues rivales, jusqu'à se battre pour la place de numéro un mondiale et les titres en Grand Chelem. En février 2003, lors du tournoi d'Anvers, Clijsters se serait ainsi plainte auprès du directeur du tournoi, Bob Verbeeck, et aurait accusé Carlos Rodríguez d'être allé dans les vestiaires et d'avoir coaché la Suissesse Patty Schnyder, future adversaire de Clijsters en quart de finale. Deux mois plus tard, lors du premier tour de Fed Cup entre la Belgique et l'Autriche, à Brée, Henin, touchée au dos, déclara forfait pour son simple du dimanche. Le père de Clijsters aurait alors fait circuler une rumeur auprès de journalistes et d'un sponsor de Henin, selon laquelle sa blessure était simulée. Enfin, en août, à San Diego, Henin domina Clijsters en finale (3-6, 6-2, 6-3). La vaincue reprocha à son adversaire d'avoir pris un temps-mort médical après la perte du premier set, soi-disant pour changer un pansement sur une ampoule douloureuse au pied. « Ce n'est pas la première fois qu'elle fait ça, avait regretté Clijsters. Je crois qu'elle l'a fait dans chacune de nos rencontres. C'est le signe qu'elle n'est pas au mieux et qu'elle doit utiliser d'autres choses pour s'en sortir. Vu comment elle se déplaçait, elle n'avait pas l'air d'avoir vraiment mal. » La réponse de l'accusée fut sèche : « Elle peut penser ce qu'elle veut. Elle dit ça parce qu'elle est déçue d'avoir perdu le match. Je peux la comprendre. Mais je suis fair-play. Je devais changer le pansement parce que ça frottait. C'est très facile pour elle de dire ce genre de choses, mais ça n'avait rien à voir avec un quelconque jeu mental. Je crois que certaines joueuses n'apprécient pas le fait qu'une joueuse de mon gabarit, moins costaud qu'elles, soit forte et capable de courir sur le court sans relâche. »

À New York, cette année-là, Henin résuma froidement sa relation avec Clijsters : « C'est une collègue de travail. »

POUR L'AMOUR DE GRAF

Des années qu'il préparait son coup – de couteau, en l'occurrence –, seul, dans sa chambre, à Heringen, son village natal, en Allemagne. Autour de lui, des Steffi Graf par dizaines, sur des posters et des photos accrochés aux murs, jusqu'à ne plus voir le moindre bout de peinture. La joueuse allemande était son idole, il la vénérait « comme un Dieu » et l'estimait autant que les figures du pape ou du président des États-Unis, dira-t-il plus tard à la police. C'est pour elle, pensait-il, qu'il allait provoquer ce qui reste, aujourd'hui encore, l'un des moments les plus dramatiques de l'histoire du jeu.

Günter Parche était tombé amoureux de Graf huit ans plus tôt, en 1985, devant son poste de télévision. Rapidement, sa fascination pour la championne se transforma en obsession. Il faut dire que l'homme d'une trentaine d'années n'était pas vraiment sain d'esprit. Enfant timide et renfermé, il ne sortait quasiment jamais de chez lui. Son placement chez sa tante, à dix ans, n'arrangea rien. Sa mère, malade, l'avait laissé chez sa sœur pendant son séjour à l'hôpital. Mais, une fois guérie, elle n'alla jamais le récupérer.

Devenu ouvrier en pleine Allemagne de l'Est, Parche ne vivait plus que pour cette femme si élégante, « les plus belles jambes de tout le circuit », « des yeux comme des diamants, des cheveux comme de la soie ». Il apprit les règles du tennis, qu'il ne connaissait pas du tout, et commença à collectionner des photos d'elle. Il dépensa même plusieurs milliers de marks – une fortune en RDA – dans un magnétoscope pour enregistrer tous les matchs de Graf diffusés à la télévision (sur les chaînes de RFA qu'il était interdit de visionner) et les regarder en boucle.

« Stefanie Graf est un rêve, pas seulement en tant que sportive, mais aussi comme être humain. Elle est un modèle pour nous tous et a un grand cœur », répétait-il. Il franchit un cap dans l'adoration et décida de lui envoyer des sous par courrier pour son anniversaire, accompagnés d'une carte qu'il signa « Un fan d'Allemagne de l'Est ». Un jour, il fit même parvenir de l'argent à la mère de Graf en la suppliant d'acheter à sa fille un bouquet de fleurs. Pourtant, il était loin d'être blindé, le Günter. Ça ne l'empêcha pas de quitter son boulot, incapable de supporter un instant de plus les moqueries répétées de ses collègues qui riaient de son obsession pour une simple joueuse de tennis. En 1990, quelques mois après la chute du mur de Berlin, il déménagea à l'Ouest avant de rapidement retourner dans son village, où sa folie l'emporta davantage encore.

Il vivait chaque rencontre de l'Allemande avec une intensité délirante. Il perdait l'appétit et ne dormait plus les veilles de match, pleurait de joie après la moindre victoire, se murait dans le silence et se laissait aller à des pensées suicidaires après les défaites. Il envoyait aussi des lettres anonymes menaçant toutes celles et ceux qui osaient émettre la moindre critique envers sa favorite. Le point de non-retour fut atteint le 20 mai 1990, à Berlin. Ce jour-là, une gamine de seize ans eut l'outrecuidance de battre « sa » Graf en finale de l'Open d'Allemagne (6-4, 6-3). C'était Monica Seles. « Ça n'aurait pas été aussi grave si ça s'était passé ailleurs, mais c'était en Allemagne, devant notre président fédéral. C'était trop pour moi », avoua Parche. Trois semaines plus tard, la jeune Seles, déjà numéro trois mondiale, remit ça, cette fois en finale de Roland-Garros (7-6, 6-4). La Yougoslave, qu'il trouvait repoussante, « la peau sur les os », devint sa cible. La tuer ? Non. Mais la blesser suffisamment pour qu'elle ne puisse plus jamais faire l'affront de dominer Graf, oui. « Je voulais donner une leçon à Monica Seles. » De l'idée aux actes, il se passa presque trois ans…

Le 30 avril 1993, habillé d'une chemisette au goût douteux, Günter Parche s'installa en tribunes, à Hambourg, pour le quart de finale entre Monica Seles, numéro un mondiale et victorieuse de huit titres du Grand Chelem en trois saisons, et la Bulgare Magdalena Maleeva. Il était arrivé dans la ville portuaire quelques jours avant le début du tournoi et avait observé sa future victime lors de plusieurs séances d'entraînement, sans jamais oser passer à l'acte. Deux ans plus tard, lors du procès en appel, Károly Seles, père de Monica, raconta cette scène qui, avec le recul, fait froid dans le dos : « Monica et moi l'avions vu plusieurs fois au bord du court quand nous nous entraînions et il applaudissait quand Monica réussissait un joli coup. Je me disais même qu'elle devrait lui signer un autographe. » Parche attendait son moment. Rien au premier tour ni au deuxième. C'était pour le quart. Dans son sac, un couteau au manche vert d'une douzaine de centimètres, le même qu'il utilisait dans son adolescence pour couper des saucisses chez sa tante… Il avait un temps envisagé de le cacher dans un bouquet de fleurs avant de choisir l'option plus évidente du sac.

Après un peu plus d'une heure de jeu sur la terre battue allemande, Seles remporta son engagement pour mener 6-4, 4-3. Au changement de côté suivant, assise sur sa chaise, elle ajusta les cordes de sa raquette, s'essuya le visage avec sa serviette et avala quelques gorgées d'une boisson énergisante dans un grand gobelet en plastique, tout en agitant frénétiquement sa jambe droite. Puis, soudain, un cri strident d'effroi et de douleur glaça le public. Un long murmure parcourut la foule. Seles était debout, au milieu du court, le gobelet toujours dans sa main gauche. Elle se tenait le haut du dos avec la main droite. 18 h 49, Parche venait de frapper. Il s'était penché par-dessus la barrière entourant le court et avait planté son couteau entre l'épaule et la colonne vertébrale de la joueuse. Il fut immédiatement maîtrisé par des membres de la sécurité ainsi que plusieurs spectateurs qui les aidèrent à le sortir du stade.

Seles, elle, avait fini par lâcher son verre et s'était laissé glisser par terre, soutenue par plusieurs personnes, parmi lesquelles son frère Zoltan et l'arbitre de chaise. Au bout d'une dizaine de minutes, après avoir reçu les premiers soins, elle fut évacuée en civière sous le regard terrifié de Maleeva, serviette sur la bouche, et les applaudissements du stade, puis transportée à la clinique universitaire d'Eppendorf. Elle y passa presque soixante-douze heures à l'issue desquelles tout le monde fut rassuré : la blessure, profonde d'un centimètre et demi, n'avait pas touché la colonne vertébrale. « Elle a eu beaucoup de chance », glissa l'un de ses médecins. Alors que Seles prenait un jet privé pour rentrer à Denver, dans le Colorado, on parlait de quelques semaines de cicatrisation. « J'aime trop ce jeu. Je suis forte mentalement et je veux revenir », annonça-t-elle. On ne la revit pourtant sur un court de tennis que vingt-sept mois plus tard.

Dans les semaines qui suivirent l'incident, une rumeur enfla : la blessure aurait été plus grave qu'annoncé. Le doute fut entretenu par le clan Seles qui refusa jusqu'au bout de rendre public son dossier médical. Elle enchaîna les forfaits et indiqua fin août qu'elle allait « devoir repartir de zéro » sans évoquer la moindre date de reprise. En octobre, des photos d'elle sur un court, près de son domicile à Sarasota en Floride, circulèrent. Mais, au-delà des séquelles physiques potentielles, la joueuse était surtout marquée mentalement, traumatisée, paniquée à la simple idée de jouer en public. Son psychologue, le docteur Jerry Russel May, expliqua qu'elle était aussi victime de crises d'angoisse durant lesquelles elle imaginait Parche se faufiler derrière elle avec son couteau. Elle avouera, des années après, être tombée en dépression pendant cette période. La décision du tribunal de Hambourg ne l'aida sans doute pas à se reconstruire : inculpé pour coups et blessures et non pas pour tentative d'homicide, Günter Parche, qualifié de « mentalement dérangé » par la police, fut seulement condamné à deux ans de prison avec sursis. L'absence de Seles au procès et son refus de délivrer son dossier médical joua certainement en faveur de l'accusé. Le verdict fut confirmé un an et demi plus tard, malgré l'appel du parquet et de l'ex-Yougoslave, devenue entre-temps citoyenne américaine.

Enfin débarrassée de ses angoisses, Monica Seles effectua finalement son grand retour le 29 juillet 1995, lors d'une exhibition au Convention Center d'Atlantic City où, malgré le genou gauche bandé, elle rassura tout le monde sur son niveau de jeu puisqu'elle domina nettement (6-3, 6-2) une Martina Navrátilová il est vrai vieillissante. La vaincue commenta : « Monica m'a battue et je n'étais pas une nouille sur le court aujourd'hui. Il va falloir compter avec elle, contre n'importe qui. Je ne vois pas de différence avec la Monica d'il y a deux ans et demi. C'est comme si elle avait pris la machine à remonter le temps. » La WTA, présidée par une certaine… Martina Navrátilová, l'y aida en lui permettant de revenir sur le circuit en tant que co-numéro un mondiale au côté de… Steffi Graf. Comme un symbole, les deux femmes se retrouvèrent à peine un mois et demi plus tard en finale de l'US Open. L'Allemande prit le dessus (7-6, 0-6, 6-3). Au filet, elle embrassa longuement son adversaire.

Pourtant, l'agression subie par Seles deux ans et demi plus tôt avait provoqué un petit malaise entre les deux joueuses. L'Américaine reprochait à l'Allemande son silence assourdissant durant sa dépression. Graf lui avait rendu visite à l'hôpital le lendemain du coup de couteau et les deux femmes avaient pleuré ensemble, mais elle n'eut aucune pensée pour elle, un mois plus tard, lors de son discours de remerciements après son sacre à Roland-Garros. « J'avais prévu de dire un mot après le match pour Monica, pour lui dire qu'on espérait son rétablissement pour bientôt et que l'on pensait à elle, mais ça m'est sorti de la tête », avoua celle qui venait de reprendre la place de numéro un mondiale.

En l'absence de son éternelle rivale, blessée, Seles remporta l'Open d'Australie en janvier 1996, son neuvième sacre en Grand Chelem. Le dernier, aussi, malgré deux autres finales à l'US Open 1996… contre Graf et à Roland-Garros 1998. Elle mit un terme à sa carrière en 2003, après une défaite d'entrée porte d'Auteuil contre Nadia Petrova.

Pendant ce temps, Günter Parche, lui, reprit sa vie comme si de rien n'était, dans son village natal. Un voisin interrogé par la presse suisse raconta qu'il avait à nouveau des photos de Graf accrochées aux murs. Avant l'agression planifiée de Seles, persuadé qu'il passerait de longues années derrière les barreaux, il les avait toutes enlevées et rassemblées dans une valise avec ses cassettes vidéo, puis enterrées dans son jardin. Aux dernières nouvelles, pas franchement récentes, il aurait été victime de plusieurs crises cardiaques et vivrait désormais dans une maison de retraite à Nordhausen, en Thuringe. L'histoire ne dit pas si les murs de sa chambre sont à nouveau recouverts de Graf…

LA VENGEANCE DE STEFFI

Elle n'avait pas oublié et se fit un malin plaisir de le lui rappeler. Plus de onze ans s'étaient écoulés depuis le 18 octobre 1982. Steffi Graf effectuait alors ses grands débuts sur le circuit professionnel. Championne d'Europe des moins de dix-huit ans quelques mois plus tôt alors qu'elle n'avait pas encore treize ans, la prodige allemande bénéficia d'une invitation pour disputer le tournoi de Filderstadt, chez elle, en Allemagne. Le tirage au sort ne l'épargna pas puisqu'elle dût se mesurer à Tracy Austin dès le premier tour. Numéro deux mondiale et victorieuse de l'US Open en 1979 et 1981, l'Américaine de dix-neuf ans prit logiquement le dessus et colla même un terrible 6-0 à Graf au deuxième set (6-4, 6-0). Interrogée en conférence de presse sur le potentiel de l'adolescente, Austin ne fit preuve d'aucune compassion. Elle assura d'abord qu'il y avait des « centaines » de jeunes comme elle aux États-Unis, avant de lâcher : « Je ne comprends pas ce qu'on lui trouve, à cette joueuse. » Ses propos firent le tour des médias allemands et remontèrent forcément aux oreilles de la principale intéressée, qui ne répondit pas. Jusqu'au 28 février 1994.

Graf était devenue l'immense championne qu'on connaît, numéro un mondiale et victorieuse de quinze de ses vingt-deux titres du Grand

Chelem. Handicapée par des problèmes de dos puis victime d'un accident de voiture durant lequel elle se brisa une jambe, Austin, elle, disparut du circuit et multiplia les tentatives de come-back. La dernière, en 1994, fut un échec. Bénéficiaire d'une *wild card* pour disputer le tournoi d'Indian Wells, chez elle, aux États-Unis, la joueuse de trente et un ans, cent unième mondiale, passa le premier tour. Au deuxième, elle retrouva Graf. Les deux femmes ne s'étaient plus affrontées depuis Filderstadt. Au sommet de son art à vingt-quatre ans, l'Allemande humilia l'Américaine : 6-0, 6-0. En conférence de presse, des journalistes évoquèrent les propos tenus par Austin lors de leur premier duel. Graf sourit : « Je crois que, cette fois, elle a compris. »

« ESPÈCE DE CONNARD, JE VAIS TE TUER ! »

Animé par un sixième sens qui lui appartient, Flushing Meadows avait senti l'odeur du sang. En ce mois de septembre 1981, l'ancien Louis-Armstrong Stadium était plein à craquer à l'heure du déjeuner pour la demi-finale du double de l'US Open entre la paire américaine John McEnroe-Peter Fleming et la paire australienne John Newcombe-Fred Stolle. Dans une ambiance bouillante, face à dix-neuf mille cinq cents spectateurs prêts à rugir, McEnroe lança les hostilités dès l'échauffement. Sur un smash, il visa clairement Newcombe, qui eut une pensée prémonitoire : « Merde, ça va être la guerre. » L'entame de la rencontre lui donna raison puisque, dès le deuxième point, « Big Mac » remit ça en l'allumant au filet.

Avant la partie, Stolle avait prévenu son coéquipier : la veille, il était allé dîner chez le joueur américain Vitas Gerulaitis qu'il entraînait. McEnroe était également de ce gueuleton improvisé en pleine quinzaine. Pendant la soirée, Stolle avait surpris l'explosif gaucher confier à Gerulaitis qu'il avait l'intention de dégommer ses adversaires du lendemain dès que l'occasion se présenterait. Au troisième set, alors que les Américains menaient deux manches à zéro, McEnroe frappa de toutes ses forces une volée de coup droit dans le gosier de Stolle. Dans les tribunes, tout le monde hurlait. Newcombe, lui, était au bord de l'implosion. Sur le point suivant, l'Australien piqua un sprint pour frapper un revers. Mais au lieu d'arrêter sa course, il passa de l'autre côté du filet, contourna Fleming et se planta devant McEnroe. Il mit sa tête de raquette sous son « pif » et lui lança : « Espèce de connard, je vais te tuer ! » Fous de rage et survoltés, les « Aussies » égalisèrent à deux sets partout, mais c'est finalement le duo McEnroe-Fleming qui eut le dernier mot dans le tie-break de la cinquième manche (6-2, 6-2, 5-7, 6-7, 7-6). Deux jours plus tard, les Américains profitèrent du forfait de la paire Heinz Günthardt-Peter McNamara pour être sacrés une deuxième fois à New York. Ils remettront ça une troisième et dernière fois ensemble, en 1983.

FILET PAS SI MIGNON

Les poignées de main au filet, tradition du tennis à la fin de chaque rencontre, peuvent être froides, parfois glaciales, mais rarement aussi virulentes. Ce jour d'avril 2001, en quarts de finale de l'Open d'Estoril, au Portugal, au bout d'un duel de revers à une main comme il n'en existe pratiquement plus, Francesca Schiavone en eut assez des « Allez ! » hurlés par son adversaire. Justine Henin continuait de crier alors qu'elle avait match gagné (6-2, 6-4). Agacée, l'Italienne eut une manière bien à elle de le lui faire savoir : au moment de lui serrer la main, elle appuya le plus fort possible et tira Henin vers elle. Surprise et choquée, la Belge de dix-huit ans lui lança en anglais : « Tu es un monstre ! » Femme de caractère malgré son jeune âge (vingt ans), la quatre-vingtième mondiale rétorqua : « Viens de l'autre côté du filet qu'on règle nos comptes. » Moment judicieusement choisi par l'arbitre pour descendre de sa chaise et s'interposer avant que le crépage de chignons n'aille plus loin. Henin aura sa vengeance à de multiples reprises puisqu'elle remportera les six matchs suivants contre l'Italienne, qui devra attendre 2008 et un quart de finale à Dubaï pour enfin s'imposer une première fois. La dernière, aussi.

WILANDER BIZUTÉ PAR CONNORS

Avant de devenir l'immense champion qu'il fut, auréolé de sept titres du Grand Chelem et de vingt semaines à la première place mondiale, Mats Wilander était un gamin d'une timidité presque maladive. À son arrivée à Paris, au Sofitel de la porte de Sèvres, quelques jours avant le début de Roland-Garros, en mai 1982, le Suédois de dix-sept ans se mit en quête de trouver un partenaire d'entraînement. Ne connaissant encore pratiquement personne sur le circuit et n'osant pas faire le premier pas avec son anglais très limité, il chargea son entraîneur, John-Anders Sjögren, de s'en occuper. Celui-ci contacta donc l'organisation du tournoi. La réponse laissa le duo sans voix :

– Monsieur Wilander est déjà programmé pour une séance d'entraînement sur le court central.

– Ah bon ? Avec qui ?

– Monsieur Jimmy Connors.

Le champion américain de vingt-neuf ans, idole de Wilander, avait demandé à s'entraîner avec lui alors qu'ils ne s'étaient encore jamais parlé ni même croisés. Le vainqueur de Roland-Garros junior se retrouva donc sur le central avec le numéro deux mondial. Après quarante-cinq minutes d'échanges, les deux joueurs démarrèrent un set d'entraînement. À l'aise face au jeu très à plat de Connors, Wilander réussit le premier break. Mais, au moment de changer de côté, « Jimbo » insulta violemment le Suédois, droit dans les yeux. Estomaqué, le gamin de Växjö se retourna vers son coach : « T'as entendu ? » L'entraîneur acquiesça et lui demanda de ne pas y prêter attention. Impossible pour le jeune Wilander, qui ressassa l'incident et, bien sûr, finit par perdre le set d'entraînement. Sans le savoir, il venait de subir son bizutage sur le circuit pro. La leçon ne fut pas inutile : quinze jours plus tard, Wilander, à la surprise générale, remporta le majeur parisien en s'imposant face à Guillermo Vilas (1-6, 7-6, 6-0, 6-4) en finale. Connors, lui, avait échoué en quarts de finale contre José Higueras (6-2, 6-2, 6-2). L'Américain ne parviendra jamais à gagner Roland-Garros (quatre échecs en demi-finales). Wilander, lui, y sera sacré deux fois supplémentaires, en 1985 et 1988.

« JE VAIS TE BOTTER LE CUL, GILBERT ! »

Les voilà tête contre tête, prêts à en découdre, jusqu'à ce qu'un officiel ne vienne les séparer. Comment Brad Gilbert et David Wheaton en étaient-ils arrivés là, le 15 décembre 1990, à Munich ?

Un peu de contexte. La Coupe du Grand Chelem venait de voir le jour. Créée par la Fédération internationale (ITF) pour concurrencer le Masters de l'ATP dans une guéguerre entre les deux organisations, elle rassemblait les seize joueurs ayant réussi les meilleures performances en majeurs durant la saison. Surtout, à défaut de points ATP, elle proposait un *prize money* total de six millions de dollars, dont deux millions pour le vainqueur, des sommes colossales qui faisaient saliver tous les joueurs.

Gilbert et Wheaton se retrouvèrent en demi-finale, « un match à un million de dollars », dira le premier qui, d'abord remplaçant puis finalement entré dans le tableau, avait battu Jonas Svensson et Aaron Krickstein aux tours précédents. Le second s'était débarrassé de Yannick Noah et d'Ivan Lendl. Après un début de match équilibré, les deux Américains disputèrent un tie-break dans la troisième manche. C'est là que tout dérapa. À 6-6 dans le jeu décisif, Gilbert frappa une volée annoncée faute par le juge de ligne. Dans la foulée, l'arbitre de chaise, Stephen Winyard, inversa la décision et donna le point au dixième mondial. Persuadé que la balle était faute, Wheaton explosa. Il accusa Winyard de « détruire le match ». Le vingt-septième à l'ATP frappa un ace pour égaliser à 7-7, mais il commit ensuite une double faute et Gilbert conclut le set au point suivant.

Alors qu'il s'asseyait sur sa chaise, Gilbert fut violemment interpellé par le frère de Wheaton, fou furieux en tribune : « Je vais te botter le cul, Gilbert ! » Ce dernier alla se plaindre auprès de l'arbitre. Au moment de reprendre la partie, les deux joueurs se croisèrent. Selon Gilbert, Wheaton prononça alors des mots inqualifiables à son encontre. Le tête contre tête et les insultes beuglées furent heureusement interrompus par un officiel, et le match put reprendre malgré la tension ambiante. Gilbert s'imposa finalement en cinq sets (6-3, 3-6, 7-6, 2-6, 6-4). « Il s'est mis à chouiner comme un gosse et a obtenu ce qu'il voulait, pestera Wheaton après son élimination. Il s'est rapproché de moi et a envahi mon espace. J'aurais adoré qu'il frappe le premier. » En finale, Gilbert s'inclinera sèchement face à Pete Sampras (6-3, 6-4, 6-2).

Au total, Gilbert et Wheaton s'affronteront six fois. Le premier remportera les six duels. La Coupe du Grand Chelem, elle, disparaîtra en 1999.

SURVIVANTS

L'ANIMAL IMAGINAIRE

Une désagréable odeur de cigarette froide l'accompagnait en permanence. Arthur Larsen pouvait s'enfiler jusqu'à trois paquets par jour. Il en avait toujours plein les poches et n'hésitait pas à s'allumer une dernière tige quelques minutes avant un match, parfois pour digérer le pinard ou la bière qu'il venait d'avaler. « Que voulez-vous ? Je ne sais jamais quoi faire de mes mains », se justifiait, amusé, l'Américain, un peu trop bon vivant, du genre à mélanger petit-déjeuner et déjeuner – tartines, confiture, entrecôte, frites et vin – pour gratter quelques heures de sommeil, quitte à entrer sur le court avec une brioche dans le bas ventre, qu'il entretenait en ingurgitant des canettes de Coca-Cola à chaque changement de côté ou presque. « Je ne sais pas quoi faire le matin de toute façon », disait « Art », un couche-très-tard jamais dans son plumard avant le milieu de la nuit, même les veilles de match. Sa seule règle : se coucher dix heures avant le début de chaque partie.

Il l'enfreignit plus d'une fois, notamment à Roland-Garros 1955, où il écuma les bars et les bordels de Pigalle jusqu'à l'aube, avant d'affronter Georges Deniau quelques heures plus tard au troisième tour. Le Français l'avait croisé dans la soirée alors qu'il dînait avec ses amis, qui décidèrent de rincer « l'Amerloque » et de prolonger au maximum sa nuit parisienne, histoire de bien l'amocher pour la rencontre du lendemain. L'échec fut total puisque Larsen écrasa Deniau (6-0, 6-2, 6-2). Finaliste porte d'Auteuil l'année précédente, il poussa l'humiliation jusqu'à avouer à sa victime du jour, en plein milieu du premier set : « Tu sais, Georges, j'étais bourré, hier soir. Et quand je suis bourré, je suis le meilleur joueur du monde ! »

Un magnifique gaucher, élégant, doué, rapide, habile comme pas deux au filet, maître des amorties et des lobs, une gueule d'acteur et un sourire dévastateur qui lui valurent d'être régulièrement comparé à James Dean. Mais, sous le vernis, l'homme était brisé, traumatisé par le souvenir, devenu cauchemar quotidien, des bombes déchiquetant ses amis, tout autour de lui, à Omaha Beach, l'une des cinq plages du débarquement de Normandie, le 6 juin 1944, pendant la Seconde Guerre mondiale. Le soldat de dix-huit ans fut le seul survivant de sa section, bombardée par ses propres forces aériennes qui les avaient confondus avec des Allemands. « Il s'est retrouvé seul au milieu d'un tas de cadavres et s'est perdu comme un somnambule, dans la campagne normande. Bombardé par sa propre aviation, Art Larsen a échappé à la mort par miracle et a continué la guerre à travers la France, la Belgique et le Luxembourg comme un automate du malheur », racontait Patrick Proisy dans *Les Incroyables destins des stars du tennis*. Il en garda de profondes séquelles. « J'ai toutes les apparences d'un type normal, mais je n'en suis pas un », répétait le joueur dont la peur de mourir pendant la guerre se transforma en peur de perdre sur le court et le poussa à se protéger sous des TOC. Il ne pouvait par exemple pas s'empêcher de tapoter tout ce qui passait devant lui : le filet, la chaise d'arbitre, voire ses adversaires, ce qui lui valut le surnom de « Tappy ». Certains jours, il devait les toucher une fois, d'autres jours cinq fois.

Larsen croyait que des serpents se cachaient dans sa valise, où se trouvaient ses tenues et ses raquettes, et n'osait pas l'ouvrir pendant des dizaines de minutes sous le regard effaré des autres joueurs dans le vestiaire. Peut-être est-ce pour cette raison qu'il débarqua un jour de match à Roland-Garros sans ses raquettes… En revanche, il n'oubliait jamais son ami imaginaire. Ou plutôt, son animal imaginaire. En 1950, à Forest Hills, un quartier du Queens où se jouait alors l'US Open, lors de son troisième tour contre Jaroslav Drobny, l'Américain demanda à ce que les aigles géants en marbre clair qui surplombaient le court soient recouverts par une bâche parce que, disait-il, les sculptures perturbaient… son aigle. Celui qu'il avait en permanence sur l'épaule, que lui seul voyait et avec lequel il était parfois surpris en train de discuter. Son ange gardien. Une semaine plus tard, l'Américain remporta le majeur new-yorkais, le seul de sa carrière, face à son compatriote Herbert Flam (6-3, 4-6, 5-7, 6-4, 6-3). Après son sacre, il évoqua son partenaire particulier : « Il m'énerve, cet aigle noir… Voilà qu'il me suit maintenant dans les vestiaires. » Où le joueur était obligé, lorsqu'il s'habillait, d'effectuer des mouvements de la tête vers la droite pour chasser l'aigle de son épaule et enfiler son t-shirt ou son pull… Une année, à Wimbledon, il laissa un contrôleur sans voix lorsqu'il lui demanda s'il pouvait pénétrer dans l'enceinte avec son aigle.

Les ravages de la guerre n'empêchèrent pas Arthur Larsen de réussir une grande carrière, lui qui remporta donc un Grand Chelem, atteignit une finale à Paris et devint le premier joueur à gagner le championnat national amateur américain sur toutes les surfaces (gazon, terre battue, dur et en indoor). Mais son parcours s'arrêta brutalement le 10 novembre 1956, au volant d'un scooter qu'il conduisait trop vite, sur une route du nord de la Californie. Il plongea dans le coma, dont il sortit au bout de trois semaines partiellement paralysé et l'œil gauche bousillé. Il ne remit plus les pieds sur un court de tennis. Le milieu se rappela à son bon souvenir en l'introduisant au Hall of Fame en 1969. Il reçut également quatre décorations pour services rendus à l'armée américaine et eut droit à un enterrement militaire à San Leandro, en Californie, après son décès le 7 décembre 2012, à quatre-vingt-sept ans.

À LA FORCE DU BRAS

Robert Falkenburg quitta en bougonnant le court numéro 2 du All England Club. Ce 28 juin 1947, l'Américain venait pourtant de se qualifier pour les quarts de finale de Wimbledon, où il était tête de série numéro huit, mais il avait mal vécu le soutien ultra majoritaire du public pour son adversaire tout au long de la partie. Surtout que Hans Redl était encore inconnu des spectateurs britanniques quelques jours plus tôt. Ses premiers matchs s'étaient d'ailleurs déroulés sur des courts annexes dans un anonymat quasi total. Mais lorsqu'il remporta son troisième tour contre le local Slack (1-6, 6-3, 7-5, 0-6, 6-3), le bruit enfla à Londres : un joueur amputé d'un bras s'était qualifié pour la deuxième semaine du plus grand tournoi du monde. L'Autrichien de trente-trois ans devint immédiatement l'attraction de la quinzaine. Pour être autorisé à jouer, il avait demandé et obtenu un changement de règle. En effet, il était normalement interdit de toucher deux fois la balle pour servir. Or, lui était obligé de le faire : il devait poser la balle sur sa raquette, la lancer d'un mouvement vers le haut puis frapper.

Redl avait perdu son bras gauche pendant la bataille de Stalingrad, entre juillet 1942 et février 1943, en pleine Seconde Guerre mondiale. Né à Vienne, Redl avait représenté l'Autriche en Coupe Davis en 1937 avant, suite à l'Anschluss, l'annexion de l'Autriche par l'Allemagne, l'année suivante, de jouer sous la bannière allemande en 1938 et 1939, puis d'être conscrit dans l'armée nazie et de servir sur le front de l'Est où sa grave blessure l'éloigna définitivement des combats. Après plusieurs années de convalescence, il recommença à jouer au tennis, à nouveau pour l'Autriche. Il atteignit les huitièmes de finale de Wimbledon dès sa première participation, seulement battu par Falkenburg (6-3, 6-3, 6-4), lui-même sacré sur le gazon londonien un an plus tard en 1948. Redl ne fit jamais mieux en simple mais réussit à pousser un tour de plus en double, toujours à Wimbledon, en 1953, au côté de son compatriote Alfred Huber. La paire autrichienne chipa tout de même un set aux grands favoris et futurs vainqueurs australiens, Lew Hoad et, surtout, Ken Rosewall (6-2, 6-3, 5-7, 6-4). Redl joua jusqu'en 1956 avant de devenir président de la fédération autrichienne de tennis.

DU *TITANIC* À L'OR OLYMPIQUE

La poignée de main, teintée d'une pudeur qui leur allait bien, s'accompagna d'un petit mot du vaincu, chuchoté à l'oreille du vainqueur : « J'aurais dû le laisser t'amputer. » Sourires et sortie du court bras dessus bras dessous, sans que personne, sur le central du Newport Casino, en cette fin d'août 1914, n'ait vraiment réalisé ce qui venait de se produire. Richard Norris Williams et Karl Howell Behr partageaient bien plus qu'une simple amitié, ils étaient liés à vie par un terrible souvenir dont ils n'avaient encore jamais reparlé. Trop pudiques. Trop douloureux. Jusqu'à cette petite boutade de Behr, au filet, après s'être sèchement incliné face à son compatriote (6-1, 6-2, 7-5) en quart de finale de l'US National Championships, qui deviendra l'US Open. Quelques jours plus tard, les deux Américains se retrouvèrent à l'entraînement. Behr avait proposé à Williams de l'échauffer la veille de sa finale contre le double tenant du titre, Maurice McLoughlin, qu'il dominera avec une insolente aisance (6-3, 8-6, 10-8). C'est là, au milieu des balles, qu'ils mirent fin à deux ans et demi de silence. Enfin évoquèrent-ils cette nuit d'horreur qu'ils revivaient sans cesse dès qu'ils fermaient les yeux.

Le soir du 14 avril 1912, Williams et Behr étaient tous les deux à bord du *Titanic* quand celui-ci percuta un iceberg avant de couler en l'espace de quelques heures en plein océan Atlantique, provoquant la mort d'environ mille cinq cents personnes. Quatre jours plus tôt, Richard Williams avait embarqué avec son paternel, Charles Duane Williams, à Cherbourg, en Normandie, où le paquebot avait accosté en fin d'après-midi après être parti de Southampton à midi pour sa grande traversée inaugurale. Le matin même, le père et le fils avaient bien failli manquer leur train de Paris vers Cherbourg car leur taxi s'était trompé de gare, sans de douter un instant qu'il aurait pu leur rendre un grand service… Les deux hommes n'auraient de toute façon pas dû être là. Installés à Genève où le fils était né vingt et un ans plus tôt, ils avaient prévu de partir aux États-Unis dès le mois de février pour que Richard intègre la prestigieuse université d'Harvard et se consacre davantage au tennis, sport dans lequel il excellait depuis son plus jeune âge. Mais le jeune homme était tombé malade – une rougeole – et le grand départ avait été repoussé au 10 avril, à bord du *Titanic*, en première classe, où ils vécurent quatre journées idylliques aux côtés de personnalités comme le milliardaire John Jacob Astor IV, l'homme d'affaires Benjamin Guggenheim, la militante et philanthrope Margaret Brown – l'Insubmersible Molly Brown – et le capitaine de l'immense embarcation, Edward Smith, qui les invita même à sa table.

Puis le drame. À 23 h 40, le 14 avril 1912, un énorme fracas réveilla en sursaut les Williams, qui dormaient dans la même cabine. Face au silence des moteurs, ils décidèrent de se rendre sur le pont principal pour comprendre la situation. Sur le chemin, ils entendirent une femme hurler, coincée derrière une porte que Richard Williams enfonça d'un grand coup d'épaule. Ce geste provoqua la colère d'un steward de la White Star Line qui lui annonça qu'il devrait rembourser les dégâts… Une fois sur le pont, ils apprirent l'origine du bruit qui les avait sortis de leur sommeil : une collision avec un iceberg. Ça ne les inquiéta pas outre-mesure, en particulier le père, qui avait vécu pareille situation lorsque, trente-trois ans plus tôt, le *SS Arizona* avait cogné un iceberg au large de Terre-Neuve. L'embarcation, pourtant sévèrement endommagée au niveau de la proue, n'avait pas coulé. « Si l'*Arizona* n'a pas coulé, il n'y a aucune chance pour que le *Titanic* sombre », glissa-t-il à son fils. Sauf que la situation était bien plus inquiétante qu'il ne l'avait imaginée. Désespérée, même. Dans la cabine du capitaine Smith, l'un des architectes du bateau, Thomas Andrews, annonça l'impensable après inspection : le *Titanic* allait couler en quelques heures.

Peu après deux heures du matin, alors que le chaos régnait, les Williams furent projetés par-dessus bord. Une des quatre cheminées du paquebot s'effondra et écrasa de nombreux passagers, parmi lesquels Charles Williams, mort sur le coup. À la nage, dans une eau à moins deux degrés, le fils trouva la force de rejoindre un canot de sauvetage sur lequel il monta avec une trentaine d'autres naufragés. Dix-neuf d'entre eux ne survécurent pas. Le poids du groupe fit monter l'eau jusqu'aux cuisses de Richard Williams qui passa les heures suivantes à résister au sommeil et à la tentation d'abandonner pour ne plus souffrir du froid et du chagrin d'avoir perdu son père dans des circonstances aussi tragiques. Finalement, il tint bon jusqu'à l'arrivée, à l'aube, du *Carpathia*, seul navire présent dans les environs à ne pas avoir balayé d'un revers de la main les appels de détresse du *Titanic*, que tout le monde imaginait insubmersible, et à s'être dérouté pour porter secours aux sept cent cinq survivants.

Une fois sur le *Carpathia*, Richard Williams, victime d'une inquiétante hypothermie, fut examiné par un médecin qui découvrit ses jambes, presque congelées. Pour éviter la gangrène, il ne voyait qu'une solution : l'amputation. Mais le jeune homme refusa catégoriquement : « Je vais avoir besoin de ces deux jambes. » Pour jouer au tennis, le sport que lui avait appris son défunt père en Suisse. Afin de sauver ses membres inférieurs, Richard n'avait dès lors pas le choix : il devait marcher le plus possible, malgré l'insupportable douleur qu'il décrira comme des milliers d'aiguilles lui transperçant les jambes, pour relancer la circulation sanguine. Il fut alors aidé par un certain… Karl Howell Behr, joueur de tennis américain de six ans son aîné, qu'il avait vu en 1907 lors d'une rencontre de Coupe Davis. Lui aussi sur le *Titanic*, il avait pu monter à bord d'un des premiers canots de sauvetage en compagnie de Helen Newsom, amie de sa sœur et raison de sa présence sur le paquebot puisqu'il était un de ses prétendants – il l'épousera un an plus tard –, et des parents de celle-ci. Pourtant, l'évacuation ne concernait normalement que les femmes et les enfants, mais Joseph Bruce Ismay, président de la White Star Line à l'origine de la construction du navire, le convainquit lui-même de se joindre aux autres pour ramer.

Pendant les trois jours de traversée jusqu'à l'arrivée à New York, le 18 avril, Behr aida Williams lors de ses longues séances de marche, quarante-cinq minutes toutes les deux heures. Ceci – et de nombreux bains chauds – sauva ses jambes. Il avait bien fait de refuser l'amputation, d'où la petite blague de Behr chuchotée à son oreille deux ans et demi plus tard… Le lien entre les deux hommes ne disparut jamais. Ils se revirent une première fois trois mois après le drame, au Longwood Cricket Club, près de Boston, pour un tournoi de tennis, le Longwood Bowl. Ils s'affrontèrent en quart de finale, le 18 juillet 1912. Williams mena deux manches à zéro, mais c'est finalement Behr qui s'imposa (0-6, 7-9, 6-2, 6-1, 6-4). Alors que Behr était plutôt en fin de carrière, Williams gravit les échelons, intégra en 1913 l'équipe américaine de Coupe Davis – compétition qu'il gagna à cinq reprises, dont deux au côté de Behr –, remporta deux Grands Chelems à l'US National Championships, en 1914 et 1916, puis une médaille d'or olympique en double mixte lors des Jeux de Paris en 1924, alors même qu'il souffrait d'une entorse à une cheville. Insubmersible, lui l'était vraiment…

DE LA FUITE DES NAZIS AUX CLUBS DE JAZZ

Torben Ulrich serra fort sa clarinette contre sa poitrine. Sur les épaules de l'ado de quinze ans, un jeune enfant en pleurs. Autour de lui, une quinzaine de paires d'yeux apeurés, parmi lesquels ceux de son petit frère Jorgen et de sa mère Ulla. Le doux clapotis des vagues venait d'être brutalement interrompu par d'effroyables tirs de mitraillettes. Le petit bateau de pêcheurs dans lequel ils étaient entassés avait été repéré par les nazis.

En cette nuit d'octobre 1943, la famille Ulrich tentait de fuir le Danemark. Après deux ans de protectorat plus ou moins cordial, les relations avec l'Allemagne nazie, qui avait envahi le pays en 1940, s'étaient sensiblement dégradées. La population danoise était de plus en plus hostile à l'occupant, les sabotages et les actes de résistance se multipliaient, jusqu'aux grèves générales et à un mouvement de désobéissance civile durant l'été 1943. Dans la foulée, le 29 août, le gouvernement danois fut dissous par les Allemands, qui prévirent dès lors de déporter les quelque huit mille juifs danois. Parmi eux, la mère de Torben Ulrich.

Conscients de la situation, eux qui se levaient la nuit pour écouter la radio britannique, les Ulrich prirent la décision de quitter le pays. Le père, Einer, qui n'était pas juif, tenta d'abord d'utiliser ses relations privilégiées avec le roi de Suède, Gustave V, qu'il rejoignait régulièrement à Stockholm pour jouer au tennis, mais la situation était devenue trop dangereuse. Il fallait se cacher et fuir. Le départ fut organisé en octobre. La mère et les fils Ulrich – sans le père, qui n'était pas en danger et prévoyait de les rejoindre plus tard – se rendirent sur l'île de Seeland. Restait à traverser le détroit de Sund. Une quinzaine de kilomètres seulement les séparait de la province suédoise de Scanie.

Mais la traversée échoua. À peine avaient-ils quitté le port, cachés à l'étage inférieur de la petite embarcation, qu'ils furent repérés. Les pêcheurs en charge du transport sautèrent dans l'eau froide et prirent la fuite, non sans avoir d'abord versé du sable dans les rouages du bateau pour empêcher les fuyards de poursuivre leur chemin… La nuit était agitée, les vagues fortes et le petit groupe eut rapidement les pieds dans l'eau. À l'aide de cordes, les plus costauds du groupe, parmi lesquels Torben, aidèrent les plus faibles, notamment des vieilles dames de plus de soixante-dix ans, à rejoindre des rochers. Personne ne se noya.

Après quelques heures d'attente, au milieu de la nuit, des soldats allemands les arrêtèrent et les emmenèrent à Elsinore pour une déposition. Les Ulrich passèrent deux semaines en cellule. Certains de leurs compagnons de fuite furent envoyés au camp de concentration de Theresienstadt. Pas eux. « Mon sang n'était pas assez juif », ironisa des années plus tard Torben, selon lequel ils obtinrent leur libération grâce au paternel qui négocia auprès des autorités allemandes.

Si incroyable que les professeurs de Torben eurent bien du mal à le croire lorsqu'il fit son retour à l'école. Quand l'un d'entre eux lui demanda de réciter une leçon, l'élève de quinze ans expliqua n'avoir pas eu le temps de l'apprendre puisqu'il avait été enfermé dans un camp. Il prit une claque dans l'oreille et ne remit jamais un pied dans cette école. Car, quelques semaines plus tard, la famille Ulrich décida de retenter un départ pour la Suède. Cette fois, pas de traversée nocturne dans un petit bateau de pêcheurs, ils partirent en pleine journée et croisèrent même des soldats allemands armés. Certainement payés par les passeurs, ces derniers les laissèrent embarquer sans un mot ni un regard.

La famille, rejointe par le paternel, resta en Suède jusqu'à la fin de la guerre. C'est là-bas, dans une école privée, que Torben Ulrich, déjà fan de musique, tomba véritablement amoureux des autres grandes passions de sa vie : le tennis et la philosophie.

Comme ses parents, champions nationaux du Danemark, Torben devint un excellent joueur de tennis. Mais pas l'un des tout meilleurs, lui qui ne dépassa jamais les huitièmes de finale en Grand Chelem. Le Danois n'était sans doute pas suffisamment concentré sur son sport. Dans les années cinquante, il se baladait autant avec sa raquette de tennis qu'avec sa clarinette. Dès qu'il terminait un match, il fonçait dans un club du coin pour jouer du jazz. Lorsqu'il était à Paris pour Roland-Garros, il passait ses nuits du côté de Saint-Germain-des-Prés, où il participait à des « bœufs » de jazz dans les caves du Vieux-Colombier, même les veilles de match. Aucune de ses rencontres ne fut d'ailleurs jamais programmée avant quatorze heures…

Une fois la soirée terminée, il écrivait sur la musique. « Pour la comprendre », disait-il. Il tenait même une chronique dans un journal danois, *Politiken*. Il passa aussi quelque temps aux États-Unis pour étudier le jazz, le saxophone et la flûte. Une passion pour la musique qu'il transmettra à son fils Lars, futur co-fondateur et batteur du groupe Metallica.

Tout cela ne lui laissait pas beaucoup de temps pour dormir – lui qui ne se couchait jamais avant quatre heures du matin et émergeait souvent en début d'après-midi –, encore moins pour s'entraîner : il se contentait généralement de disputer ses matchs, sauf quand il se levait au milieu de la nuit pour courir entre dix et vingt kilomètres dans un parc du coin. Moins pour entretenir sa condition physique que pour se « purifier ».

Torben Ulrich, barbe épaisse et longue chevelure, était un personnage unique sur le circuit. Peut-être le joueur le plus populaire des années cinquante et soixante alors qu'il pouvait passer des mois entiers sans gagner le moindre match. Ce n'est pas son niveau de jeu mais sa personnalité qui plaisait, tant au public qu'au reste du vestiaire. Sans doute parce qu'il était l'un des rares à ne pas être obsédé par la victoire. « Qu'est-ce que gagner ? », se demandait-il souvent. Il se fichait bien d'accumuler de l'argent, qu'il ne dépensait que pour acheter de la musique jazz.

En 1956, il balança un match contre la Suède en Coupe de Scandinavie suite à une décision arbitrale. Il fut suspendu plusieurs mois, ce qui ne l'empêcha pas, deux ans plus tard, de déclarer forfait à Roland-Garros pour protester contre le discours du général de Gaulle à Alger. Le bonhomme vomissait l'autorité : il avait passé plusieurs mois en prison après avoir refusé de porter l'uniforme pendant son service militaire. Et lorsqu'un policier danois eut le malheur de l'arrêter dans sa voiture en pleine nuit – il avait tendance à conduire sur le trottoir ou à contresens, sans même avoir bu la moindre goutte d'alcool –, il lui mordit le nez.

Ulrich n'hésita pas non plus à quitter le court en pleine partie à San Francisco simplement parce que son adversaire frappait trop de lobs à son goût ou, quelques années plus tard, à Boston pour dénoncer une programmation « inhumaine ». Lorsqu'il fut interrogé sur le service surpuissant de Pancho Gonzales, qui l'avait martyrisé à l'US Open en 1969, il répondit : « On ne peut pas être mis en difficulté par quelque chose d'aussi beau. » L'année précédente, toujours à Forest Hills, il menait deux sets à zéro face à l'une des stars du jeu, l'Australien John Newcombe, lorsqu'un papillon toucha son visage sur un point important, qu'il perdit. Il finit par s'incliner en cinq sets. Questionné sur l'incident, il cita le penseur chinois Tchouang-tseu : « Étais-je alors un homme qui rêvait d'être un papillon ou suis-je maintenant un papillon qui rêve d'être un homme ? »

Les anecdotes le concernant sont infinies. Une année, à Salisbury, alors qu'il s'était qualifié pour les demi-finales, il se présenta face à la presse. Plutôt que de s'asseoir sur une chaise, il se mit à genoux. « Je veux être à votre hauteur », justifia-t-il très sérieusement aux journalistes. « Ce qui est normal pour tout le monde ne l'est pas pour Torben, il voit tout à l'envers », expliqua le joueur américain Gene Scott. Difficile de lui donner tort : qui, à part Ulrich, refuserait un contrat avec une marque de raquettes simplement parce qu'il n'aimait pas le bruit de la balle contre les cordes ? Qui, à part lui, passerait quarante minutes à descendre des escaliers, ou vingt-cinq minutes à ouvrir une porte au ralenti pour « apprendre la structure de [son] corps » ? Adepte de yoga transcendantal, il fut même aperçu en pleine séance… dans le casier d'un vestiaire.

Souple, donc ; original, c'est un euphémisme ; et brillant. Élève médiocre car hors système, il devint un extraordinaire touche-à-tout : joueur de tennis, musicien et écrivain, mais aussi danseur, réalisateur, peintre et philosophe. Sous sa barbe épaisse et sa longue chevelure, Ulrich avait des airs de prophète. Il s'intéressa d'ailleurs beaucoup à la religion et à la spiritualité, au point de faire des retraites au Karma Triyana Dharmachakra, un monastère bouddhiste tibétain à Woodstock, dans les années soixante-dix. Là-bas, Ulrich se levait à quatre heures du matin, s'asseyait, méditait et priait toute la journée.

Paradoxalement, Torben Ulrich joua certainement le meilleur tennis de sa vie la quarantaine passée. Quatre-vingt-seizième mondial en 1973, à quarante-cinq ans, il devint le meilleur senior sur un circuit parallèle, le Almaden Grand Masters, qui rassemblait les anciennes gloires du jeu : Sven Davidson, Jaroslav Drobny, Pancho Gonzales, Frank Parker, Gardnar Mulloy, Frank Sedgman, Pancho Segura, Vic Seixa… Ulrich battait tous les champions des années trente, quarante et cinquante. « Peut-être qu'on peut être sportif toute sa vie sans faiblir », s'interrogea-t-il. « On le voit en musique. Un pianiste de vingt-cinq ans a des doigts très rapides. Et il y a Rubinstein, qui a quatre-vingt sept ans et qui peut toujours bouger ses doigts. Peut-être qu'ils sont un peu plus lents mais assez rapides pour remplir leur rôle. Peut-être qu'il doit davantage s'échauffer, mais il peut toujours jouer du Chopin ou du Mozart. » Un journaliste lui demanda combien de temps encore il comptait jouer. Réponse « ulrichienne » : « Oh, je ne sais pas, peut-être encore deux cents ans. »

LA MEILLEURE DÉCISION DE LEUR VIE

Une décision en apparence anodine leur a sauvé la vie. En choisissant à la dernière minute de ne pas monter dans un avion, Mats Wilander et Marc Rosset ont tour à tour échappé à la mort.

Fin 1988, le premier envisageait de se rendre aux États-Unis pour se faire opérer d'un genou avant l'Open d'Australie. Mais, à l'approche de Noël, le numéro un mondial hésita puis renonça. Le choc fut immense quand, le 21 décembre, il apprit que le vol Pan Am 103 dans lequel il devait monter avait explosé au-dessus de la ville de Lockerbie, en Écosse. L'attentat terroriste, attribué à la Libye, ne vit aucun survivant.

Dix ans plus tard, Rosset vécut une histoire similaire et tout aussi terrifiante. Après sa défaite au premier tour de l'US Open face à Dominik Hrbaty (7-6, 7-6, 7-5), le Suisse réserva un siège sur un vol de la compagnie Swissair pour rentrer au pays. Au dernier moment, le champion olympique 1992 décida finalement de prolonger son séjour new-yorkais pour continuer à s'entraîner à Flushing Meadows. Le vol 111 New York-Genève qu'il devait prendre s'écrasa dans l'océan Atlantique, au sud-ouest d'Halifax, au Canada, tuant les deux cent vingt-neuf passagers. « Je crois au destin. Ce n'était pas mon moment », dira Rosset à la presse suisse.

HORS NORMES

TITRES FANTÔMES

Le tournoi de Kitzbühel, en Autriche, se déroule chaque été sur terre battue depuis sa création en 1958. Pourtant, le palmarès des éditions 1971 et 1973 est vierge. La compétition ne fut pas annulée ces années-là, mais les finales n'eurent pas lieu ou n'allèrent pas au bout.

En 1971 d'abord, le prometteur Espagnol de vingt-deux ans Manuel Orantes affrontait l'Américain Clark Graebner, finaliste de l'US Open quatre ans plus tôt. Orantes mena rapidement deux manches à zéro avant que Graebner ne recolle à l'issue de deux tie-breaks. Le cinquième set était très accroché jusqu'à ce qu'à 4-4, l'arbitre ne décide d'interrompre la partie : le soleil s'était couché et il faisait désormais trop sombre pour continuer. Problème : les deux joueurs devaient partir dès le lendemain aux États-Unis pour démarrer leur tournée nord-américaine sur dur à Columbus. Impossible, donc, de disputer la fin de la partie, qui n'eut jamais de vainqueur. Le pire, c'est qu'Orantes déclara finalement forfait pour son premier tour dans l'Ohio, alors que Graebner, après avoir lui-même bénéficié d'un forfait, s'inclina dès le tour suivant face à son compatriote Jim Osborne (7-6, 6-4)…

Bis repetita deux ans plus tard avec, à nouveau, Manuel Orantes en finale, cette fois contre le Mexicain Raúl Ramírez. Mais la rencontre ne put jamais débuter : la pluie tomba sans interruption sur Kitzbühel toute la journée. Une fois de plus, les deux joueurs ne pouvaient pas rester sur place le lendemain : ils devaient jouer à Louisville, aux USA. Ramírez y fut éliminé d'entrée par l'Américain Frank Froehling (6-3, 6-0), mais Orantes remporta le tournoi en dominant notamment l'Américain Vitas Gerulaitis (6-2, 6-2) et l'Australien John Newcombe (3-6, 6-3, 6-4) en demie et en finale.

À PILE OU FACE

Aujourd'hui, le pile ou face permet de déterminer quel joueur va servir en premier pour commencer un match. Il y a cent seize ans, il décida de l'issue d'une rencontre. C'était à Wimbledon, en 1904. À l'époque, et jusqu'en

1922, les vainqueurs de l'édition précédente du majeur britannique, en simple comme en double, étaient directement qualifiés pour la finale, le « Challenge Round ». Tous les autres devaient s'affronter dans le « All Corners » dont le gagnant pouvait défier le tenant du titre. Au début du XXe siècle, notamment en Angleterre, le double revêtait une importance toute particulière. Alors, quand les British Frank Riseley et Sydney Smith se retrouvèrent face-à-face en demi-finale du All Corners, ils prièrent pour une victoire rapide de l'un ou de l'autre afin de ne pas s'épuiser à la veille de disputer ensemble la finale du double. Mais ça ne se passa pas comme espéré : de niveau très proche et se connaissant par cœur, ils s'embarquèrent dans un marathon : 7-5, 5-7, 8-6, 5-7, cinquième set décisif. Mais les deux joueurs refusèrent d'aller plus loin et décidèrent de jouer leur place en finale sur un lancer de pièce. Il porta chance à Riseley, qui écrasa Major Ritchie (6-0, 6-1, 6-2) en finale du All Corners avant de perdre le Challenge Round contre le tenant du titre, Laurence Doherty (6-1, 7-5, 8-6). En double, Riseley et Smith remportèrent également la finale du All Corners face à la paire Caridia-Gore (6-3, 6-4, 6-3) mais furent impuissants contre les frères Doherty, Laurence et Reginald, lors du Challenge Round (6-1, 6-2, 6-4).

MATCH NUL

Le premier tour totalement dingue entre John Isner et Nicolas Mahut à Wimbledon 2010, finalement remporté par l'Américain 70-68 au cinquième set après onze heures et cinq minutes de jeu, aurait pu ne pas être le match le plus long de l'histoire. Cinquante-cinq ans plus tôt, à une époque où les rencontres se disputaient en trois sets gagnants (pas seulement en Grand Chelem) et où le tie-break n'existait pas (deux jeux d'écart obligatoires dans chaque set, même au-delà de 7-5), un duel était bien parti pour battre tous les records de longévité.

C'était à Lyon, le 20 février 1955, à l'occasion de la Coupe Cozon. La finale opposait Budge Patty, vainqueur de Roland-Garros et Wimbledon en 1950, à Jaroslav Drobny, deux fois titré à Paris (1951, 1952) et tenant du titre à Wimbledon (1954). L'Américain et le Tchécoslovaque, naturalisé égyptien en 1950 après avoir fui son pays d'origine, étaient tous les deux d'excellents serveurs-volleyeurs. Or, au début de l'année, la règle des fautes de pied avait été modifiée : il était désormais possible de mordre la ligne dès l'instant où la balle avait quitté la raquette au service. Ce changement avantageait les attaquants, qui n'en avaient pas vraiment besoin ce jour-là, sur un parquet ultra rapide, une surface qui n'existe plus aujourd'hui et sur laquelle relancer des services puissants et précis était mission quasi impossible. Patty et Drobny s'y cassèrent les dents de longues heures sur leurs jeux de retour… « On n'a jamais pu régler nos retours, expliqua plus tard Patty. On remportait la plupart de nos jeux de service blancs. Ça aurait pu durer indéfiniment… »

Surtout que les deux finalistes se connaissaient bien. Leur duel marqua les années cinquante durant lesquelles ils s'affrontèrent à douze reprises dans des finales souvent très disputées, sans oublier six rencontres en Grand Chelem, dont cinq s'achevèrent au cinquième set. En 1953, par exemple, Drobny était venu à bout de Patty au troisième tour de Wimbledon au terme d'un interminable bras de fer (8-6 16-18, 3-6, 8-6, 12-10). Alors, sur le court en bois de Lyon, devant quelque deux mille spectateurs, chaque manche dura une éternité, jusqu'à ce que l'un des deux finisse par craquer sur son engagement. Drobny remporta le premier set 21-19, Patty le deuxième 10-8. Mais les deux joueurs ne parvinrent pas à se départager dans la troisième manche. À 10-10, la partie fut interrompue quelques minutes pour actionner l'éclairage de la salle. Drobny en profita pour s'allonger sur le court alors que Patty s'affalait sur le siège d'un juge de ligne. L'un comme l'autre étaient usés par ce match à rallonge dont ils ne voyaient pas le bout. Ils envisagèrent une première fois d'en rester là, puis une seconde quelques minutes plus tard. Ils continuèrent finalement pendant encore une heure, jusqu'à ce qu'à 21-21, ils ne se résolvent à se serrer la main et à se séparer sur un match nul. Au bout de quatre heures trente-cinq et de cent jeux disputés, ils reçurent une ovation d'une dizaine de minutes. Une certaine Madame Frachon avait été désignée pour remettre le trophée au vainqueur. Sur le podium, elle ne sut pas à qui tendre la coupe, qui resta dans ses bras, alors que les deux joueurs qui l'entouraient arboraient un grand sourire. Patty et Drobny se retrouvèrent d'ailleurs dès la semaine suivante, une fois de plus en finale, à San Remo en Italie. Cette fois, pas de match nul : l'Égyptien s'imposa en quatre sets (5-7, 6-2, 13-11, 6-2).

HEUREUX PERDANT

Le duel entre Budge Patty et Jaroslav Drobny n'est pas le seul match nul de l'histoire. Dix-huit ans plus tard, Roland-Garros fut le théâtre d'un autre bras de fer resté sans vainqueur. C'était le 22 mai 1973, jour du dernier tour de qualifications pour le tableau principal du majeur parisien. Il pleuvait dru sur la capitale, mais il fallait absolument terminer toutes les rencontres car le premier tour démarrait dès le lendemain. Entre deux averses, Denis Naegelen et Nikos Kelaidis s'affrontèrent sur un Central aux trois-quarts vide. Le Français menait 6-2, 3-6, 4-0 quand la pluie se remit à tomber. Son adversaire grec demanda alors à ce que la partie soit interrompue. Naegelen, à deux jeux de la victoire, refusa. Il voulait finir en vitesse et éviter un report au lendemain. Mais Kelaidis revint à 4-4 ! La pluie redoubla d'intensité et obligea le juge-arbitre Jacques Dorfmann à renvoyer tout le monde au vestiaire.

Les heures défilèrent et, pour passer le temps, il fut décidé d'effectuer le tirage au sort du *lucky loser*. En effet, un joueur du tableau principal avait déclaré forfait au dernier moment et l'un des battus du dernier tour de qualification allait le remplacer. Sauf que ça tomba sur le perdant du match entre Naegelen et Kelaidis et provoqua une situation absurde : avant même de finir la rencontre, les deux joueurs savaient qu'ils étaient déjà qualifiés ! Il fut donc décidé que le match ne reprendrait pas. 6-3, 2-6, 4-4, score final. Naegelen et Kelaidis furent moins chanceux le lendemain puisqu'ils s'inclinèrent d'entrée, respectivement face à l'Allemand Jürgen Fassbender (6-2, 1-6, 6-1) et au Chilien Jaime Fillol (6-2, 6-2).

ALERTE À LA BOMBE

Tout roulait pour Ivan Lendl. Le Tchécoslovaque était en train d'humilier son grand rival américain

Jimmy Connors, le 18 mars 1984, en finale du tournoi de Rotterdam. Face son ancien bourreau, qui avait remporté leurs huit premiers duels sans perdre le moindre set avant de perdre quatre des sept matchs suivants, Lendl survolait les débats. Le numéro deux mondial avait remporté les sept premiers jeux du match pour mener 6-0, 1-0, break en poche, quand, au changement de côté, une annonce passa au micro : « Sur ordre de la police, nous vous demandons de quitter la salle. Pas de panique. » Les joueurs filèrent au vestiaire sans demander leur reste, tout comme les officiels, les ramasseurs de balles et les spectateurs. Les tribunes se vidèrent dans le calme.

Quelques instants plus tôt, la police avait reçu un coup de fil pour le moins inquiétant : un homme se revendiquant d'un mouvement anticapitaliste lui avait affirmé qu'une bombe était cachée dans le stade, près du court central. La menace fut prise très au sérieux et l'évacuation immédiatement ordonnée. La salle fut inspectée de fond en comble mais pas la moindre trace de bombe : fausse alerte. Les quelque cinq mille spectateurs furent invités à reprendre leur place. Sauf qu'au bout de quelques minutes, une nouvelle annonce leur indiqua que la partie ne reprendrait pas. Paradoxalement, d'après le directeur du tournoi, Wim Buitendijk, Connors aurait été prêt à finir le match, le jour-même ou le lundi, mais pas Lendl, qui ne souhaitait pas prendre de risque et qui avait des obligations ailleurs le lendemain. Une version remise en cause des années plus tard par Peter Fleming, ancien partenaire de double de John McEnroe, selon qui Lendl était persuadé que le coup de téléphone venait du clan Connors, histoire d'éviter au numéro trois mondial une énorme raclée. Il y aura tout de même droit deux mois plus tard, en demi-finale du tournoi WCT de Forest Hills, à New York : 6-0, 6-0 pour Lendl, premier joueur de l'histoire à infliger un double « bagel » à un ancien numéro un mondial. Pour ce qui est du tournoi de Rotterdam, l'édition 1984 restera à jamais vierge de tout vainqueur.

CHAMPION DU ZÉRO POINTÉ

Appelez ça comme vous voulez, un tricycle, un triple « bagel » ou trois bulles… Qu'importe. Le 6-0, 6-0, 6-0 est une rareté dans le tennis. Depuis le début de l'ère Open (1968), on n'en dénombre que douze : six en Coupe Davis et six en Grand Chelem, dont un en qualifications. Trois Français sont concernés : Daniel Contet, balayé par le Yougoslave Nikola Spear au premier tour de Roland-Garros 1968 ; Thierry Tulasne, qui avait concassé le Japonais Shinichi Sakamoto en Coupe Davis en 1981 ; et Thierry

Champion, humilié par l'Espagnol Sergi Bruguera au deuxième tour de Roland-Garros 1993.

C'était un 27 mai, au lendemain du sacre de l'OM contre l'AC Milan en Coupe d'Europe. Cent soixante-douzième mondial, Champion n'était évidemment pas favori face au numéro onze du classement ATP, Sergi Bruguera, vainqueur à Monte-Carlo un mois plus tôt et véritable spécialiste de terre battue. Mais le Français avait déjà réussi quelques gros coups porte d'Auteuil, notamment un quart de finale en 1990 en étant issu des qualifications et une victoire contre Pete Sampras, certes vraiment pas à l'aise sur ocre mais tout de même sixième mondial, l'année suivante. Alors, pourquoi pas ? En tout cas, pas un instant, au moment de pénétrer sur le Central dégarni de Roland-Garros, il n'imaginait être corrigé comme la Japonaise Naoko Sawamatsu, battue 6-0, 6-0 par l'Espagnole Arantxa Sánchez lors du match précédent…

Mais très vite, Champion déchanta. Loin de sa ligne, il subissait tous les échanges et ne mettait pas un revers dans le court. 6-0 en quinze minuscules minutes, le score défilait. « Je n'avais qu'une envie, dès la fin du premier set ou le milieu du deuxième, c'était de sortir du court et de rentrer chez moi le plus rapidement possible », avoua-t-il après la partie. Devant ses amis et des membres de son club de tennis, il vécut un calvaire qui en rappelait un autre, au même endroit. En 1985, Catherine Tanvier avait elle aussi été humiliée devant son public, au troisième tour, par Martina Navrátilová (6-0, 6-0). En panique totale à l'idée de se mesurer à la numéro un mondiale sur le Central de Roland-Garros, la Française avait disputé toute la rencontre avec des boules Quies…

Champion, lui, n'avait rien dans les oreilles ni dans les jambes, de plus en plus tremblantes. Plus les spectateurs l'encourageaient et l'ovationnaient sur ses rares échanges remportés, plus il se laissait envahir par le stress. « J'avais l'impression que je ne pouvais plus frapper et que la balle pesait trois tonnes, expliqua-t-il. Pour les gens, j'étais un pantin, un clown, je n'étais plus un joueur de tennis, c'est terrible. »

En fin de troisième set, Bruguera sembla tout faire pour éviter à son adversaire l'humiliation d'un triple 6-0. L'Espagnol rata plusieurs coups faciles et Champion se procura successivement quatre balles de jeu. Mais rien à faire… « Il a essayé de me le donner, je n'ai même pas réussi à le gagner », souffla le joueur de vingt-six ans qui quitta le court en vitesse, tête basse. « J'ai envie de rentrer chez moi, de me cacher sous ma couette pendant un jour, deux jours, une semaine, je ne sais pas, on verra », glissa l'ancien quarante-quatrième mondial qui refusa d'utiliser sa blessure au coude droit, strappé toute la partie, pour expliquer cette punition : « On m'a dit que je devrais aller faire un bilan sanguin demain, mais ça n'a rien à voir… J'ai pris une grosse raclée, et puis la vie ne va pas s'arrêter pour autant. » Dix jours plus tard, Champion put se consoler en observant son bourreau remporter le titre après avoir tour à tour dominé Sampras, Andreï Medvedev et Jim Courier.

LECONTE SAUVÉ PAR UN « PAUVRE CON »

D'un coup, le central de Roland-Garros commença à se vider. Les spectateurs avaient compris, un brin fatalistes : Henri Leconte était dans un de ces jours « sans » qui caractérisa toute sa carrière, quinze ans de montagnes russes qui le virent monter très haut et tomber très bas d'une semaine à l'autre, et même d'un match ou d'un set à l'autre. Le 28 mai 1986, personne, pourtant, n'imaginait le Français vivre un après-midi difficile face au modeste Cássio Motta au troisième tour du majeur parisien. Le Brésilien de vingt-six ans, soixante-neuvième mondial, était un bon joueur de terre battue, mais davantage un spécialiste de double que de simple, où il n'avait encore jamais atteint une deuxième semaine de Grand Chelem. Pour tout dire, il semblait même lesté de quelques kilos superflus et ses déplacements ne respiraient pas la légèreté.

Bref, une formalité pour Leconte, qui fêtait sa deuxième semaine dans le top 10 et restait sur deux victoires autoritaires contre l'Espagnol David de Miguel et l'Israélien Amos Mansdorf aux tours précédents, quand son adversaire du jour venait de s'enfiler cinq sets face à Éric Winogradsky. Sauf qu'au bout d'un peu plus d'une heure de jeu, Leconte était mené 6-1, 6-3. Il commettait faute sur faute, montait au filet « en chaussettes » et se faisait transpercer à chaque fois. Endormi, comme les spectateurs, il tenta de se reprendre par tous les moyens, changea de tenue, de chaussures, de raquette, mais rien n'y fit. Excédé par son niveau de jeu, il ne regardait même plus vers son clan, en tribune des joueurs, où son entraîneur Patrice Dominguez essayait sans succès de capter son regard.

Au milieu du troisième set, le coach eut une idée : il décida de lui écrire un mot sur le premier bout de papier qu'il trouva, un carton d'invitation VIP pour le village de Roland-Garros. Il griffonna ces quelques phrases : « On est avec toi. On a confiance. Calme-toi. Prépare tes attaques plus soigneusement et surtout joue ton jeu au filet. On t'embrasse. » Restait à transmettre le mot à son poulain. Descendre au bord du court pour remettre un bout de papier à un joueur était évidemment interdit, mais Dominguez trouva la solution : il demanda à sa voisine, Béatrice Leeb, la femme de l'humoriste Michel Leeb, de donner le mot à un ramasseur de balles proche de Leconte. Enceinte, Béatrice Leeb put approcher le ramasseur sans que personne ne s'interpose. Le mot arriva finalement dans les mains de Leconte au changement de côté, à 6-5 pour Motta au troisième set. Le Français se leva de sa chaise et dirigea son regard vers son box. Dans un grand sourire, il lâcha : « Tu ne pouvais pas le dire plus tôt, pauvre con ! » Et la rencontre tourna. Leconte sauva deux balles de match dans le tie-break de la troisième manche avant de le remporter et d'aligner douze jeux de suite pour s'imposer en cinq sets (1-6, 3-6, 7-6, 6-0, 6-0). Il atteignit les demi-finales, éliminé par le Suédois Mikael Pernfors (2-6, 7-5, 7-6, 6-3).

UNE CLOPE AU CHANGEMENT DE CÔTÉ

Karsten Braasch tournait en rond. Issu des qualifications, il avait été éliminé dès le premier tour de l'Open d'Australie 1998, battu en quatre manches par l'Espagnol Alberto Berasategui, futur quart-de-finaliste (3-6, 6-3, 6-4, 6-3). Son aventure en double avec son compatriote Michael Kohlmann s'était elle aussi arrêtée d'entrée.

Alors, l'Allemand avait quelques jours à tuer avant de rentrer en Europe en avion. Il jouait au golf, s'entraînait un peu sur le site et traînait dans le salon des joueurs. Un jour, alors qu'il passait devant le bureau de l'ATP, il fut interpellé par l'un des responsables du circuit masculin. Les sœurs Williams, Venus et Serena, venaient de lui faire une demande bien particulière : elles voulaient se mesurer à un homme autour de la deux centième place mondiale.

Les prodiges américaines aux perles dans les cheveux n'étaient pas encore les patronnes qu'elles deviendraient rapidement, mais simplement deux adolescentes ultra précoces et sûres de leur fait, pour ne pas dire arrogantes. À Melbourne, elles avaient observé certains entraînements de garçons et n'avaient pas franchement été impressionnées. Battre le deux centième mondial leur semblait un défi à leur portée.

Ça tombait bien, Braasch, trente-huitième au classement ATP quatre saisons plus tôt, était redescendu à la deux cent troisième place mondiale et se dirigeait, à bientôt trente et un ans, vers une fin de carrière dans l'anonymat le plus total. D'ailleurs, il s'enfilait toujours un paquet de clopes par jour, ce qui explique peut-être pourquoi il n'a remporté qu'une seule rencontre en cinq sets en une quinzaine d'années sur le circuit… Toujours est-il qu'une sorte de remake de la « bataille des sexes », vingt-cinq ans après la célèbre victoire de Billie Jean King contre Bobby Riggs (6-4, 6-3, 6-3), le tenta immédiatement.

Restait à trouver un créneau. Facile pour l'Allemand, libre comme l'air, plus compliqué pour les Williams, prises par le simple, le double et les sollicitations médiatiques déjà nombreuses. Au deuxième tour du simple, Venus – dix-sept ans – domina (7-6, 6-1) Serena – seize ans – et atteignit les quarts de finale, où elle céda face à sa compatriote Lindsay Davenport (1-6, 7-5, 6-3). Les sœurs furent éliminées au troisième tour du double et l'exhibition put enfin avoir lieu.

Elle se disputa sur le court 17, au fond du Melbourne Park, devant quelques centaines de curieux tout au plus, sans caméra ni arbitre. À la bonne franquette, comme la préparation de Braasch : parcours de golf le matin, bières le midi et clopes sur le court. Lunettes de natation, barbe mal rasée et t-shirt dégoulinant, l'Allemand, sous son air nonchalant et sa dégaine d'ado attardé, prit un malin plaisir à humilier les deux impétueuses, d'abord la cadette – cinquante-troisième mondiale –, puis l'aînée – seizième. 6-1 contre la première, 6-2 face à la seconde, non sans un handicap – une seule balle au service – et quelques pauses cigarettes aux changements de côté.

Sur le circuit féminin, les Williams jouaient en cadence. Braasch ne cessa de casser le rythme par des slices, des amorties et surtout des frappes liftées au rebond très haut, un enfer pour les Américaines pas habituées à frapper des balles au-dessus de l'épaule, encore moins à voir revenir toutes les balles, même lorsqu'elles touchaient les lignes. « C'était très dur, je ne pensais pas que cela allait être aussi dur, avoua Serena Williams après le match. Je frappais des coups qui auraient été gagnants sur le circuit WTA, mais lui les rattrapait facilement. » « Je ne pense pas qu'elle puisse battre un joueur dans les cinq cents premiers, parce qu'aujourd'hui j'ai joué comme un mec classé six centième », glissa Braasch, un brin chambreur.

Dans la foulée, les Williams annoncèrent vouloir remettre ça, cette fois contre un joueur classé autour de la trois cent cinquantième place mondiale. La nouvelle fut rapportée à Braasch par un journaliste. L'Allemand se mit à rire : il savait qu'il allait perdre les points de son troisième tour de l'Open d'Australie 1997 et descendre d'environ cent cinquante places au classement dès la semaine suivante. « Si Venus et Serena sont prêtes à attendre une semaine, elles peuvent à nouveau me défier ! » Il n'y aura jamais de revanche. Quelques mois plus tard, à Roland-Garros, Braasch croisa Venus Williams qui lui lança : « Tu sais, ce truc en Australie… Ça n'est jamais arrivé ! » En 2010,

Serena Williams avouera, elle, n'avoir « aucune chance contre un top 100 masculin ».

LE SET D'OR

Peut-on faire plus humiliant ? Il faudrait le demander aux victimes. Ils sont une quinzaine dans l'histoire du jeu (et l'on ne parle pas là de votre pote classé 30/1), la majorité sur le circuit secondaire (Challengers et tournois Futures), à avoir subi l'affront de perdre un set sans inscrire le moindre point. 6-0, six jeux blancs, vingt-quatre points de suite pour l'adversaire, ça s'appelle un « golden set », ou set d'or. C'est encore plus rare dans les grandes compétitions : la Danoise Tine Scheuer-Larsen colla un terrible 6-0, 6-0 à la Botswanaise Mmaphala Letsatle en Fed Cup en 1995 ; la Kazakh Yaroslava Shvedova remporta le premier set de son troisième tour contre Sara Errani en quinze minutes sans perdre le moindre échange à Wimbledon en 2012 ; l'Allemand Julian Reister gagna les vingt-quatre derniers points de son match de qualifications contre son compatriote Tim Pütz à l'US Open en 2013.

Trente ans plus tôt, Bill Scanlon devenait le premier homme à inscrire un set d'or. C'était à Delray Beach, en Floride, au premier tour, le 22 février 1983. Sa victime ? Marcos Hocevar. Le Brésilien n'était pourtant pas le perdreau de l'année. Certes, il avait démarré sa saison 83 par trois défaites consécutives, mais le passage sur terre battue – sa surface de prédilection sur laquelle il avait atteint deux finales l'année précédente (perdues contre Guillermo Vilas et José Luis Clerc, rien que ça), à Kitzbühel et São Paulo – devait permettre au trente-neuvième mondial de se relancer. Au contraire, Scanlon, vingt-neuvième, l'enfonça.

Après un début de partie équilibrée, jusqu'à 3-2, il remporta trente-six des trente-huit points suivants, vingt-quatre de suite dans le deuxième set, pour s'imposer 6-2, 6-0. « On dirait que vous n'avez pas perdu le moindre point durant cette seconde manche », lui annonça l'arbitre au moment de le saluer. Concentré sur son jeu, Scanlon ne s'en était même pas rendu compte. Il récupéra le panneau du score, conservé depuis dans un coffre-fort, et garda précieusement la raquette utilisée ce jour-là. Celle avec laquelle il n'aurait jamais dû jouer.

Car juste avant le tournoi floridien, Wilson, avec qui il était en contrat, lui avait demandé d'abandonner sa raquette en bois pour passer au graphite, plus moderne. Le matin de son premier tour contre Hocevar, Scanlon s'échauffa donc avec son nouvel outil de travail. Une catastrophe : il ne mit pas une balle dans le court ! De l'autre côté du filet, un certain Rod Laver – son partenaire d'entraînement ce matin-là – ne comprenait pas : « Qu'est-ce qu'il t'arrive, Bill ? » Pris de panique, Scanlon quitta le terrain, monta dans sa voiture, rentra à l'hôtel et reprit ses bonnes vieilles raquettes en bois. Il débarqua sur le court pour son match sans s'être échauffé avec, ce qui ne l'empêcha pas de réussir l'une des performances les plus marquantes de sa carrière.

LE CIRQUE DE BÂLE

Pourquoi diable les tribunes du Palais des sports de Bâle étaient-elles pleines pour un deuxième tour entre le quarante-cinquième et le six cent soixante-dix-neuvième mondial, le 27 septembre 1990 ? Parce qu'ils s'appelaient Yannick Noah et Mansour Bahrami, deux joueurs et amis bien connus pour leurs facéties sur le court. Le premier – trente ans – n'était plus l'immense athlète qu'il avait été en 1983 lors de son sacre à Roland-Garros ou en 1986 lorsqu'il atteignit la troisième place mondiale. Le second – bénéficiaire d'une invitation à trente-quatre ans – allait bientôt arrêter le simple pour se consacrer au double et, assez vite, aux exhibitions. Il en donna un premier aperçu ce soir-là. Le contexte ne s'y prêtait pourtant pas : le tournoi en salle de Bâle était on ne peut plus sérieux et relevé, avec la présence de joueurs de renom comme Andrés Gómez, Goran Ivanišević, John McEnroe, Jim

Courier, Jimmy Connors et Petr Korda. Bahrami avait créé une petite sensation au premier tour en dominant (6-1, 5-7, 7-6) le géant suisse Marc Rosset – trente-troisième mondial – et s'était offert un duel avec son grand pote Noah.

Avant la partie, programmée en nocturne, les deux joueurs décidèrent d'entrer sur le court déguisés : une énorme moustache pour le Français, une perruque rasta pour l'Iranien. Sous les regards stupéfait de l'arbitre et amusé du public, ils s'échauffèrent avec leur improbable accoutrement. Début du grand n'importe quoi. Le match démarra tout de même sérieusement. À la surprise générale, Bahrami fut le premier à breaker et prit rapidement les devants. Mais, au milieu du premier set, il ressentit une douleur au niveau du fessier. Sa blessure, musculaire, l'empêchait de courir. Il joua le point suivant en marchant, céda son engagement et fit appel au kiné Bill Morris. Après un rapide examen, le verdict tomba : Bahrami devait abandonner. Noah, qui avait suivi la discussion entre le joueur et le kiné, s'approcha pour serrer la main de Bahrami, qui la refusa et lui lança : « Je n'abandonne jamais. Il faut qu'on aille jusqu'au bout pour le public. »

L'issue de la partie ne faisait plus le moindre doute (score final 6-3, 6-3 pour Noah), mais les deux clowns décidèrent de s'amuser. Le deuxième tour du tournoi professionnel de

Bâle se transforma alors en véritable exhibition. Bahrami utilisa une poêle pour lancer la balle au service puis fit descendre une personne des tribunes pour échanger quelques balles. Rapidement, le bruit circula en coulisses qu'il se passait quelque chose d'incroyable sur le court et de nombreux joueurs se rassemblèrent au premier rang pour assister au spectacle. Parmi eux, McEnroe, Ivanišević et Korda, morts de rire. Le seul qui riait jaune, c'est l'arbitre, à qui la situation avait totalement échappé. Paraît-il qu'il aurait même mis un terme à sa carrière dans la foulée de ce match… La rencontre s'acheva par un point disputé avec une balle… miniature, une balle porte-clés ! Dans la foulée, plusieurs joueurs s'invitèrent à la conférence de presse des deux farceurs. Histoire de profiter du show jusqu'au bout.

QUAND LE TENNIS TUE

Stefan Edberg est le seul joueur de l'histoire à avoir réussi le Grand Chelem chez les juniors, c'est-à-dire remporter les quatre majeurs (Open d'Australie, Roland-Garros, Wimbledon et l'US Open) la même année. C'était en 1983. Mais le Suédois garda un goût très amer de cette performance hors norme, marquée par un effroyable drame. Le 10 septembre, le joueur de dix-sept ans affrontait Patrick McEnroe, petit frère de John, en demi-finale de l'US Open juniors. L'Américain avait égalisé à une manche partout et Edberg était au service dans le troisième set. Il frappa un ace. Après le rebond, la balle se dirigea droit vers l'un des juges de ligne, Richard Wertheim, qui essaya de l'éviter mais la reçut dans l'aine. Déséquilibré par son mouvement réflexe autant que par le choc, l'homme de soixante et un ans tomba de sa chaise et se cogna violemment la tête contre le bitume. Inconscient, il fut immédiatement pris en charge par les médecins et transporté à l'hôpital de Flushing, sous le regard livide d'Edberg, resté de longues minutes la tête dans sa serviette pour cacher ses larmes.

Le match finit par reprendre et, malgré l'émotion, Edberg s'imposa face à McEnroe (6-4, 3-6, 7-6) avant de dominer l'Australien Simon Youl en finale (6-2, 6-4). Mais, quelques jours plus tard, le 15 septembre, Richard Wertheim, victime d'une hémorragie cérébrale, mourut. La famille du défunt poursuivit en justice l'USTA, la fédération américaine de tennis, et réclama plus de deux millions de dollars de dommages et intérêts. L'USTA fut condamnée à verser cent soixante-cinq mille dollars, mais la Cour suprême de New York annula cette décision, jugeant que la balle frappée par Edberg n'était pas la cause directe de la mort de Wertheim. Le Suédois, lui, mit beaucoup de temps à s'en remettre. Il envisagea plusieurs fois d'arrêter net sa carrière, avant de finalement devenir l'un des grands noms de ce jeu, numéro un mondial et vainqueur de six Grands Chelems.

LE MATCH DU SIÈCLE

Il y avait là, au milieu d'une foule compacte, Gustave V – roi de Suède –, Manuel II – ancien roi du Portugal –, Georges – prince de Grèce –, Michel Alexandrovitch – grand-duc de Russie –, les ducs de Westminster et de Connaught, le baron de Graffenried ainsi que le rajah de Pudakota. Jamais un match de tennis n'avait attiré un tel gratin. Malgré leur statut, toutes ces personnalités étaient entassées dans les tribunes du court principal du Carlton de Cannes, trop bondées pour leur réserver un espace « royal ». Les nombreux journalistes présents, dont plusieurs venus des États-Unis, n'avaient d'autre choix que d'écrire sur leurs genoux. Aucun des trois à quatre mille sièges n'était resté inoccupé à l'ouverture des portes. Tous les billets avaient été écoulés en quelques heures à peine. Certains avaient même été revendus sur le marché noir jusqu'à mille deux cents francs, plus de vingt fois le prix d'une finale de Wimbledon à l'époque. Des centaines de personnes, non munies de tickets, étaient rassemblées sur les toits des immeubles voisins alors que des gamins, cachés derrière des arbres qui entouraient le court, se faisaient virer par les gendarmes. Personne ne voulait manquer ce qui était déjà considéré comme le match du siècle.

Il allait opposer, le 16 février 1926, la « divine Suzanne » à la « reine Helen ». Lenglen contre Wills, la meilleure joueuse du monde et première grande star féminine du jeu face à l'étoile montante. La Française de vingt-six ans contre l'Américaine de vingt ans. Des années que ce duel était espéré entre celle qui régnait sur Roland-Garros et Wimbledon et celle déjà sacrée à trois reprises aux US National Championships, ancêtre de l'US Open, et médaillée d'or un an et demi plus tôt aux Jeux olympiques de Paris en simple comme en double.

Certains du potentiel de l'affiche, le joueur suisse Charles Aeschlimann et l'ancien joueur néo-zélandais Francis Fisher se muèrent en promoteurs pour organiser l'événement sur la Côte d'Azur. Ils attirèrent la crème des arbitres, en tête desquels le commandant George Hillyard, ancien joueur britannique, directeur de Wimbledon et arbitre des finales femmes du majeur londonien. Les anciens joueurs George Simond et Clement Cazalet furent aussi recrutés, tout comme le champion de golf Cyril Tolley.

Après avoir convaincu ses parents, perplexes à l'idée de devoir aller si loin pour un simple match de tennis, Helen Wills traversa l'Atlantique accompagnée par sa mère. À son arrivée dans le sud de la France, elle fut accueillie par un parterre de journalistes, parmi lesquels le célèbre éditorialiste, dessinateur et humoriste américain James Thurber, qui écrivait alors pour le *Chicago Tribune*, ainsi qu'un romancier espagnol. Tous l'épièrent dans ses moindres déplacements, y compris ses sorties shopping. Le cirque se poursuivit jusqu'au jour du match. À onze heures, Lenglen laissa Wills pénétrer sur le court la première et la fit attendre quelques instants avant d'entrer en scène et d'offrir un baiser à la foule, presque entièrement acquise à sa cause. Bien que née à Paris, la Française était un peu l'enfant du pays. Depuis l'adolescence, elle passait ses hivers dans la région, à Nice, dans le quartier des Musiciens, où sa famille occupait un appartement juste en face du club de tennis.

Lenglen, son fameux bandeau en tulle couleur saumon et sa jupe à hauteur de genoux – presque une révolution à l'époque –, face à Wills et sa visière blanche, le duel pouvait démarrer. Le spectacle fut au rendez-vous. À la science du jeu de la Française, l'Américaine opposait sa puissance au service et en coup droit, ainsi que son endurance. Grâce à une technique inégalée, Lenglen trouvait des angles incroyables, mais Wills, inépuisable, ramenait toutes les balles. L'expérience de l'aînée fit la différence dans un premier set finalement remporté 6-3.

Avant l'entame de la deuxième manche, la Parisienne but quelques gorgées d'eau, à moins qu'il ne s'agisse de cognac, elle qui avait pris l'habitude, sur les conseils de son père et entraîneur, d'en avaler un peu pendant ses matchs, en particulier quand le stress la rattrapait. Ce fut peut-être le cas dans le deuxième set, très équilibré. Wills mena 4-3, break en poche, avant que Lenglen ne reprenne le dessus. À 6-5, la Française se procura deux balles de match. Sur la première, un coup droit long de ligne de Wills fut annoncé faute. Lenglen leva les bras au ciel et s'approcha du filet, où les deux joueuses se serrèrent la main. La gagnante agitait un bouquet de fleurs et la vaincue avait déjà enfilé un pull quand l'un des juges de ligne, Lord Hope, s'avança au milieu du court et affirma que la balle de Wills était bonne et que le « *Out* ! » entendu venait en réalité des tribunes. Le match n'était donc pas terminé. Perturbée, Lenglen fut rejointe à 6-6. Bien plus fatiguée que son adversaire, elle s'arracha pour conclure la partie (6-3, 8-6) en vitesse, en une heure. Entourée d'un mur de fleurs, elle reçut une immense et interminable ovation du public alors que Wills, restée seule plusieurs minutes, finit par quitter le court dans l'indifférence quasi générale.

Ce magnifique face-à-face en appelait d'autres, pensait-on alors, car Wills allait enfin jouer en Europe et disputer Roland-Garros ainsi que

Wimbledon, terrains de jeu favoris de Lenglen. Mais les deux championnes ne s'affrontèrent plus jamais. Car, quelques mois après ce match, il y eut le scandale de Wimbledon : la Française, agacée par un imbroglio sur son programme, refusa de jouer alors que la reine Mary était venue spécialement pour la voir. Prise en grippe par le public britannique, elle déclara forfait pour la suite du tournoi et mit fin à sa carrière amateur pour devenir professionnelle. Atteinte d'une leucémie foudroyante, elle mourut le 4 juillet 1938, à trente-neuf ans. Comme un symbole, moins d'une semaine plus tard, Helen Wills, devenue Helen Wills Moody après son premier mariage, remporta son huitième et dernier titre à Wimbledon, en surclassant sa compatriote Helen Jacobs (6-4, 6-0). Elle détiendra le record de victoires à Londres jusqu'à l'avènement de Martina Navrátilová quatre décennies plus tard.

BATTU À CAUSE DE… KIRK DOUGLAS

C'était la belle histoire de la fin d'année. Wojtek Fibak, quatorzième mondial, allait, ce 12 décembre 1976, remporter le Masters, tournoi des maîtres pourtant réservé aux huit meilleurs joueurs de la saison. Une cascade de forfaits, parmi lesquels ceux des numéros un, deux et trois mondiaux – Jimmy Connors, Björn Borg (finaliste de l'édition précédente) et Ilie Nastase (tenant du titre) –, avait permis au Polonais de vingt-quatre ans d'arracher le dernier ticket pour Houston. Il rentabilisa ce petit coup de pouce du destin : premier de son groupe, il domina l'Argentin Guillermo Vilas en demi-finale au bout d'un exceptionnel combat en cinq sets (6-2, 6-2, 5-7, 3-6, 8-6) et se qualifia pour la plus grande finale de sa carrière, où il retrouva « Manolo » Orantes, le même qu'il avait battu quelques jours plus tôt en poule (7-5, 7-6) et quelques mois auparavant à Bournemouth sur terre battue (6-2, 7-9, 6-2, 6-2). En confiance face à l'Espagnol, il prit rapidement le dessus jusqu'à mener 7-5, 2-6, 6-0, 4-1, double break. Celui qui n'avait jamais dépassé les huitièmes de finale en Grand Chelem n'était plus qu'à deux jeux du sacre.

Au changement de côté suivant, l'ancien joueur américain Vic Braden, micro en main et accompagné par un cameraman, se balada dans la tribune VIP pour poser quelques questions à certaines célébrités présentes dans le stade. Il tomba sur Kirk Douglas. Grand fan de tennis, l'acteur américain ne prit pas un grand risque en donnant son pronostic sur l'issue de la partie : « Fibak et Orantes sont deux gentlemen du sport, mais, au point où en est, je pense que le vainqueur sera Fibak. » Sa compagne,

Anne Buydens, s'empara alors du micro : « Attends ! Orantes n'a pas encore perdu. C'est un guerrier ! » L'interview, diffusée sur les deux écrans géants du stade, amusa les treize mille cinq cents spectateurs. Moins Fibak, qui perdit subitement sa concentration. Au lieu de ne penser qu'au jeu, il se rappela que le match était diffusé en direct dans soixante-deux pays, parmi lesquels la Pologne. Très attentif à l'image qu'il renvoyait dans son pays, il se laissa parasiter par des pensées négatives et passa complètement au travers du jeu suivant, perdu blanc sur son service. Il se reprit légèrement et servit pour le match à 5-4, mais commit trois erreurs en revers et céda à nouveau son engagement sur un lob d'Orantes. Dans la foulée, l'Espagnol survola le tie-break, remporté 7-1, pour égaliser à deux sets partout. Moins de trente minutes plus tard, il s'imposa après avoir remporté les dix derniers points de la rencontre (5-7, 6-2, 0-6, 7-6, 6-1).

En conférence de presse, Fibak reconnut avoir été rattrapé par la peur. Et à propos de l'interview des époux Douglas, il se contenta d'une phrase : « Cette interview, c'était certainement une bonne idée… pour le public. » Orantes, lui, sortit un peu plus encore de l'ombre de son illustre aîné, Manolo Santana, grâce à ce nouveau come-back dont il commençait à se faire une spécialité. Quinze mois plus tôt, il était revenu de l'enfer pour battre Vilas en demi-finale de l'US Open :

mené 6-4, 6-1, 2-6, 5-0 et 15-40 sur son service, il sauva cinq balles de match et s'imposa en cinq sets (4-6, 1-6, 6-2, 7-5, 6-4). Le lendemain, il expédia (6-4, 6-3, 6-3) le numéro un mondial, Connors, pour remporter son unique titre en Grand Chelem. Ce que ne réussira jamais Fibak, passé à côté du plus grand sacre de sa carrière.

MADAME COME-BACK

En avril 2019, à Sunderland, la Britannique Tara Moore – quatre cent soixante-dix-neuvième mondiale à l'époque – avait réussi l'exploit de sa carrière en dominant la Française Jessika Ponchet – deux cent unième – 0-6, 7-6, 6-3, après avoir été menée 6-0, 5-0, 30-40. Un smash let qui avait touché la ligne lui avait permis de sauver la balle de match avant de renverser la partie. Mais cette remontada n'est pas la plus célèbre sur le circuit féminin – l'Américaine Chanda Rubin, dix-neuf ans, avait battu (7-6, 4-6, 8-6) la numéro cinq mondiale, la Tchèque Jana Novotná, au troisième tour de Roland-Garros 1995 après avoir été menée 5-0, 0-40 dans le set décisif – ni la plus incroyable de l'histoire.

Trente-six ans avant Moore, Barbie Bramblett remontait le score historique de 6-0, 5-0, 0-40. C'était au deuxième tour des qualifications de l'US Open 1983. L'Américaine de dix-huit ans ne voyait pas le jour face à sa compatriote, la star universitaire Ann Hulbert. « Mais j'ai continué à essayer », expliqua-t-elle par la suite dans la presse américaine qui évoquait « le come-back du siècle ». Dos au mur, elle tenta un coup de poker en faisant ce qu'elle ne faisait jamais : lifter. Des ronds, des cloches, c'est-à-dire des balles longues et hautes qui obligent l'adversaire à jouer au-dessus de l'épaule. La tactique fonctionna et une bonne dose de réussite, avec des balles accrochant les lignes, lui permit de sauver trois balles de match. Puis une quatrième, une cinquième, une sixième… Au total, elle sauva dix-huit balles de match jusqu'à 5-5 et finit par s'imposer 0-6, 7-5, 6-3. À sa sortie du court, elle croisa Brad Gilbert et lui raconta son exploit. Le joueur américain n'en revenait pas. Quelques minutes plus tard, la numéro un mondiale Martina Navrátilová l'interpella dans un ascenseur : « Hey, t'as pas vraiment fait ce que j'ai entendu que tu as fait aujourd'hui ? » Si, et elle ne s'arrêta pas là.

La joueuse de l'université de Houston remporta son troisième tour de qualifications et gagna son billet pour le tableau principal où elle affronta au premier tour une autre compatriote, Jean Hepner. Là encore, elle fit preuve d'une incroyable résilience. Menée 6-1, 4-2, elle s'accrocha et égalisa à une manche partout au terme d'un tie-break irréel et interminable – quasiment trente minutes. Imaginez : certains points dépassèrent quatre-vingt-dix échanges et durèrent plus de trois minutes ! Sous une chaleur étouffante, les deux joueuses étaient proches du malaise. Hepner écopa même de deux avertissements pour dépassement de temps entre les points. Un troisième eut été synonyme de disqualification… Au troisième set, Bramblett remonta à nouveau un break mais finit par céder au bout d'un marathon de trois heures quarante-neuf minutes (6-1, 6-7, 6-3).

Fin de l'histoire ? Toujours pas ! L'année suivante, lors des qualifications du tournoi américain de Nashville, Bramblett fit encore plus fort : elle sauva vingt balles de match pour renverser Kathy Holton qui menait 6-1, 5-0 avant de perdre treize jeux de suite (1-6, 7-5, 6-0). Vingt balles de match sauvées, c'est mieux que les dix-huit de l'Américain Wilmer Allison contre l'Italien Giorgio De Stefani en Coupe Davis 1930 et que les douze de l'Américain John Isner contre l'Allemand Tommy Haas à Roland-Garros 2013. Allison comme Isner avaient fini par perdre. Pas Bramblett, qui mit un terme à sa carrière dès 1985, à vingt et un ans, sans avoir jamais gagné le moindre match en tableau principal de Grand Chelem ni dépassé le soixantième rang mondial. Ça ne l'empêcha pas de marquer l'histoire du jeu à sa manière.

Ses yeux s'emplirent immédiatement de larmes. La bulle dans laquelle il avait enfoui ses émotions venait d'exploser. Il avait suffi d'une phrase, celle d'un spectateur en tribunes, pour que Pete Sampras craque complètement.

Il était minuit passé, le 24 janvier 1995. L'Américain avait remonté un handicap de deux sets face à son compatriote Jim Courier, en quart de finale de l'Open d'Australie. Il était au service, à l'entame de la manche décisive, lorsqu'un fan l'interpella : « Gagne-le pour ton coach ! » Son entraîneur, Tim Gullikson, avait quitté Melbourne le matin même. Victime de plusieurs attaques inquiétantes en fin d'année précédente, l'ancien quinzième mondial, qui avait insisté pour accompagner son joueur en Australie, s'était effondré pendant un entraînement. Après avoir passé des examens dans un hôpital de Melbourne, il avait été rapatrié chez lui, à Chicago.

Très inquiet pour son mentor, avec lequel il travaillait depuis trois ans, Sampras fut submergé par l'émotion. Il essuya ses larmes dans son polo et réussit à terminer son jeu de service, mais, au changement de côté suivant, il sanglota de longues secondes dans sa serviette. Quelques minutes plus tard, ses yeux s'embuèrent à nouveau de larmes. Alors qu'en tribune sa compagne, Delaina, était inconsolable, le numéro un mondial dut s'y reprendre à plusieurs fois avant de pouvoir engager. De l'autre côté du filet, Courier remarqua la détresse de son adversaire et ami. « Ça va, Pete ? On peut finir demain, si tu veux », lui lança-t-il. Sa remarque provoqua quelques rires maladroits dans l'assistance, pas totalement consciente de la situation.

Au courage, malgré sa peine et ses ampoules au pied droit, Sampras poursuivit le match, qu'il remporta (6-7, 6-7, 6-3, 6-4, 6-3) finalement au terme d'un marathon de presque quatre heures. « Je sais que tu es mort, parce que, moi, putain, je suis raide mort ! », lui glissa Courier au filet, histoire de lui redonner un peu le sourire. « Ce refus de céder l'a porté jusqu'à l'une des plus émouvantes victoires du tennis de ces dix dernières années. Une de celles qui accouchent des champions de légende. Les hommes ne doivent pas pleurer, paraît-il. Rarement, pourtant, larmes plus belles exprimèrent l'humanité de ce sport trop souvent ravalé au rang de vendeur de soupe en boîte », écrivit le journaliste Philippe Bouin dans *L'Équipe* le lendemain.

Lorsque la conférence de presse de Sampras fut annoncée, les journalistes eurent la surprise de voir le directeur du tournoi, Paul McNamee, se présenter devant les micros. « Pete ne voulait pas venir à la conférence tant il a été éprouvé émotionnellement par les problèmes de santé de son coach. Il tient à vous faire savoir que ce qui lui est arrivé sur le court est directement lié à ça. Il a toutefois accepté de répondre à vos questions, mais il vous demande de ne pas lui parler d'autre chose que des aspects techniques de son match », expliqua-t-il avant de laisser place au joueur, tête basse, sans réaction ou presque lorsqu'il fut salué par les applaudissements de toute la salle. D'une voix pâteuse, il répondit mécaniquement aux questions avant de s'éclipser en vitesse, sans avoir levé les yeux une seule fois.

Sampras s'inclina (4-6, 6-1, 7-6, 6-4) ensuite en finale de l'Open d'Australie face à son éternel rival, le numéro deux mondial, Andre Agassi. Malheureusement, son entraîneur, Tim Gullikson, atteint d'une tumeur au cerveau inopérable, décéda moins d'un an et demi plus tard, en mai 1996.

L'ÉCHANGE LE PLUS LONG

Ils ne sont pas professionnels et ne le seront jamais, mais, à leur manière, Alexis Badard et Alexandre Richter marquèrent l'histoire du tennis. C'était le 17 août 2014. Âgés de treize et quatorze ans, les deux adolescents, classés 30, s'affrontaient lors d'un tournoi à Coutances, dans la Manche. Badard engagea pour lancer le premier point du deuxième jeu. Retour en cloche de Richter. Coup droit en cloche dans le carré de service de Badard. Coup droit en cloche dans le carré de service de Richter. Au même moment, sans s'être concertés, le Lyonnais et le Parisien avaient décidé de jouer « petit bras », de ne prendre aucun risque et d'attendre la faute de l'adversaire. Forcément, l'échange s'éternisa.

Au début, les rares observateurs s'amusèrent de la situation. Certains sortirent leur téléphone pour filmer la scène. Puis, les minutes défilèrent. Sur le court voisin, un match démarra et s'acheva pendant le point ! Plusieurs spectateurs se rendirent alors dans le bureau du juge-arbitre pour lui demander de stopper l'échange. En vain. Fatigué au point de voir flou, Richter commit finalement la faute, une balle dans le filet, après plus de mille cent coups frappés. Il s'était écoulé une heure et trente et une minutes depuis le service de Badard ! Involontairement, les deux joueurs venaient d'établir le nouveau record de l'échange le plus long, cinq minutes de plus que le précédent, établi à Marne-la-Vallée en 2010.

Après cet échange hors norme, qui provoqua des applaudissements dans le club-house, Badard et Richter se serrèrent la main et décidèrent d'un commun accord de ne plus faire de cloches et de jouer en attaquant. La rencontre dura tout de même trois heures et Richter s'imposa 6-1, 6-3. Badard ne perdit pas son sourire pour autant : il avait remporté le point le plus important de sa vie.

DUR, DUR D'ÊTRE ARBITRE

LE JOURNALISTE-ARBITRE

En 1970, Alain Deflassieux était jeune journaliste pour le magazine *Tennis de France*. Déjà bien introduit dans le milieu, il ne put qu'accepter le service demandé par Jacques Dorfmann en ce premier lundi de Roland-Garros. Il connaissait bien le juge-arbitre du Grand Chelem parisien pour l'avoir côtoyé lorsqu'il officiait au tournoi de La Châtaigneraie, compétition sur court couvert en région parisienne où Deflassieux jouait avant de devenir journaliste. Quand les deux hommes se croisèrent dans les allées du stade, à l'heure du déjeuner, devant la porte 13 du court central où était installé le bureau du juge-arbitre, Dorfmann l'interpella et lui avoua, dépité, qu'il n'avait plus le moindre arbitre sous la main alors qu'il devait au même moment lancer un match sur le court numéro 7. Il le supplia presque de se muer en juge de chaise le temps d'une rencontre, le premier tour entre le Tchèque Stefan Koudelka et l'Américain Dan O'Bryant.

Deflassieux accepta mais, gêné, il avoua immédiatement aux deux joueurs sur le chemin les amenant au terrain et dans un anglais pour le moins scolaire qu'il était totalement novice et pas à l'abri de commettre de grosses erreurs. Surtout qu'il devait officier sans le moindre juge de ligne ! Tout juste eut-il droit à un ramasseur de balles… Heureusement pour lui, Koudelka fit cavalier seul, 6-1, 6-1 en à peine une heure. Mais, au milieu du troisième set, Deflassieux annonça faute une balle du Tchèque, qui contesta sa décision. Le journaliste-arbitre commit alors l'erreur de descendre de sa chaise, ce qui est très courant aujourd'hui mais était totalement interdit à l'époque. Les deux joueurs ne lui en tinrent pas rigueur et lui sauvèrent la mise en désignant quasi simultanément la même trace alors qu'il s'apprêtait à en montrer une autre. Koudelka s'imposa finalement en trois manches (6-1, 6-1, 6-2) et Deflassieux reprit son costume de journaliste. Il n'arbitra plus le moindre match sur le circuit professionnel.

GIN PEU TONIC

Jeu, set et match. C'est en tout cas ce que pensait Abe Segal quand la balle de Clark

Graebner atterrit dans le couloir, à vingt ou trente bons centimètres de la ligne. Le Sud-Africain s'approcha du filet pour serrer la main de son adversaire, vaincu, au premier tour de Wimbledon, le 22 juin 1964. Mais l'Américain ne bougea pas : « Tu vas où, Abe ? Personne n'a dit "*Out* !". La règle est claire. Si personne ne dit "*Out* !", le jeu continue. » Segal réalisa qu'en effet, la balle n'avait pas été annoncée faute. Il se retourna vers la juge de ligne. Bras et jambes croisés, tête penchée sur le côté droit, Dorothy Cavis-Brown dormait paisiblement sur son siège. L'arbitre de chaise, visiblement pas très attentif non plus, demanda à l'un des ramasseurs de balles de la réveiller, sans succès. Segal s'approcha. L'espace d'un instant, il craignit qu'elle ne soit morte ! Mais non, il tapota sur son épaule et ses yeux s'ouvrirent derrière ses lunettes rondes. « Hey, Madame, ça vous dirait d'annoncer "*Out* !" ? », l'interpella Segal, provoquant de nombreux rires dans le public. Cavis-Brown se raidit soudainement, tendit ses bras et cria « *Out* ! ». Trop tard. Le point fut rejoué, ce qui n'empêcha pas Segal de s'imposer quelques instants plus tard (6-2, 7-5, 6-2) puis d'atteindre les quarts de finale du majeur britannique, le meilleur résultat de sa carrière en Grand Chelem, seulement battu par la tête de série numéro deux et tenant du titre, l'Américain Chuck McKinley (6-3, 6-3, 4-6, 6-4).

« Je savais que mon jeu était ennuyeux, mais quand même pas à ce point ! », s'amusa Segal en conférence de presse. L'incident, largement relayé par les médias, qui publièrent les photos de Dorothy Cavis-Brown endormie et du ramasseur tentant de la réveiller, provoqua son lot de moqueries mais ne fit pas rire les organisateurs du tournoi londonien. La juge de ligne, qui jouissait jusque-là d'une excellente réputation en Angleterre, n'arbitra plus le moindre match de la quinzaine puis fut bannie de Wimbledon. « J'ai commencé à être un peu étourdie et somnolente. J'étais simplement très fatiguée. J'avais eu des journées épuisantes récemment, beaucoup de travail », justifia celle qui habitait une maison non loin de là, dans le quartier de Chelsea.

Des rumeurs évoquèrent un déjeuner alcoolisé pour expliquer son coup de pompe. La tradition voulait que, le premier jour du tournoi, les arbitres et les juges de ligne organisent un cocktail pour lancer la quinzaine avant les premiers matchs, qui commençaient en début d'après-midi. Cavis-Brown aurait légèrement forcé sur le gin…

SIESTE IMPROVISÉE

Sans doute serait-ce passé inaperçu quelques années plus tôt, avant que ne débarquent sur les courts les caméras de télévision. En 1979, TF1 diffusait la finale de Roland-Garros en direct. Elle opposait le Suédois Björn Borg, déjà titré à trois reprises porte d'Auteuil, à un invité surprise, le Paraguayen Victor Pecci, qui s'était payé le scalp des têtes de série numéros deux et trois aux tours précédents, l'Américain Jimmy Connors (7-5, 6-4, 5-7, 6-3) et l'Argentin Guillermo Vilas (6-0, 6-2, 7-5).

La retransmission démarra avec l'entrée des joueurs sur le Central puis leur échauffement. C'est pendant celui-ci qu'un certain Émile, haut magistrat dans la vie, juge de ligne pendant Roland-Garros, fut surpris, bras croisés et tête penchée vers le sol, en train de piquer un roupillon. Problème, il était assis juste derrière Pecci, au fond du court, dans l'axe de la caméra qui filmait le vingt-neuvième mondial.

La scène interpella de nombreux téléspectateurs. Certains appelèrent même le standard de TF1 pour dénoncer le dormeur, à tel point que le journaliste Christian Quidet, qui commentait le match, dut intervenir à l'antenne quelques minutes plus tard : « Je voulais rassurer certains téléspectateurs qui ont été nombreux à appeler au stade Roland-Garros pour dire que le juge de ligne qui se trouve désormais derrière Borg paraissait dormir. Je les rassure. Personne ne dort ici ! » Certainement pas Borg qui s'imposa en quatre manches (6-3, 6-1, 6-7, 6-4) et remporta le quatrième de ses six titres à Roland-Garros.

LE CIRQUE DE ROME

Peut-être le match le plus mal arbitré de l'histoire. C'est en tout cas ce que plusieurs journalistes, présents en tribunes ce 7 mai 1963 à Rome, affirmèrent à l'époque. Parmi eux, le Britannique David Gray, qui évoqua dans *The Guardian* un « cirque romain ». Tony Pickard n'aurait pas dit le contraire. Le joueur britannique était en passe de remporter en quatre sets son deuxième tour à l'Open d'Italie. Il avait une balle de match en sa faveur quand le Néo-Zélandais Ian Crookenden balança un service dehors d'une vingtaine de centimètres. Pourtant, aucune annonce. L'arbitre de chaise regarda vers son juge de ligne, mais celui-ci avait quitté son poste pour… acheter une glace à un stand situé juste derrière les barrières ! Ace accordé à Crookenden, qui finit par s'imposer en cinq manches. Conclusion injuste d'une rencontre grotesque de bout en bout durant laquelle les joueurs s'agacèrent à plusieurs reprises des discussions entre les juges de ligne et des spectateurs pendant les points. Crookenden fut obligé d'arbitrer lui-même certaines balles limites car le juge de ligne le plus proche n'était pas concentré sur la partie…

Alors que les ramasseurs de balles n'hésitaient pas à courir sur le court en plein échange, le match fut régulièrement interrompu par un employé du stade qui n'attendait pas les changements de côté pour remplir le frigo situé à côté des bancs des joueurs. À la fin du quatrième set, au milieu d'un jeu de service de Pickard, le responsable du tableau d'affichage du score demanda à l'arbitre de chaise une pause pour boire. Alors que le Britannique s'apprêtait à servir, un des juges de ligne traversa le court pour récupérer une bouteille et l'apporter à l'assoiffé. Pickard en resta bouche bée. Interrogé sur le sujet un peu plus tard, l'arbitre de chaise justifia simplement la situation : « Vous devez vous rappeler qu'il faisait très chaud… » Limpide.

LA RÈGLE, C'EST LA RÈGLE

Quelques semaines avant de débarquer aux qualifications de Roland-Garros, en 1977, l'arbitre André Vanderpol avait officié à Monte-Carlo. À Monaco, s'il y avait 6-6 au troisième set, la partie s'achevait par un tie-break. Mais ce n'était pas le cas en Grand Chelem, détail qui sortit totalement de l'esprit de Vanderpol : il annonça un jeu décisif lorsque Terry Rocavert et Lionel Santeïu arrivèrent à 6-6 dans la troisième manche porte d'Auteuil. Les deux joueurs protestèrent, persuadés à raison que les règles internationales prévoyaient deux jeux d'écart obligatoires pour conclure une partie en majeur, même en qualifications, mais l'arbitre de chaise n'en démordit pas. Rocavert remporta le tie-break et Vanderpol annonça la fin du match. Sauf que le juge-arbitre Jacques Dorfmann consultait toujours les feuilles de score des rencontres terminées. Évidemment, il se rendit immédiatement compte de l'erreur de son arbitre et dut retrouver les deux joueurs pour leur faire rejouer la fin du match. Il convertit les points du tie-break en points de jeux et pria pour que Rocavert gagne à nouveau, histoire d'éviter la polémique. Pour son plus grand bonheur, l'Australien s'imposa 9-7.

LE PASSE-DROIT DE MCENROE

En mai 1977, un jeune prodige gaucher fit parler de lui porte d'Auteuil. John McEnroe, dix-huit ans, s'extirpa des qualifications, remporta son premier tour dans le tableau principal de Roland-Garros en balayant l'Australien Alvin Gardiner (6-3, 6-4, 6-0), avant de céder face à un autre « Aussie », futur demi-finaliste du Grand Chelem parisien, Phil Dent, au terme d'un superbe combat en cinq sets (4-6, 6-2, 4-6, 6-3, 6-3). Sauf que l'Américain n'aurait jamais dû participer au tournoi. Les inscriptions étaient déjà closes quand Patrice Dominguez, joueur français âgé de vingt-sept ans, et Jean-Paul Loth, nouveau directeur technique national du tennis français, alertèrent Jacques Dorfmann sur le talent hors-norme d'un gamin au jeu ultra offensif. Le juge-arbitre décida alors d'antidater l'inscription de McEnroe pour lui permettre de disputer les qualifications de son tout premier Roland-Garros. Quelques jours plus tard, il remporta l'épreuve juniors ainsi que le double mixte au côté de sa compatriote Mary Carillo. Mais il ne s'imposa jamais en simple sur la terre battue parisienne, malgré une finale (perdue) en 1984, contre le Tchèque Ivan Lendl face auquel il menait pourtant deux sets à zéro avant de s'incliner (3-6, 2-6, 6-4, 7-5, 7-5).

PAS LE COMPAS DANS L'ŒIL

Quelque chose n'allait pas. Anne Kremer et Jennifer Hopkins le sentirent dès l'échauffement, avant leur premier tour sur la terre battue verte d'Amelia Island, en Floride, le 8 avril 2002. Balles dans le filet ou fautes en longueur, elles ne réussissaient pas un service ! Un jour sans, imaginèrent-elles au moment de démarrer la rencontre, qui confirma leurs difficultés : au total, elles commirent pas moins de vingt-neuf doubles fautes, seize pour Kremer, treize pour Hopkins. De plus en plus suspicieuses à mesure que la partie avançait, la Luxembourgeoise, vingt-neuvième mondiale, et l'Américaine, soixante-dixième, avaient demandé une première fois à l'arbitre de chaise de contrôler les dimensions du court, et plus particulièrement des carrés de service. « Tout est ok, continuez à jouer », leur avait répondu Ted Watts, non sans un certain mépris.

Mais, après la victoire de Kremer (5-7, 6-4, 6-2), Hopkins insista pour que Watts mesure le terrain. L'arbitre finit par céder et découvrit, mètre en main, que les dimensions n'étaient pas du tout les bonnes. Elles avaient en fait été inversées : il y avait cinq mètres cinquante entre le filet et la ligne du carré de service au lieu des six mètres quarante règlementaires, et six mètres quarante entre la ligne du carré de service et la ligne du fond au lieu de cinq mètres cinquante. De quoi perturber les serveuses…

Rouge de honte, Bert Evatt reconnut son erreur. « Je me suis planté. Pourtant, ça fait vingt-deux ans que je fais ça », souffla le responsable de l'entretien des courts à Amelia Island. Évidemment, Hopkins demanda à ce que le match soit rejoué, mais la WTA, après six heures de réflexion, refusa. « C'est bien que nous nous en soyons rendus compte dès le début de la semaine », se félicita presque le directeur du tournoi John Arrix, alors même que tous les matchs de qualifications s'étaient disputés sur ce même court les jours précédents.

TRAQUENARD À BUCAREST

Imaginez un juge de ligne se muer en soigneur pour aider un joueur à remporter un match. C'est l'un des nombreux scandales de la finale de Coupe Davis entre la Roumanie et les États-Unis, du 13 au 15 octobre 1972, à Bucarest sur terre battue. Privés du Challenge Round, aboli en début d'année et qui permettait au tenant du titre de ne disputer que la finale, qui plus est à domicile, les Américains, emmenés par leur leader Stan Smith, s'attendaient évidemment à une ambiance très hostile face aux héros locaux Ilie Nastase et Ion Tiriac, dans un contexte de tension Est-Ouest où les tout-puissants USA faisaient figure d'ennemi politique, culturel et économique à abattre.

Neale Fraser, capitaine d'une Australie battue deux mois plus tôt en demi-finale par cette même Roumanie, déjà à Bucarest, avait prévenu son homologue américain, Dennis Ralston : « Vous n'avez aucune chance de gagner parce qu'ils ne le permettront pas. Vous n'avez pas la moindre idée de ce qui vous attend. » Fraser se trompa sur l'issue de la rencontre, pas sur le traquenard préparé par les Roumains. « Un monument d'antisportivité », résuma à l'époque Édouard Seidler à la une de *L'Équipe*.

Tiriac en fut le véritable chef d'orchestre. À trente-trois ans, celui qui fêtait sa centième cape en Coupe Davis rêvait de soulever le Saladier d'argent et était prêt à tout pour y arriver, même tricher. Il toussait bruyamment lorsque ses adversaires s'apprêtaient à servir et utilisa le public – qui applaudissait de longues secondes quand il avait besoin de récupérer entre deux échanges –, mais aussi, et c'est là que ça devient grave, les juges de ligne. « La plus grande tricherie que j'ai jamais vue. Les juges de ligne obéissaient à Tiriac au doigt et à l'œil », raconta le juge-arbitre argentin Enrique Morea, qui avait glissé un petit conseil à Ralston en début de week-end : « Dites à vos joueurs de ne surtout pas viser les lignes. Parce que ça facilitera trop la tâche des arbitres. »

Bien vu. Le vendredi, après la victoire de Smith (11-9, 6-3, 6-2) contre le fantôme de Nastase, visiblement tétanisé par l'enjeu et fatigué par une tournée américaine prolongée après son titre à l'US Open, Tiriac, les spectateurs et les juges de ligne firent bouillir le cerveau du pauvre Tom Gorman. Battu en cinq manches après avoir mené deux sets à zéro (4-6, 2-6, 6-4, 6-3, 6-2), le numéro deux américain quitta le terrain en pleurs et lâcha ironiquement avoir soudainement trouvé « le court beaucoup plus petit ». Au début du match, Tiriac avait immédiatement mis la pression aux arbitres : sur une balle de Gorman jugée bonne, il était parti s'asseoir sur sa chaise et avait attendu que le point soit donné à rejouer. Ce qu'il avait fini par obtenir !

Mais le pire arriva le dimanche. Les États-Unis menaient 2-1 grâce à la victoire surprise, la veille, du double Smith-van Dillen face à la paire Tiriac-Nastase (6-2, 6-0, 6-3) et n'étaient plus qu'à un succès du titre. Dans la forme de sa vie sur terre, Smith avait les cartes en main. Pour Tiriac, le plan était clair : faire dégoupiller par tous les moyens possibles le si flegmatique Américain. Le sketch fut total. « C'est le pire arbitrage que j'ai jamais vu », lâcha Smith, qui commit plus de fautes de pied ce jour-là que dans tout le reste de sa carrière.

Dès le cinquième jeu du deuxième set, Morea dût intervenir pour remplacer un juge de ligne, coupable de trois erreurs grossières dans le même jeu, toutes en faveur de Tiriac. Plus tard, sur une première balle trop longue de Tiriac, Smith frappa un retour gagnant, mais l'arbitre jugea le service bon et le retour dehors. Il donna le point au Roumain et provoqua la fureur du clan américain, déjà à bout de nerfs après avoir assisté à une scène surréaliste : victime de crampes à une jambe, Tiriac fut massé par… un des juges de ligne ! Le kiné improvisé en profita pour encourager le Roumain à se battre jusqu'au bout, sous le regard effaré de son adversaire.

Malgré tous ses efforts, Tiriac céda en cinq sets (4-6, 6-2, 6-4, 2-6, 6-0). Smith, qui venait d'offrir aux États-Unis leur vingt-quatrième sacre en Coupe Davis, le cinquième consécutif, s'approcha du filet et glissa un mot à Tiriac après lui avoir serré la main : « Aujourd'hui, j'ai perdu beaucoup du respect que j'avais pour vous. » Le joueur roumain fut suspendu huit semaines pour l'ensemble d'une œuvre pas bien glorieuse.

LA LIGNE LEPS

Après avoir embrassé une brillante carrière militaire, notamment dans l'aviation pendant la Première Guerre mondiale, et été décoré de la Légion d'honneur, Jacques Leps, en parallèle de son activité à la société du carburateur Solex, prit ses quartiers à Roland-Garros où il fut juge de ligne pendant quarante-huit ans, de 1928 à 1976. Homme d'habitudes, il garda toujours la même place et la même chaise sur le Central, dos aux bâches. Il ne jugea donc qu'une seule ligne tout au long de sa carrière, celle sur le couloir extérieur à droite de l'arbitre de chaise. Cette ligne fut ainsi surnommée la ligne Leps.

Lors de chaque quinzaine porte d'Auteuil, l'Angevin prenait sa pause déjeuner à 12 h 15 précises et revenait à 13 h 30. Mais, pendant l'édition 1971, un dénommé Manescau, qui remplaçait Leps le midi, refusa de rendre sa place à son titulaire et provoqua une engueulade surréaliste entre les deux anciens, sous le regard des quinze mille spectateurs du Central. Jacques

Dorfmann fut appelé en urgence pour calmer les deux hommes, âgés de soixante-dix-neuf et soixante-dix-sept ans. Le juge-arbitre finit, non sans mal, par convaincre Manescau de laisser Leps reprendre sa place…

Leps fut contraint d'abandonner son poste en 1977 car l'ATP avait fixé l'âge limite des arbitres à soixante-dix ans. Il en avait quatre-vingt-quatre… Ça ne l'empêcha pas de continuer à jouer au tennis. Il prit des leçons avec un prof tous les dimanches sur un court couvert de l'avenue Mozart, dans le XVIe arrondissement de Paris, jusqu'à sa mort, le 18 décembre 1983, à l'âge de quatre-vingt-dix ans. C'était un dimanche. Il ne s'était pas rendu à son cours de tennis et avait été retrouvé sans vie sur le pas de sa porte, chaussures de tennis aux pieds. Prêt à jouer…

GIFLÉ PAR LA FEMME D'UN JOUEUR

Tout commença par un ace. Du moins, c'est ce que pensait Jeff Tarango. Son service de gaucher avait accroché la ligne et laissé son adversaire, Alexander Mronz, sans réaction. 30A ? Non, le juge de ligne cria « *Out* ! ». Une petite erreur à l'origine d'un énorme scandale dans le temple du tennis.

Le 1er juillet 1995, Tarango disputait pour la première fois un troisième tour à Wimbledon, où il avait perdu dès son entrée en lice lors de chacune de ses six précédentes apparitions à Londres. L'Américain de vingt-six ans, quarante-deuxième mondial trois ans plus tôt et redescendu depuis à la quatre-vingtième place ATP, n'était plus qu'à une victoire de s'offrir une deuxième semaine de Grand Chelem, performance qu'il n'avait jamais réussie. Face à l'Allemand Mronz, cent dix-septième mondial et plutôt en fin de carrière, l'occasion semblait parfaite. Mais, sur le court numéro 13 du All England Club, l'Américain se retrouva rapidement mené 7-6, 2-1 et 15-30 sur son engagement. Jusqu'à ce service, jugé faute à tort par le juge de ligne. L'arbitre de chaise annula la décision de son assistant, mais, au lieu de donner le point à Tarango, il le fit rejouer. Début du sketch.

L'arbitre en question n'était autre que Bruno Rebeuh. Tout sauf un détail : Tarango ne pouvait pas l'encadrer ! L'Américain était persuadé que le Français avantageait les joueurs dont il était proche. En 1993, au tournoi de Toulouse, deux jeunes femmes lui avaient rapporté des propos qu'aurait tenus Rebeuh : « Marc Rosset est un très bon ami depuis que je lui ai donné des matchs… » Une rumeur jamais vérifiée mais suffisante pour faire basculer Tarango dans la parano. L'année suivante, à Bercy, il demanda à Gilbert Ysern, alors juge-arbitre du tournoi parisien, à ne pas être arbitré par Rebeuh. On ignore s'il exigea la même chose à Wimbledon en 1995…

Du genre grande gueule et excessif, Tarango monta immédiatement dans les tours quand Rebeuh donna le point à rejouer plutôt que de lui accorder l'ace. Il se mit le public à dos et, après avoir commis une faute en revers pour se retrouver mené 15-40, il lâcha un « Fermez-la » aux spectateurs qui l'interpellaient. Rebeuh lui infligea logiquement un avertissement pour « obscénité audible ». La décision de trop pour Tarango, qui fit venir le superviseur, Stefan Fransson, et demanda à changer d'arbitre. Refus et énième craquage de l'Américain qui s'adressa à Rebeuh : « Vous êtes l'arbitre le plus corrompu de ce sport, vous ne pouvez pas faire ça ! » Rebeuh n'eut d'autre choix que de le sanctionner d'un point de pénalité, synonyme de break pour Mronz, qui menait désormais 7-6, 3-1. La partie n'alla pas plus loin.

« J'arrête ! », éructa Tarango, qui jeta deux balles, ramassa ses affaires et s'échappa du court en furie. Disqualification en simple ainsi qu'en double mixte. Pour la première fois de l'histoire de Wimbledon, un joueur quittait le court en pleine partie sans être blessé. Et le pire était à venir. Quelques minutes plus tard, Rebeuh se retrouva nez à nez avec Bénédicte Tarango. L'épouse française du joueur américain accusa le Cannois d'être injuste et le gifla violemment avant d'interrompre la conférence de presse de son mari pour confirmer la rumeur qui enflait : « Il méritait une leçon. Si Jeff l'avait giflé, il aurait été banni du circuit, donc je l'ai fait. Quelqu'un devait bien le défendre. » « Je suis content que tu l'aies fait sans même que je te le demande », lui répondit, pas peu fier, son époux, qui venait de répéter ses accusations de corruption en évoquant la supposée phrase de Rebeuh sur Rosset à Toulouse.

Si l'intervention de Madame Tarango en amusa certains dans le vestiaire – « Elle a du cran et doit beaucoup aimer son mari pour faire ça », glissa Steffi Graf –, l'attitude du joueur américain choqua jusqu'au volcanique John McEnroe *himself* : « Je ne peux pas croire qu'il ait fait ça à Wimbledon. Il risque d'être en vacances un bon moment. » « C'est la chose la plus stupide que j'ai jamais vue, balança Brad Gilbert, l'entraîneur d'Andre Agassi. Il est fini. Ils vont le suspendre un an. » Tarango, qui adressa une lettre d'excuses au comité du Grand Chelem six mois après les faits, écopa finalement d'une amende de vingt-huit mille deux cent cinquante-six dollars et fut exclu de Wimbledon pour l'édition 1996. Rebeuh, lui, fut lavé de tout soupçon de corruption et termina sa carrière sur une note bien plus positive, en 2001 : il reçut un superbe cadeau de la part de l'Américain Andre Agassi, douze bouteilles de Château Margaux 1982, envoyées depuis les États-Unis et accompagnées d'un petit mot du champion.

« JE M'APPELLE MCENROE »

Les saillies de John McEnroe envers les arbitres sont légendaires. Il y a son fameux « *You cannot be serious* ! » (Tu ne peux pas être sérieux !) à Wimbledon en 1981 et le violent « *Answer my question, the question, jerk* ! » (Réponds à ma question, la question, abruti !) à Stockholm en 1984. Mais le bouillant Américain n'avait pas attendu d'être l'un des tout meilleurs joueurs du monde pour s'écharper avec les officiels. En 1977, au premier tour des qualifications de Wimbledon contre le Français Christophe Roger-Vasselin, il n'apprécia guère que l'arbitre de chaise prononce mal son nom lors de la présentation des joueurs. Du haut de ses dix-huit ans et avec une impertinence déjà bien développée, il stoppa son échauffement pour l'interpeller : « Hey, je m'appelle McEnroe, je suis d'origine irlandaise, alors merci de ne pas écorcher mon nom. » Le début d'une belle histoire d'amour entre « Big Mac » et les arbitres.

DU CENTRAL DE ROLAND À LA DÉPRESSION

C'est un simple instant de déconcentration qu'il paya très cher. Perturbé par l'exultation des quinze mille spectateurs du central de Roland-Garros, André Vanderpol n'entendit pas son juge de ligne crier « Faute ! », pas plus qu'il ne le vit tendre les bras pour annoncer que le passing de revers de Dominique Bedel avait atterri dans le couloir pour quelques centimètres. Alors, l'arbitre de chaise appuya sur son boîtier pour valider le point, qui offrait au Français un avantage de deux sets à zéro – 7-5, 7-5 – contre Wojtek Fibak, au troisième tour du Grand Chelem parisien, le 2 juin 1979.

Sauf que le Polonais, lui, avait entendu l'annonce du juge de ligne et ne comptait pas se laisser faire. Persuadé d'avoir raison, Vanderpol ne voulut rien entendre jusqu'à ce que le quatorzième mondial fasse appeler Jacques Dorfmann sur le court. Le juge-arbitre discuta avec Vanderpol, mais aussi avec le juge de ligne en question, et comprit rapidement l'erreur de son arbitre, auquel il demanda de donner le point à Fibak. On passa ainsi de 7-5, 7-5 à 7-5, 6-5, 40A. Puis, dans la foulée, 7-5, 6-7 après un tie-break remporté par le Polonais.

Dès lors, la foule, qui appréciait particulièrement le jeune Bedel, vingt-deux ans et soixante-seizième mondial, prit à partie Vanderpol. La tête dans les chaussettes, pas remis de son erreur, il multiplia les mauvaises décisions. Dorfmann dut même revenir sur le court quelques minutes seulement après le premier incident pour trancher un nouveau litige. Rancuniers, les spectateurs ne lui offrirent aucun répit. À chaque échange, ils hurlèrent « Faute ! » pour le perturber davantage encore.

À l'issue de la partie, finalement remportée en quatre manches par Fibak (5-7, 7-6, 7-5, 6-2), Vanderpol disparut des radars. Plus personne, y compris sa famille, n'eut de nouvelles pendant deux mois. Un avis de recherche permit finalement de le retrouver dans les rues de Nice, totalement perdu. Victime d'une dépression sévère, l'homme de cinquante-huit ans fut hospitalisé. Il n'arbitra plus le moindre match de tennis.

REQUÊTES DE STARS

RENCONTRE DIVINE

C'est peut-être la rencontre la plus improbable de l'histoire du tennis. En 1980, en plein Roland-Garros, le pape Jean-Paul II, en visite en France, trouva un petit créneau dans son programme chargé pour s'entretenir avec Patti Connors, du côté de l'avenue Henri-Martin, dans le XVIe arrondissement de Paris. Épouse du joueur américain Jimmy Connors, la femme de vingt-huit ans était alors plus connue sous son nom de jeune fille : Patti McGuire, élue playmate de l'année 1977 dans le magazine de charme *Playboy*. Très croyante, elle avait insisté auprès de son compagnon pour rencontrer le souverain pontife après avoir appris qu'il serait à Paris pendant le majeur parisien.

Le numéro trois mondial joua de son statut de star du jeu pour demander un coup de main à la direction de Roland-Garros, qui se trouva bien embêtée face à cette improbable requête. Puis, les organisateurs eurent une brillante idée : utiliser Wojtek Fibak comme intermédiaire. Le dix-huitième mondial partageait un peu plus que la nationalité polonaise avec le pape : sans être des amis proches, les deux hommes se connaissaient bien. Ils avaient même joué au tennis ensemble ! Homme de réseaux, Fibak réussit son coup : la rencontre, longtemps restée secrète, put avoir lieu. Mais Jimmy Connors ne fut pas touché par la grâce pour autant : comme l'année précédente, il s'inclina en demi-finale, battu en cinq sets par son compatriote Vitas Gerulaitis (6-1, 3-6, 6-7, 6-2, 6-4). Vainqueur à l'Open d'Australie, Wimbledon et l'US Open, Connors n'atteignit jamais la finale de Roland-Garros.

POSTÉRIEUR ROYAL

Quel rapport entre la duchesse de Kent et le monde du tennis ? Épouse du prince Edward, le deuxième duc de Kent et cousin de la reine Elisabeth II, Katharine Kent s'occupa de remettre les trophées aux vainqueurs et aux finalistes de Wimbledon au côté de son mari pendant plus de trois décennies, entre 1969 et 2001. Sa longue étreinte avec la Tchèque Jana Novotná, effondrée après sa défaite (7-6, 1-6, 6-4) en finale contre l'Allemande Steffi Graf en 1993, marqua les esprits et lui offrit une grande cote de sympathie auprès du public. Une popularité renforcée lorsqu'il fut révélé, des années plus tard, qu'elle avait aidé la mère de la championne Martina Navrátilová à obtenir un visa britannique en 1979.

Ce que les gens savent moins, c'est que ladite duchesse avait des exigences particulières lorsqu'elle se déplaçait. Les organisateurs de Roland-Garros le découvrirent lorsqu'elle fit sa seule apparition porte d'Auteuil, le 1er juin 1984. Quelques jours plus tôt, il leur fut demandé de mettre à sa disposition des toilettes privées, en tissu s'il vous plaît. Hors de question pour une membre de la famille royale britannique de s'asseoir sur un vulgaire morceau de plastique sali par la populace…

Prise de court par cette demande, la direction du tournoi s'agita pour trouver une solution. Un de ses membres, Gilles Jourdan, se rappela alors qu'une amie de sa femme était couturière. Il lui fournit une lunette de toilettes sur laquelle elle posa un tissu brodé, avant de la revisser aux toilettes. Le lendemain, la duchesse, arrivée à Roland-Garros en Rolls, fut accueillie par le président de la Fédération française de tennis, Philippe Chatrier. Mais la légende raconte que Katharine Kent n'utilisa même pas les toilettes spécialement conçues pour elle…

Ses relations avec Wimbledon se dégradèrent subitement en 1999. Cette année-là, elle voulut inviter un enfant de douze ans dans la Royal Box du court central. Philip Lawrence, le père du garçon, avait été assassiné devant l'école où il officiait en tant que proviseur, à Londres, après avoir tenté de protéger un élève attaqué par une bande. Mais la duchesse reçut une lettre « sèche » de John Curry, président du All England Tennis Club, qui lui expliqua que seuls les enfants issus de la famille royale étaient admis dans cette tribune. Folle de rage, Katharine Kent menaça de boycotter le tournoi. Elle continua finalement de participer à la remise des trophées jusqu'en 2001, quand elle décida de ne plus effectuer de représentations publiques en tant que membre de la famille royale et de ne plus se faire appeler duchesse de Kent, mais simplement Katharine Kent.

LES TOILETTES DE MADAME KAFELNIKOV

Jusqu'au début des années deux mille, avant d'importants travaux, l'Open 13 de Marseille n'était pas connu pour la modernité de ses installations. Le Palais des Sports, pourtant pas si vieillot puisqu'inauguré en 1988, avait des airs de salle de sport stalinienne, ce qui semblait plaire à l'élu communiste de la ville de Marseille en charge des sports. Dans la zone réservée aux joueurs, les toilettes posaient particulièrement problème. Très mal entretenues, elles se bouchaient en permanence et dégageaient une odeur nauséabonde. Pour madame Kafelnikov, femme du joueur russe Ievgueni, numéro un mondial en 1999, pas question de s'asseoir sur ce trône répugnant. Alors, à l'initiative de son directeur Jean-François Caujolle, le tournoi fit construire des toilettes réservées à la compagne du double vainqueur de Grand Chelem (Roland-Garros 1996 et Open d'Australie 1999). Il n'existait qu'une seule clé pour y accéder, et c'est l'épouse Kafelnikov qui la détenait. Un panneau « Kafelnikov » avait même été installé devant.

FOLLES SEMAINES

« *FUCKING FRENCH FROG !* »

C'est l'une des performances les plus invraisemblables d'un Français en Grand Chelem. Thierry Champion le terrien, Thierry Champion le marathonien, Thierry Champion le spécialiste des matchs en cinq sets (quinze sur cinquante-sept rencontres disputées en majeurs !) et Thierry Champion l'homme aux zéro victoire en quatre apparitions sur le gazon de Wimbledon se transforma soudainement en Thierry Champion « *fucking French frog* », comme une grenouille dans un étang sur l'herbe du All England Club.

En ce début d'été 1991, le joueur de vingt-quatre ans débarqua pourtant à Londres… la veille de son premier tour ! C'est vous dire l'ambition du bonhomme au moment de démarrer une quinzaine qu'il avait pris l'habitude d'achever en à peine vingt-quatre heures : quatre défaites d'entrée en 1985, 1986, 1988 et 1989. Chaque fois, Champion arrivait sur place une semaine en avance pour se préparer. Il en profitait pour essayer de modifier son jeu et le rendre plus « gazon compatible », c'est-à-dire plus offensif, à une époque où la surface était encore ultra rapide. Une fois, il tenta même de jouer avec une raquette grand tamis, persuadé que ça l'aiderait à être plus efficace à la volée. Ce fut, là encore, un échec total.

Alors, en 1991, le quatre-vingt-dixième mondial décida de ne plus se prendre la tête : avant Wimbledon, il disputa deux tournois sur… terre battue, à Florence et Genève. À Londres, la pluie l'empêcha de s'entraîner le dimanche après-midi et le lundi matin. Résultat, il frappa ses premières balles de l'année sur gazon pendant les cinq minutes d'échauffement précédant son premier tour. Heureusement, il avait été épargné par le tirage au sort puisqu'il devait affronter l'invité britannique Chris Wilkinson, trois cent trentième mondial. Sauf que l'étourdi avait oublié ses chaussures à picots, indispensables pour ne pas glisser sur gazon, et joua le match avec ses baskets de terre battue ! Ça ne l'empêcha pas de s'imposer en quatre manches (6-4, 6-2, 3-6, 6-4) et de remporter son tout premier match dans le tableau principal de Wimbledon. Champagne !

L'opposition se corsa au deuxième tour face au vainqueur de l'édition 1987, Pat Cash. L'Australien était loin du niveau qui était le sien quand il avait été quatrième mondial trois ans plus tôt. Redescendu au soixante-neuvième rang, il était tout de même a priori plus solide que Champion sur gazon. Avec son coach d'origine sud-africaine, Francis Rawstorne, le Français décida d'une tactique simple : frapper croisé en permanence pour désaxer Cash dans ses approches au filet. Suffisant pour le pousser au cinquième set, finir par l'épuiser et s'imposer en nocturne (7-5, 6-7, 4-6, 6-1, 12-10) sur le court numéro 2, qui confirmait là son statut de mouroir à têtes de série.

Rentré au vestiaire à presque vingt-deux heures, Champion eut une mauvaise surprise en découvrant la programmation du troisième tour : il devait rejouer dès le lendemain, à midi. Traditionnellement, à Wimbledon, aucun match ne se dispute le dimanche du milieu de quinzaine. Mais, cette année-là, la pluie avait provoqué un tel retard (le deuxième tour entre Champion et Cash s'était joué samedi plutôt que mercredi ou jeudi) que les organisateurs furent obligés de renoncer au *sunday closed*. Mais, coup de pouce du destin, c'est une autre *wild card* britannique, Nick Brown, qui l'attendait. Le cinq cent quatre-vingt-onzième mondial avait créé l'exploit au tour précédent en éliminant (4-6, 6-3, 7-6, 6-3) le Croate Goran Ivanišević, dixième mondial. Champion s'engouffra dans l'ouverture et domina Brown en quatre sets (7-6, 1-6, 7-5, 6-3).

Le voilà en huitièmes de finale où, plutôt que le très prometteur Pete Sampras – neuvième mondial et vainqueur de l'US Open l'année précédente – ou le revenant mais presque quadragénaire Jimmy Connors, il tomba sur un autre Américain, le vingt-quatrième mondial Derrick Rostagno, adepte du service-volée. On ne change pas une tactique qui marche, alors Champion joua comme contre Cash : croisé en permanence. À 3-1 en sa faveur au cinquième set, la pluie reporta la fin de la rencontre au lendemain. À son retour dans le vestiaire, le Français croisa son adversaire, avec lequel il s'entendait très bien. Celui-ci lui fit alors une confidence pour le moins pas banale : dans la nuit, il avait été réveillé par quelque chose qui lui touchait les pieds. Une « *fucking French frog* », une grenouille ! Très superstitieux depuis qu'un avion qu'il avait loupé s'était écrasé, Rostagno en était persuadé, Champion allait le battre. Son intuition était la bonne. Le Français s'imposa (6-7, 6-2, 6-1, 3-6, 6-3) et reçut une chaleureuse accolade du président de la Fédération française de tennis, Philippe Chatrier, pas peu fier de voir deux de ses joueurs – Champion et Forget – en quarts de finale de Wimbledon.

Forcément, les médias locaux commencèrent à s'intéresser au parcours de l'invité surprise français, seul non membre du top 20 présent en quarts de finale. En conférence de presse, un journaliste britannique lui demanda ce que ça lui faisait d'avoir atteint ce stade de la compétition dans le plus grand tournoi du monde. Champion osa une petite blague et glissa qu'il aurait préféré réussir un deuxième quart de finale à Roland-Garros, après celui de 1990. La vanne ne passa pas du tout et la conf tourna court…

L'incroyable parcours de Thierry Champion à Wimbledon s'arrêta au tour suivant, face au numéro un mondial, le Suédois Stefan Edberg, pas gêné pour un sou par la tactique « tout croisé » du Français (6-3, 6-2, 7-5). La « *French frog* » ne réédita jamais cette performance, malgré un troisième tour en 1992.

T'AS DE BEAUX RESTES, JOHN !

John McEnroe jaillit derrière le filet et claqua une dernière volée de revers qui laissa Paul Goldstein et Jim Thomas sans réaction. L'Américain, tout de blanc vêtu, tomba dans les bras de son partenaire, le Suédois Jonas Björkman. Ce titre en double à San José, en Californie, le 19 février 2006, ne représentait pourtant qu'une minuscule goutte d'eau dans l'immense palmarès de « Big Mac ». À un détail près : il avait presque vingt piges de plus que ses adversaires du jour !

Douze ans après sa dernière apparition sur le circuit ATP, en 1994 – il avait aussi disputé le double mixte de Wimbledon avec Steffi Graf et atteint les demi-finales en 1999 –, McEnroe et ses quarante-sept printemps s'étaient lancés un improbable défi : disputer, et pourquoi pas gagner, un tournoi de double. L'idée avait germé dans son esprit quelques mois plus tôt lorsque l'ATP avait annoncé vouloir réduire l'importance du double dans les tournois. Grand adepte de cette spécialité (neuf titres du Grand Chelem, dont sept avec Peter Fleming), McEnroe trouva facilement un partenaire de choix en la personne de Jonas Björkman, « gamin » de trente-trois ans et numéro un mondial en double en 2001.

La paire obtint sans difficulté une invitation pour disputer le tournoi indoor de San José, bien conscient du potentiel marketing du come-back de « Big Mac ». Bingo : les dix mille six cent soixante-quatre places du HP Pavilion de San José étaient occupées pour le premier tour du duo contre les Australiens Wayne Arthurs et Stephen Huss. Face à deux spécialistes de la discipline (notamment Huss, vainqueur de Wimbledon l'année précédente) et têtes de série numéro deux du tableau, personne ou presque n'imaginait Björkman et papy John opposer une grande résistance. Ce fut tout l'inverse : victoire nette (6-3, 6-3). Le jour de son anniversaire, McEnroe ne perdit pas une seule fois son service. Avant de quitter le court sous les applaudissements, il lança au micro : « Le vieux a voulu apprendre de nouvelles astuces aux petits jeunes. »

« John a été parfait, souffla Björkman, impressionné. C'est fantastique d'avoir l'occasion de se trouver tout près pour admirer ces petits coups droits très courts et croisés qu'il touche à la perfection. Il a vraiment produit un tennis de grande qualité. » « C'est bon d'être de retour après une aussi longue absence, glissa l'intéressé. Et surtout d'avoir ouvert les yeux des spectateurs sur ce qu'est le double en tennis. Nous nous sommes bien amusés. Maintenant, nous allons célébrer mon anniversaire comme il se doit, mais il ne faut pas y aller trop fort : nous ne pensions pas avoir à jouer un second match, mais, maintenant qu'on a passé un tour, il faut se préparer pour le suivant. »

Rapidement, le sens aigu de la compétition de l'homme aux sept titres du Grand Chelem en simple reprit le dessus. Lui qui était devenu le joueur le plus âgé à avoir gagné un match en double sur le circuit ATP (devant Mansour Bahrami, quarante-six ans et six mois à Bâle, en 2002, au côté de Cédric Pioline) ne pensait plus qu'à une chose : remporter le tournoi.

Le duo balaya la paire Fisher-Phillips en quarts de finale (6-1, 7-5) puis s'en sortit au super tie-break face à Robert Lindstedt et Jaroslav Levinský (6-3, 4-6, 10-8). Ce fut à nouveau accroché en finale contre les Américains Goldstein et Thomas, mais McEnroe, à l'image de la balle de match, réussit les coups parfaits dans les moments clés (7-6, 4-6, 10-7).

John McEnroe ne rejoua plus qu'un seul autre tournoi sur le circuit, dix mois plus tard, à Stockholm. Toujours accompagné par Björkman, il s'inclina en quart de finale contre Simon Aspelin et Todd Perry (7-6, 7-6). Fin du come-back.

L'INCONNU DU PALAIS DES SPORTS

Véritable inconnu, à l'image de ses raquettes – qu'il avait rapportées des États-Unis où il avait passé plusieurs années à jouer en université –, des Zebra, marque rarissime dans le monde du tennis, il débarqua dans l'hiver lyonnais sur la pointe des pieds. Début février 1988, Yahiya Doumbia était au Palais des sports de Gerland pour disputer le Grand Prix de Lyon, le premier tournoi de sa carrière sur le circuit principal. Si tant est qu'on puisse parler de carrière : double champion d'Afrique junior mais seulement quatre cent cinquante-troisième mondial à vingt-quatre ans, il n'y avait a priori pas de quoi s'emballer. Et pourtant, le Sénégalais, né à Bamako, au Mali, s'apprêtait à réussir l'une des performances les plus inattendues de l'histoire du jeu.

Avec un classement si faible, un peu plus d'un an après avoir commencé à écumer les tournois satellites, principalement au Nigeria, Doumbia devait évidemment passer par les qualifications. Il faillit ne pas accéder au tableau principal puisqu'il sauva une balle de match dès son entrée en lice. Il s'en sortit finalement, mais le tirage au sort ne l'épargna pas : face à lui, au premier tour, la tête de série numéro deux du tournoi, le Russe Andrei Chesnokov, vingt-neuvième mondial. À la surprise générale, il s'imposa en deux tie-breaks (7-6, 7-6) ! Cette victoire lui donna une énorme confiance. Il surfa dessus pour dominer successivement Jérôme Potier, Jeremy Bates et Eduardo Masso. Et voilà que le quatre cent cinquante-troisième mondial, issu des qualifications, se retrouvait en finale d'un Grand Prix !

Adepte du service-volée, Doumbia était particulièrement à l'aise sur la moquette lyonnaise, en indoor, surface extrêmement rapide qui semblait lui donner des ailes. En finale, il rêvait d'un choc face à son idole, le Français Yannick Noah. Mais le huitième mondial, grand favori du tournoi, fut surpris en demi-finale par l'Américain Todd Nelson. Inconnu dix jours plus tôt, le francophone devint subitement le chouchou du public. Porté par huit mille spectateurs, peut-être aussi par le président de la République du Sénégal, M. Abdou Diouf, qui lui avait envoyé un télégramme avant la finale, Doumbia remporta le premier set avant de connaître un léger passage à vide. Il sauva une balle de break à 3-3 dans la manche décisive puis gagna les trois derniers jeux de la partie (6-4, 3-6, 6-3).

Premier joueur à remporter un tournoi de cette envergure en étant issu des qualifications, le Sénégalais était aussi le joueur le plus mal classé de l'histoire à être sacré sur le circuit principal. Si inattendu qu'il en oublia d'aller chercher son chèque de quarante-huit mille dollars après la partie ! Son record tomba en 1998, lorsque Lleyton Hewitt, cinq cent cinquantième mondial à seize ans, fut sacré à Adélaïde. Mais Doumbia ne connut pas la même ascension que l'Australien, futur numéro un mondial et vainqueur de deux Grands Chelems.

Soixante-quatorzième mondial quelques mois après son exploit lyonnais, Doumbia ne parvint pas à confirmer sa percée très tardive sur le circuit. Trahi par son corps, il traîna une tendinite au coude de longs mois avant que son genou ne lâche à son tour. Puis, en juillet 1991, alors qu'il pensait s'être relancé en remportant le tournoi de Campos au Brésil, il fut victime de terribles troubles de la vue. Il ne s'en débarrassa que l'année suivante en allant consulter l'ostéopathe d'Arnaud Boetsch. « Il m'a dit que ma boîte crânienne était légèrement décalée, que les yeux n'étaient pas à la même hauteur, qu'un nerf était comprimé. Il m'a fait craquer les cervicales et… le problème a disparu », raconta alors Doumbia, retombé au-delà du sept centième rang mondial en 1993. Il ne disputa plus le moindre match sur le circuit principal pendant deux ans, jusqu'en septembre 1995, au tournoi de Bordeaux… qu'il remporta ! Exactement comme sept ans plus tôt à Lyon, le deux cent quatre-vingt-deuxième mondial sortit des qualifications et multiplia les exploits, jusqu'à battre (6-4, 6-4) le Suisse Jakob Hlasek, soixante-treizième au classement ATP, en finale. Ce fut son dernier grand coup. Cinq ans plus tard, après une énième blessure lors d'un match d'entraînement avec Chesnokov à Roland-Garros, il mit un terme à une carrière marquée par deux exploits *made in France.*

IL EST VENU, IL A VAINCU, IL EST PARTI

C'est une histoire d'un autre temps, celui où le tennis était un sport balbutiant, réservé à une certaine élite, interdit aux femmes et inconnu d'une grande partie du peuple. Mais aussi celui où, paradoxalement, un simple cultivateur de café de passage à Londres pouvait remporter Wimbledon sans perdre le moindre set.

C'était en juillet 1878. Frank Hadow avait quitté Ceylan, qu'on connaît désormais sous le nom de Sri Lanka, alors colonie britannique, et sa plantation pour passer des vacances à Londres, où il était né vingt-trois ans plus tôt. Avec son frère Alexander, il se lança un défi : participer à la deuxième édition du grand tournoi londonien. Hadow était un bon joueur de cricket et de *racquets*, sport de raquette en salle proche du squash et populaire en Grande-Bretagne au XIXe siècle, disciplines qu'il pratiqua notamment à la prestigieuse Harrow School avec six de ses sept frères, surnommés les « Harrow Hadows ». Le tennis, en revanche, il connaissait à peine. Ça ne l'empêcha pas de se présenter au All England Club avec son frangin et trente-deux autres joueurs. Un seul aurait l'honneur de défier le vainqueur de la première édition, Spencer Gore, directement qualifié pour le Challenge Round, la grande finale.

Plus doué pour le cricket que pour le tennis, Alexander s'inclina au deuxième tour, battu (6-1, 0-6, 6-4, 1-6, 6-2) par Arthur Myers, connu pour avoir inventé le service par au-dessus à une époque où tout le monde engageait à la cuillère. Après avoir passé les trois premiers tours avec une facilité déconcertante, Frank vengea son frère en surclassant (6-0, 6-4, 6-3) Myers en quart de finale. Exempté de demi-finale, il disputa la finale du All Corners, lors de laquelle il domina (6-4, 6-4, 6-4) Robert Erskine. Cinq matchs, cinq victoires et pas le moindre set perdu. Voilà que se présentaient à lui le costaud Spencer Gore et ses bras tentaculaires. À l'époque, le filet était plus haut. Ça arrangeait Gore : personne ne réussissait à le transpercer au filet, vers lequel il se ruait à chaque point. Hadow eut alors une idée : plutôt que de frapper à gauche ou à droite de son adversaire, il frapperait par-dessus. Sans le savoir, il venait d'inventer le lob. Surpris que personne n'y ait pensé plus tôt face à un joueur aussi imposant à la volée, il répéta l'expérience pendant toute la partie et s'imposa (7-5, 6-1, 9-7) en trois manches.

L'invention du lob en provoqua une autre : celle du smash. Les jumeaux Ernest et William Renshaw en firent l'une de leurs principales armes dans les années 1880. Le coup fut alors appelé « The Renshaw smash ». Frank Hadow, lui, ne défendit pas son titre en 1879. En fait, il ne joua plus jamais au tennis, « un jeu de poule mouillée avec une balle molle » disait-il. Il reprit sa carrière dans les plantations de café puis de thé, dans la province d'Uva, au sud de Ceylan. Il devint manager puis propriétaire de certaines d'entre elles avant, à partir de 1892, de se tourner vers la chasse en Afrique. Il réapparut à Wimbledon en 1926, invité par les organisateurs pour fêter les cinquante ans du tournoi. Il reste à ce jour le seul vainqueur de Wimbledon à n'avoir jamais perdu le moindre set.

SACRÉE MOULE !

C'était foutu, pensait-il. Battu au dernier tour des qualifications en 1976, Bernard Mignot n'avait quasiment aucune chance d'être repêché en tant que *lucky loser*, à savoir profiter du forfait de dernière minute d'un joueur pour intégrer le tableau principal de Roland-Garros. C'est en tout cas ce que lui avait confié le juge-arbitre Jacques Dorfmann alors que le premier tour avait déjà commencé. Plutôt que d'attendre des heures au stade un improbable miracle, le Belge de vingt-sept ans monta dans sa voiture et fonça sur les Champs-Élysées où il s'offrit une petite séance de cinéma avant de déguster une pizza au restaurant.

Quelques heures plus tard, il fit son retour porte d'Auteuil pour regarder jouer ses amis. Mais, à son arrivée au parking du stade, il entendit dans les haut-parleurs : « Dernier appel : Bernard Mignot est attendu chez le juge-arbitre. » Pendant sa virée sur les Champs, le Néo-Zélandais Brian Fairlie, victime d'une intoxication alimentaire, avait déclaré forfait. Satané plat de moules… Mignot sortit son sac de raquettes de son coffre et se précipita dans le bureau du juge-arbitre pour valider, à quelques minutes près, son repêchage. Malgré une pizza dans le ventre, il domina nettement (6-2, 6-2, 6-4) l'Italien Paolo Bertolucci.

Alors que Paris était frappée par un épisode caniculaire, Mignot, à l'aise dans les conditions chaudes, remporta ses deux matchs suivants à l'issue de marathons. À chaque fois, il colla un 6-0 au cinquième set à ses adversaires, le Brésilien José Edison Mandarino et l'Espagnol Juan Gisbert. Alors qu'il avait perdu en qualifications et avait bien failli manquer le dernier appel pour son premier tour, le Belge se hissa en deuxième semaine d'un Grand Chelem pour la première – et seule – fois de sa carrière. En huitième de finale, il s'inclina finalement lourdement (6-2, 6-1, 6-1) contre la tête de série numéro cinq et futur demi-finaliste du majeur parisien, le Mexicain Raúl Ramírez. La moule a ses limites.

LE PRINCE, L'HÉLICOPTÈRE ET LE FAX DE MISS BELGIQUE

Arrivé dans l'anonymat des qualifications sans pouvoir se payer mieux qu'un hôtel deux étoiles, loin du luxe des meilleurs joueurs du monde, il repartit avec un statut de héros qu'il n'assuma jamais totalement. En 1997, à Roland-Garros, Filip Dewulf réussit une performance hors norme, jamais reproduite depuis. Le Belge est le seul joueur de l'histoire à avoir atteint les demi-finales porte d'Auteuil en étant issu des qualifications. Inimaginable tant le joueur de vingt-cinq ans revenait de loin. Vainqueur de son premier titre à Vienne fin 1995, monté au quarante-quatrième rang mondial en août 1996, il avait subi une soudaine et inattendue crise de confiance. En Belgique, on crut le grand espoir national perdu lorsqu'il subit deux énormes claques contre la Roumanie en barrages de la Coupe Davis. Deux corrections face à Andrei Pavel (6-1, 6-3, 6-2) et Adrian Voinea (6-0, 6-0, 6-2) qui précipitèrent la défaite de sa sélection et le plongèrent dans le doute. C'était en septembre 1996 à Bucarest sur terre battue. La même surface qui le célébrera huit mois plus tard.

Arrivé à Paris sans grande ambition après un début de saison traversé comme un fantôme, le cent vingt-deuxième mondial s'extirpa difficilement des qualifications. Il jouait mal et broyait du noir. Son entraîneur, Gabriel Gonzalez, décida de le secouer. Il programma un entraînement malgré les réticences de son joueur qui souhaitait se reposer. Dewulf traîna du pied mais finit par se rendre sur le court. La séance ne fut pas brillante, mais l'essentiel était ailleurs pour son coach : il avait trouvé la motivation et accepté de se faire mal. Comme six semaines plus tôt lors du cinquième match décisif de la rencontre de Coupe Davis entre la Belgique et le Danemark, à Bruxelles. Dewulf menait deux sets à zéro quand il fut victime d'une entorse de la cheville gauche. Le Danois Frederik Fetterlein en profita pour revenir à deux manches partout. Le Belge s'apprêtait à vivre une nouvelle désillusion en équipe nationale, mais il trouva les ressources mentales pour s'imposer (6-0, 6-4, 3-6, 2-6, 6-1) malgré la douleur et les doutes.

Sans vraiment s'en apercevoir tout de suite, Dewulf avait changé. Longtemps considéré comme un joueur talentueux mais paresseux et blasé, il était désormais capable de dépasser ses limites. Ce fut le cas au deuxième tour contre le Brésilien Fernando Meligeni (6-4, 6-2, 3-6, 1-6, 6-3), puis face à l'Espagnol Albert Portas (6-3, 7-6, 4-6, 6-7, 8-6). À chaque fois, il vit son adversaire remonter un handicap de deux manches mais ne s'effondra pas et s'imposa dans le set décisif. Au troisième tour contre Portas, qui avait eu la bonne idée d'éliminer l'un des outsiders, Carlos Moyà, deux jours plus tôt, il eut l'impression de jouer à domicile : les tribunes du court numéro 10 étaient remplies de fans belges. Son club de Diest avait fait le déplacement depuis la Belgique pour le soutenir.

Mais la folie populaire prit une autre dimension lorsqu'il réussit l'exploit de battre le terrien espagnol Àlex Corretja (qui sera finaliste l'année suivante) en huitième de finale (5-7, 6-1, 6-4, 7-5). Pour la première fois de l'ère Open, un Belge était en quart de finale d'un Grand Chelem.

L'excitation s'empara du plat pays. La compagne de Dewulf, Annick, professeur de français à Bourg-Léopold, reçut la visite de nombreuses chaînes de télévision. Le quotidien flamand *Het Belang van Limburg* lui affréta même un hélicoptère pour qu'elle se rende à Paris en échange d'un reportage exclusif. Le prince Philippe fit lui aussi le déplacement. Et Miss Belgique lui envoya un fax ! Soudainement sous le feu des projecteurs, à la une des journaux nationaux et même sollicité par la presse étrangère qui le découvrait, Dewulf vécut assez mal ce nouveau statut, celui d'une vedette accompagnée par des gardes du corps pour aller du vestiaire au terrain d'entraînement. Il ne se sentait pas à sa place, celle d'un mec normal, fan de rock alternatif, capable de passer des heures dans des magasins de disques et jamais bien loin de son Discman. Sauf durant cette quinzaine : il l'avait oublié en Belgique…

Perturbé et fatigué mentalement par les nombreuses interviews, les appels téléphoniques incessants dans sa chambre d'hôtel ou encore les autographes à signer aux fans, il fut soudainement rattrapé par l'enjeu au moment d'affronter Magnus Norman en quart de finale. « J'ai pris peur : je n'étais pas certain que ma place était là », avoua-t-il après coup. Mais le Suédois, qui avait éliminé le numéro un mondial Pete Sampras au troisième tour, était tout aussi tendu. Et au terme d'une rencontre marquée par des fautes à répétition, Dewulf s'imposa (6-2, 6-7, 6-4, 6-3). Une demi-finale totalement inattendue allait l'opposer à l'autre invité surprise du dernier carré, un Brésilien de vingt ans, seulement soixante-sixième mondial. Un certain Gustavo Kuerten…

Mais, là encore, le match n'atteignit pas des sommets. Épuisé mentalement, Dewulf céda en quatre manches (6-1, 3-6, 6-1, 7-6), davantage soulagé que déçu. « Je ne me suis jamais senti à l'aise sur le terrain. L'envie de me battre à fond n'était pas là. Je n'avais pas la volonté d'aller plus loin. Il y a eu tellement de choses autour de moi depuis deux jours… Ce qui se passe en Belgique est tellement énorme que cela m'a énervé. Je sais que je n'aurais pas dû. Mais on ne peut pas se changer ! », expliqua-t-il.

Dewulf remit ça l'année suivante à Paris, en atteignant les quarts de finale sans perdre le moindre set en route. Il s'inclina (7-5, 6-4, 6-3) ensuite face au futur finaliste, Corretja. C'était son dernier Roland-Garros. Il termina sa carrière en 2001 dans un relatif anonymat, loin des projecteurs qui l'avaient terrifié quatre ans plus tôt. À sa place.

LA SEMAINE DE SA VIE

Sept ans de rien, une semaine de tout. Résumé brutal de la carrière de Roberto Carretero, ex-espoir du tennis espagnol, vainqueur de Roland-Garros junior en 1993, devenu joueur professionnel quelconque. À l'issue de ses deux premières saisons chez les grands, ses victoires sur le circuit principal se comptaient sur les doigts d'une main. Cinq minuscules succès, pas le moindre match disputé en Grand Chelem et un top 100 qui paraissait totalement inaccessible. Lorsqu'il posa les pieds à Hambourg, en mai 1996, le joueur de vingt ans végétait à la cent quarante-troisième place mondiale. Dix jours plus tard pourtant, après être sorti des qualifications et avoir remporté six matchs dans le tableau principal, il remporta le Super 9, équivalent des Masters 1000 d'aujourd'hui.

L'histoire faillit s'arrêter dès le premier tour contre son compatriote Jordi Arrese, auquel il n'avait jusque-là pris qu'un set en quatre confrontations. Face à sa bête noire, il sauva trois balles de match et s'imposa au tie-break de la troisième manche (6-3, 5-7, 7-6). Le lendemain, il réussit de son propre aveu la meilleure performance de sa carrière en balayant (6-1, 6-0) l'Américain MaliVai Washington, solide seizième mondial, en quarante-sept minutes. Le Français Arnaud Boetsch, treizième ATP, résista à peine plus (6-4, 6-1). Entre l'absence de la moitié du top 10 (Sampras, Agassi, Muster, Chang et Enqvist) et l'élimination surprise de l'Allemand Boris Becker, tête de série numéro un du tournoi, Carretero commença à croire en sa bonne étoile. Au lieu de se mesurer à Becker en quart de finale, il affronta l'Autrichien Gilbert Schaller. Sur la lancée de son exploit contre Becker, le trente-deuxième mondial remporta la première manche, mais Carretero eut le dernier mot (4-6, 6-4, 6-4).

Sur un nuage, le jeune Castillan ne s'arrêta pas en si bon chemin. Ses frappes surpuissantes qui accrochaient les lignes écœurèrent le Russe Evgueni Kafelnikov, vainqueur de Roland-Garros en ne perdant qu'un seul set un mois plus tard. « Je n'ai jamais vu quelqu'un avec une frappe aussi lourde », avoua le septième mondial, surclassé (7-5, 6-2) en demi-finale. Ce fut la toute première victoire de Carretero contre un top 10. La dernière, aussi…

En finale, il affronta un autre Espagnol, Àlex Corretja, bien plus dangereux que ce que son classement (soixante-sixième) ne l'indiquait. Pour la première fois de sa carrière, Carretero, qui s'apprêtait à disputer son neuvième match en dix jours, allait jouer une rencontre en trois sets gagnants. Paradoxalement, c'est sur la durée qu'il vint à bout de Corretja, impuissant après le gain de la première manche (2-6, 6-4, 6-4, 6-4).

Jamais un joueur si mal classé n'avait remporté un Super 9. Ça valait bien une rencontre avec le roi d'Espagne, Juan Carlos. Mais la carrière de Carretero ne décolla pas, au contraire. Cinquante-huitième mondial après son exploit, il ne remporta plus qu'un seul match en 1996 – sur abandon ! – et sept jusqu'à la fin de sa carrière, en 2001, à seulement vingt-cinq ans. L'épaule droite, opérée deux fois, en vrac et le moral dans les chaussettes, il préféra renoncer. Avec, certainement, le bilan le plus surprenant de l'histoire du tennis : près de la moitié de ses gains (trois cent vingt mille dollars sur six cent quatre-vingt mille) et près d'un quart de ses succès en carrière furent obtenus en l'espace d'une semaine.

UN « TROU DU CUL » PAS COMME LES AUTRES

Onze jours hors du temps qui disent, si ce n'est tout, beaucoup du champion qu'il était et qu'il restera dans l'histoire de son sport. « Ce sont les onze meilleurs jours de ma carrière. Meilleurs que mes titres. Il n'y a même pas photo. Je n'échangerais pas une seule seconde ce que j'ai vécu dans ce tournoi contre tous les titres du monde. » C'est Jimmy Connors

– huit couronnes en Grand Chelem et cent neuf trophées au palmarès – qui le dit. L'Américain n'est pas allé au bout de l'US Open 1991, mais il l'a gagné quand même. Tant il revenait de loin, presque de nulle part, tant personne n'imaginait autre chose qu'un jubilé avant l'heure à travers l'invitation qui lui avait été octroyée pour disputer le majeur new-yorkais, ce que son classement ne lui permettait plus. Un an plus tôt, le poignet en vrac, il avait subi une opération qui, craignait-il, l'éloignerait définitivement du très haut niveau. Après une saison blanche, sans disputer le moindre Grand Chelem pour la première fois depuis le début de sa carrière, son déclin semblait inéluctable. À son arrivée à Flushing, voilà papy « Jimbo », trente-huit ans bien tassés, cent soixante-quatorzième mondial, appelé pour une dernière danse chancelante. Elle fut étincelante.

Désormais dans l'ombre des nouvelles stars du tennis américain – Pete Sampras, Andre Agassi, Jim Courier et Michael Chang –, Connors démarra sa quinzaine face à McEnroe. Pas John, son éternel rival, mais Patrick, le petit frère. À 6-4, 7-6, 3-0 contre lui, 0-40 sur son service, le quasi quadra faisait peine à voir. Le tour de piste de trop ? La suite dira tout l'inverse. Alors que les tribunes du Louis-Armstrong s'étaient largement vidées dès la fin du deuxième set, Connors renversa la rencontre et s'imposa en cinq manches (4-6, 6-7, 6-4, 6-2, 6-4). « Jimmy a su utiliser la foule. Je crois que si j'avais été dans les tribunes, je l'aurais encouragé aussi », glissera son adversaire, vaincu mais beau joueur. Et McEnroe, John de son prénom cette fois, d'ajouter à propos de son frangin : « Patrick a réveillé la bête. » Il n'imaginait pas à quel point.

Sur sa lancée, le quintuple vainqueur de l'US Open (1974, 1976, 1978, 1982 et 1983) découpa Michiel Schapers (6-2, 6-3, 6-2) et Karel Nováček (6-1, 6-4, 6-3). À l'issue de cette première semaine, il n'y en avait plus que pour Connors. En conférence de presse après sa victoire au troisième tour, Sampras répondit à seize questions. Douze concernaient « Jimbo ». Le monument était en approche, et tout Flushing le sentait venir. Le 2 septembre 1991, jour de son huitième de finale, le vieux gaucher souffla ses trente-neuf bougies. Il allait s'offrir le plus beau des cadeaux : un match légendaire, l'un des plus mythiques de l'histoire du tournoi.

Face à Aaron Krickstein, pourtant Américain lui aussi, Connors jouait en terrain conquis devant un public 100 % acquis à sa cause. Mais, de l'autre côté du filet, le demi-finaliste de l'édition 1989, de quinze ans son cadet, n'en avait que faire. Le bourreau d'Agassi au premier tour empocha ainsi en vitesse la première manche. Comme éteint pendant une bonne heure, le grognard ralluma soudainement la flamme dans le tie-break du deuxième set. À 7-7, l'arbitre David Littlefield donna le point à Krickstein sur un smash de Connors que le juge de ligne avait pourtant annoncé bon. Évidemment, le ton monta. « Descends ton cul de ta chaise, clochard ! Tu es un clochard ! Je me casse le cul à trente-neuf ans et tu fais ça. Tu ne peux pas voir une balle juste devant tes yeux. Descends ! », fulmina Connors qui sauva la balle de set, pointa sa raquette vers l'arbitre puis remporta le jeu décisif dans une ambiance indescriptible.

Au milieu du chaudron, Krickstein reprit les devants, deux sets à un puis 5-2 dans la cinquième manche. Mais, face à son idole de jeunesse, le quarante-septième mondial craqua au moment de servir pour le match. Tout se décida dans un ultime tie-break. Avant que celui-ci ne débute, Connors s'assit au fond du court. Il regarda alors la caméra et lança : « C'est pour ça qu'ils sont venus. C'est ça qu'ils veulent. » Un spectacle à sa démesure, un courage hors du commun et la *grinta* d'un géant. Malgré son surnom de « Marathon man », lui qui acheva sa carrière avec un bilan hallucinant de vingt-sept victoires sur trente-cinq rencontres en cinq sets, Krickstein ne pouvait stopper l'histoire. « Dans ce tie-break, j'étais le gibier, il était le chasseur. Je n'avais plus de moyens pour m'échapper, alors il m'a achevé », observera-t-il, sans amertume. Et après 4 h 42 d'un bras de fer que plus personne ne le pensait capable de mener une semaine plus tôt, Connors fit lever la foule, extatique (3-6, 7-6, 1-6, 6-3, 7-6). « Je n'avais rien d'autre à faire aujourd'hui. Donc, jouer trois, quatre ou douze heures, je m'en foutais », glissa le héros pendant que le Louis-Armstrong entonnait un bruyant « Happy birthday ».

La performance était si bluffante que même John McEnroe s'en alla le féliciter en personne dans le vestiaire, une grande première. En tribune de presse, on rappela à Arthur Ashe qu'il avait jadis traité Connors de « trou du cul » à cause de son comportement souvent outrageux, sur le court et en dehors. Le journaliste Peter Bodo demanda alors à l'ancien joueur américain : « Tu penses toujours que Connors est un trou du cul ? » Ashe pouffa : « Oui, mais c'est mon trou du cul préféré. » Le « *favorite asshole* » des États-Unis passa encore un tour face à Paul Haarhuis (4-6, 7-6, 6-4, 6-2), mais, à bout de force, rattrapé par son âge et des jambes lactiques, il ne put rien contre son jeune compatriote Courier en demi-finale (6-3, 6-3, 6-2). Peu importe : à trente-neuf ans, il avait une fois encore marqué l'histoire.

LE CORBEAU DE MARSEILLE

Au moment de regagner son bureau, des valises sous les yeux et le moral en berne, Jean-François

Caujolle découvrit un grand corbeau noir dessiné sur le mur derrière sa chaise. Quelqu'un – il ne savait pas qui – s'était permis ce trait de feutre et d'esprit au bout de la pire semaine de la carrière de dirigeant du directeur de l'Open 13 de Marseille. On était le 16 février 1997, et l'édition de la poisse venait de s'achever. Elle avait démarré sept jours plus tôt, la veille du début du tournoi, lorsque le responsable du personnel fut porté disparu. Plus aucune nouvelle du DRH pour attaquer la semaine… Puis, à l'ouverture de son stand dans le village, l'un des partenaires de l'ATP 250 se fit embarquer par la police. Il était accusé de fabrication de faux parfums.

Vint alors l'affaire Marcelo Ríos. À son arrivée à l'aéroport de Marseille, le Chilien perdit ses bagages. Et le vendredi, soir des quarts de finale, quelqu'un lui vola son sac dans le vestiaire. Heureusement, une spectatrice et sa fille le retrouvèrent. Une rencontre fut organisée avec le joueur, mais plutôt que d'offrir un sourire et un autographe à la gamine, Ríos péta un boulon en découvrant qu'il manquait cinquante dollars : « Il n'y a plus l'argent, sales voleuses ! » Un journaliste piquant demanda à Caujolle ce qui pourrait se passer pour gâcher encore un peu plus cette édition. « Une tempête de vent qui nous obligerait à fermer le village et qu'un des deux finalistes se blesse dimanche », répondit le directeur qui n'espérait pas si bien dire. Samedi, une tempête frappa la région. Le village fut fermé et la soirée délocalisée sur le court numéro 1… où le chauffage tomba en panne ! La petite fête s'acheva à une heure du matin par une température de deux degrés. Enfin, le dimanche, en finale, Ríos abandonna en début de deuxième set face à Thomas Enqvist (6-4, 1-0 ab.). Lors de la cérémonie de remise des trophées, le Chilien lança au micro : « Je sais que la personne qui a volé mon sac est dans les tribunes : je t'ai à l'œil ! » Fin du calvaire.

LES FACÉTIES DE NASTASE

S'il y en a bien un qui mérite son propre chapitre, c'est lui. On aurait pu choisir Jimmy Connors – certainement le joueur le plus détesté de l'histoire dans le vestiaire –, John McEnroe – le plus volcanique –, ou Vitas Gerulaitis – le plus fêtard –, mais dans la confrérie des siphonnés de la raquette, Ilie Nastase, surnommé « Nasty » (le vilain), est intouchable. La preuve.

PÊLE-MÊLE

Savez-vous pourquoi Ilie Nastase a privilégié le tennis au football quand il avait treize ans ? Parce que son entraîneur de l'époque, un ancien colonel de l'armée, lui donnait plus de chocolat que son coach de foot, pardi !

Les anecdotes autour du joueur roumain sont trop nombreuses pour toutes les conter. Pêle-mêle : comme il n'aimait pas prendre l'avion, il picolait ou feuilletait des revues pornographiques pour passer le temps en vol. « Et croyez-moi, ce sont bien les seules choses que j'ai eu la patience de lire un jour jusqu'au bout », écrira-t-il dans son autobiographie. Une année, à Wimbledon, alors qu'il pleuvait, il emprunta le parapluie d'un spectateur et joua avec. Même lieu, autre pantalonnade : après un service jugé faute par le Cyclops, ancêtre du Hawk-Eye qui vérifiait le service et bipait quand celui-ci était dehors, il se rapprocha de la machine et entama une discussion de plusieurs minutes avec elle. Sa propension à casser le rythme, notamment en restant longuement assis sur sa chaise entre deux jeux, poussa les dirigeants du tennis à mettre en place une nouvelle règle, celle des quatre-vingt-dix secondes de pause aux changements de côté.

À Roland-Garros, il se fit servir un café sur le court et s'amusa, alors qu'il avait déjà écopé d'un point de pénalité, à délacer les chaussures de l'arbitre de chaise, Claude Richard. Toujours à Paris, pendant son deuxième tour contre le Suédois Thomas Högstedt en 1983, il lança sa raquette sur un lob de son adversaire et la balle retomba dans le court. Sauf que le règlement était clair : il fallait avoir la raquette en main pour gagner un point. Le Roumain le savait très bien, mais il harangua la foule quand l'arbitre donna le point à Högstedt. Le juge-arbitre, Jacques Dorfmann, dut intervenir. Il expliqua la règle à Nastase qui sourit : « Je sais, je sais, Jacques. Mais j'avais tellement envie de te voir pour te raconter ce coup. » Il reprit la partie et s'imposa (7-6, 6-1, 1-6, 6-1), malgré ses trente-six printemps.

Une autre année, toujours porte d'Auteuil, lors d'un match sur le Central, une balle atterrit dans la loge de Jean-Paul Belmondo. Nastase le connaissait, il l'avait pris en stop lorsqu'il tournait *Les Mariés de l'an II* à Bucarest, en 1970. Le Roumain monta dans la loge de l'acteur, attrapa son chien et l'attacha au pied de la chaise d'arbitre, comme si de rien n'était.

Nastase cherchait autant à amuser la galerie qu'à déstabiliser ses adversaires. Fin 1981, à Stockholm, il vivait un calvaire au deuxième tour face au Français Gilles Moretton. À 6-1, 4-1 contre lui, il commença alors à se plaindre de sa chaussure. Prétextant un lacet cassé, il interrompit le jeu et grimpa dans les tribunes pour quémander une nouvelle chaussure à des spectateurs aussi hilares que l'arbitre. Le show dura une vingtaine de minutes durant lesquelles Moretton se refroidit totalement. Nastase remporta onze des douze jeux suivants et le match (1-6, 6-4, 6-1).

Mais ses pitreries n'amusèrent pas toujours ceux qui se trouvaient de l'autre côté du filet. Même John Newcombe, pourtant pas le plus véhément, en eut assez pendant un double à Wimbledon lors duquel le clown roumain était si insupportable que l'Australien s'en alla prévenir l'arbitre : « Ce qui se passe de l'autre côté du filet est contraire à toutes les règles du tennis. Si vous ne dites rien, je vais faire deux fois pire, OK ? On est sur le Centre Court, pas au cirque. » Comble de l'histoire, c'est finalement un autre cintré du circuit, Jimmy Connors, qui intervint pour calmer son partenaire.

En 1972, au tournoi de l'Albert Hall de Londres, en indoor, Nastase fit exploser Clark Graebner. En pleine partie, le colosse américain demanda au Roumain de s'approcher du filet. Il l'attrapa par le col et le menaça de lui fracasser le crâne avec sa raquette. Nastase, décomposé, abandonna après la perte du premier set en expliquant être « physiquement terrifié ».

« ÇA VA, LE NAIN ? »

Énorme chambreur, autant pour se marrer que pour déstabiliser ses adversaires, Ilie Nastase fit vivre un calvaire à David Lloyd, en juin 1977. La Roumanie affrontait la Grande-Bretagne pour une place en quarts de finale de la Coupe Davis. Grâce aux succès de Nastase contre John Feaver (6-1, 6-2, 4-6, 6-4) et de Dimitru Haradau face à John Lloyd (2-6, 7-5, 6-0, 6-1) lors des simples du vendredi, les Roumains n'étaient plus qu'à un point de la qualification sur la terre battue de Bucarest. La célèbre paire Nastase-Tiriac ne manqua pas l'occasion de conclure la rencontre en dominant les frères Lloyd (9-7, 2-6, 6-4, 9-7). Le match fut marqué par les provocations incessantes de Nastase envers l'aîné de la fratrie, David, qui avait la particularité d'être très petit. « Hé, toi, le nain », l'interpella une première fois Nastase en début de partie. Le Roumain s'amusa à enchaîner les amorties-lobs pour enquiquiner Lloyd. « Ça va, le nain ? », lui demanda-t-il après chaque lob… Au bout d'un moment, le Britannique alla se plaindre auprès de l'arbitre de chaise. Tiriac le prit par l'épaule pour le calmer. « Nastase m'a dit que je dois lui lécher le cul », se plaignit Lloyd. Réponse de Tiriac, fait de la même veine que son coéquipier : « Écoute, il y a six mille spectateurs ici. Tu peux peut-être attendre que le match soit terminé, non ? » Lloyd resta muet jusqu'à la fin de la partie.

LES W.-C. DE CINCINNATI

En 1981, à trente-cinq balais, Ilie Nastase n'était plus que l'ombre du joueur extraordinaire qu'il avait été quatre ou cinq ans plus tôt encore. Lui restait l'humour. À mesure que son corps s'usait et que son jeu se fissurait, le Roumain accentuait ses pitreries, pas toujours de bon goût. À Cincinnati, cet été-là, il fut opposé au Français Christophe Roger-Vasselin au deuxième tour.

Les deux joueurs avaient sensiblement le même classement, autour de la quatre-vingtième place mondiale, mais face à un adversaire de onze ans son cadet, Nastase céda progressivement. Dans le troisième set, sentant bien qu'il ne serait pas en mesure de s'imposer, il décida de se moquer du Français et de son geste en revers, il est vrai assez peu académique. À plusieurs reprises, il s'amusa à le mimer et provoqua de nombreux rires dans l'assistance. Légèrement vexé, Roger-Vasselin finit néanmoins par remporter la partie (2-6, 7-5, 6-3). À son retour au vestiaire, il déposa ses raquettes dans son casier et rentra à l'hôtel. Mais lorsqu'il retourna au stade le lendemain, il découvrit son casier grand ouvert. Ses raquettes avaient disparu. Il apprit plus tard que Nastase avait soudoyé le responsable du vestiaire pour qu'il lui ouvre le casier. Le Roumain avait récupéré les raquettes et les avait balancées dans les toilettes ! Pas franchement marrant et encore moins classe.

CHAT NOIR À ROLAND-GARROS

Ilie Nastase, c'est comme les gosses : plus on lui disait de ne pas faire quelque chose, plus il avait envie de le faire. À Roland-Garros, en 1977, Philippe Chatrier, président de la Fédération française de tennis, avait demandé au Roumain d'arrêter ses pitreries pendant les matchs sous peine d'être privé de Central. Nastase acquiesça et… fit tout l'inverse. Le 30 mai, enfin débarrassé des allergies qui l'enquiquinaient en début de quinzaine et de bonne humeur après sa nette victoire (6-4, 7-5, 6-3) contre le Tchèque Jan Kodes en huitième de finale, il prépara un plan machiavélique pour se marrer.

Le soir-même, il devait disputer les quarts de finale du double au côté du Sud-Africain Bob Hewitt. Face à eux, la dangereuse paire italienne Paolo Bertolucci-Adriano Panatta. Nastase se souvenait que, deux mois plus tôt, lors d'un dîner au restaurant pendant le tournoi de Monte-Carlo, ils avaient vu passer un chat noir devant leur voiture. Bertolucci et Panatta avaient été pris de panique. Ils avaient expliqué à Nastase que cela portait malheur et qu'ils devaient faire plusieurs fois le tour de la voiture pour conjurer le mauvais sort. Une autre fois, Panatta avait même hésité à disputer une exhibition à Caracas après avoir croisé un chat noir sur le chemin du vestiaire… Tout ça n'était pas tombé dans l'oreille d'un sourd.

Après sa victoire en simple, Nastase demanda un service bien particulier à un certain Mabrouk, responsable de l'entretien des courts à Roland-Garros. Proche des joueurs, notamment les jeunes du Centre national d'entraînement qu'il invitait chez lui pour manger un couscous avec sa femme, celui qui était surnommé « Jean Gabin » dans le vestiaire devait lui dégoter un chat noir. Il accepta et, après une petite recherche dans le quartier, trouva un chat gris. Pas satisfait, Nastase refusa et lui donna un billet de cinq cents francs pour qu'il lui ramène un chat vraiment noir. La deuxième tentative fut la bonne. Le Roumain cacha le félin dans son sac de raquettes et entra comme si de rien n'était sur le Central.

Après l'échauffement, dès le premier point du match, Nastase fit mine de devoir changer de raquette. Il ouvrit son sac dont le chat s'échappa immédiatement. L'animal sprinta sur le Central et se rua vers les deux Italiens, d'abord effarés puis rapidement fous de rage. « Connard, espèce de merde », cracha Panatta au visage de Nastase, pas peu fier d'avoir réussi son coup. Alors que le public s'esclaffait, les Italiens se plaignirent auprès de l'arbitre, bien incapable d'y faire quoi que ce soit. Forcément perturbés, ils s'inclinèrent sèchement (6-2, 6-4). Chatrier, lui, mit sa menace à exécution : la paire ne disputa pas la demi-finale sur le Central et s'inclina (6-4, 6-3) face aux futurs vainqueurs, l'Américain Brian Gottfried et le Mexicain Raúl Ramírez. Nastase fut éliminé en quarts de finale du simple par le même Gottfried après avoir mené deux sets à zéro (4-6, 3-6, 6-2, 6-2, 6-3). Ça ne l'empêcha pas de continuer ses petites plaisanteries. Un jour, il cacha une souris dans le casier de l'Américain Arthur Ashe qui détestait ces petites bêtes. Incorrigible Ilie.

CRAMPES ET CRACHAT AU VISAGE

« Nastase a déshonoré Forest Hills hier », écrivit Parton Keese dans le *New York Times* du 4 septembre 1976. La veille, le journaliste américain avait assisté à l'un des plus gros pétages de plomb de l'histoire du tennis. Évidemment, Ilie Nastase en était l'acteur principal.

Pour son avant-dernière édition à Forest Hills avant déménagement du côté de Flushing Meadows, l'US Open fut le théâtre d'un effarant spectacle qui mêla insultes, crachat, début de bagarre générale et intervention de la police. Au premier rang, l'arbitre de chaise George Armstrong avouera plus tard n'avoir jamais vécu de telles scènes de chaos sur un court de tennis. Pour sa première à l'US Open après plus de deux décennies dans le plus feutré Wimbledon, il fut servi. Mais il était en partie responsable d'une situation dont il avait perdu le contrôle en fin de troisième set.

Ilie Nastase menait 5-3 dans la manche décisive face au modeste Hans-Jürgen Pohmann et n'était plus qu'à un jeu de la qualification pour le troisième tour (à l'époque, les matchs de la première semaine se disputaient en deux sets gagnants). Perclus de crampes, l'Allemand s'effondra de tout son long en se tenant le mollet droit. À l'époque, la règle, sévère, était claire : s'il ne pouvait plus jouer, il devait être disqualifié. Au lieu de quoi, Armstrong accepta l'intervention du médecin du tournoi, le docteur Dan Manfredi, qui fit une première fois son apparition sur le court et détendit les muscles de Pohmann. Remis sur pied, le joueur de vingt-neuf ans en profita pour revenir à 5-5 avant d'être à nouveau trahi par sa jambe droite. Retour du doc, Pohmann sauva quatre balles de match et poussa Nastase au tie-break. Troisième intervention de Manfredi ! Celle de trop pour le Roumain qui explosa.

Plusieurs fois au cours de la partie, la tête de série numéro cinq du tournoi, qui avait bénéficié du forfait du Néo-Zélandais Onny Parun au premier tour, s'en était pris à l'arbitre et à ses juges de ligne. Il avait aussi balancé une balle sur un photographe qui le gênait ! La troisième apparition du docteur Manfredi le plongea dans une colère noire. Il se sentait floué et le fit savoir. L'arbitre, son adversaire, le public : tout le monde en prit pour son grade. Les quelque douze mille spectateurs, déjà agacés par l'attitude du joueur de trente ans, prirent fait et cause pour le courageux Pohmann. On se crut alors aux jeux du cirque : de nombreux fans tendirent leur pouce vers le bas, l'air de dire qu'il était temps d'en finir avec cet énergumène, non pas romain mais roumain. Certains voulurent carrément en découdre sur le court, mais des policiers s'interposèrent pour sauver Nastase d'un probable passage à tabac.

Conspué, l'ancien numéro un mondial sauva deux balles de match et finit par s'imposer (7-6, 4-6, 7-6). Au moment de la traditionnelle poignée de main au filet, il cracha au visage de Pohmann et l'insulta : « Espèce de salaud, t'es un nazi ! » Le court fut immédiatement envahi par des journalistes, des photographes et des proches des deux joueurs qui les empêchèrent d'en venir aux mains. « Ce n'est pas un être humain, c'est une bête », lâcha Pohmann. « Sa tête ne me revenait pas », répondit Nastase, qui écopa de mille dollars d'amende et devint l'ennemi public numéro un à New York. Ça ne l'empêcha pas d'atteindre les demi-finales du majeur américain, où il fut dominé par le Suédois Björn Borg (6-3, 6-3, 6-4).

Ce match accéléra la mise en place d'un code de conduite. Il entra en application dès l'année suivante avec, notamment, le système des avertissements et la disqualification au bout du troisième.

« *READY, MISTER ASHE ?* »

Revoilà Mister Ashe ! Pas de souris dans le casier du « Ricain », cette fois, mais une énième provocation, celle de trop. Nastase était sans doute le seul homme sur terre capable de faire disjoncter l'exemplaire et si calme Arthur Ashe. Même les incessantes piques de Jimmy Connors étaient restées sans effet sur l'Américain lors de la finale de Wimbledon 1975 (6-1, 6-1, 5-7, 6-4 pour Ashe, son troisième et dernier sacre en Grand Chelem en simple). Mais, quelques mois plus tard, Ashe craqua. Il était pourtant habitué aux facéties du Roumain, qu'il appréciait beaucoup malgré un caractère diamétralement opposé au sien.

Nastase avait pris l'habitude de chambrer Ashe, auquel il avait attribué des surnoms qui ne passeraient plus aujourd'hui : « Chocolat » et « Negro »… Un jour, à Louisville, dans le Kentucky, il s'était carrément peint en noir pour disputer un double avec l'Américain car « les deux partenaires devaient porter les mêmes couleurs », justifia-t-il, un brin provocateur… Ça amusa Ashe qui n'hésita pas, une année à Tokyo, à sanctionner son coéquipier lorsque celui-ci insulta l'arbitre. Ashe était alors directeur de l'ATP et lui donna une amende.

Le « Je t'aime, moi non plus » se poursuivit à Stockholm, en décembre 1975, à l'occasion du Masters qui rassemblait les huit meilleurs joueurs de la saison. Après avoir remporté leur premier match de poule, respectivement face à l'Italien Adriano Panatta (7-6, 3-6, 6-0) et l'Espagnol Manuel Orantes (6-4, 6-1), Nastase et Ashe s'affrontèrent avec l'objectif de terminer premier de leur groupe. L'Américain menait 4-1 et 15-40 sur le service du Roumain dans la manche décisive. Il n'était donc plus qu'à cinq points de la victoire. Nastase servit alors un ace. Puis le cirque démarra.

Plutôt que d'engager, il décida de provoquer son adversaire. « *Ready, Mister Ashe* ? » – êtes-vous prêt, Monsieur Ashe ? –, demanda-t-il une première fois. Puis une deuxième, une troisième, une quatrième… Ashe, qui avait déjà encaissé en silence de multiples provocations depuis le début de la partie et observé le Roumain s'engueuler sans cesse avec l'arbitre, en eut assez. « Va te faire foutre, Ilie », lâcha-t-il en même temps qu'il quittait le court. « J'en suis arrivé au point où j'ai eu peur de perdre mon contrôle, expliqua-t-il. Je préfère perdre le match que le respect de moi-même. »

Ashe disqualifié ? Non ! Après intervention du président de la Fédération internationale, le Britannique Derek Hartwick, le juge-arbitre, l'Allemand Horst Klosterkemper, déclara avoir disqualifié Nastase juste avant qu'Ashe ne soit sorti du court. Match gagné par Ashe : 6-0, 6-0.

Le lendemain matin, au petit-déjeuner, dans la magnifique véranda du grand hôtel de Stockholm, Nastase offrit un immense bouquet de fleurs à Ashe et s'excusa. Les deux joueurs tombèrent dans les bras l'un de l'autre.

Pour la petite histoire, malgré ce match perdu sur disqualification, Nastase remporta le Masters cette année-là, grâce à deux démonstrations en demi-finale et en finale contre l'Argentin Guillermo Vilas (6-0, 6-3, 6-4) et le Suédois Björn Borg (6-2, 6-2, 6-1).

ET NASTASE S'ALLONGEA SUR LE COURT…

La télé américaine lui avait donné les honneurs du prime-time et des bandes-annonces le vendaient comme un blockbuster, le choc des générations entre deux fous furieux capables du meilleur et surtout du pire. « Nasty » contre « Super Brat », le vilain Ilie Nastase contre le morveux John McEnroe. Mais les annonceurs étaient loin d'imaginer le monstre qu'ils avaient enfanté. Pour sa deuxième édition à Flushing Meadows, l'US Open vécut un véritable chaos.

Ce deuxième tour de l'US Open 1979 aurait aussi pu figurer en tête de notre chapitre « Hors normes ». Souvenez-vous, trois ans plus tôt, le

Roumain était devenu l'ennemi public numéro un des fans new-yorkais après avoir craché un glaviot sur la gueule de son adversaire vaincu, l'Allemand Hans-Jürgen Pohmann. Mais le public américain est du genre schizo, il aime chérir ce qu'il a un jour détesté.

Nouvelle star du jeu, demi-finaliste l'année précédente, McEnroe, vingt ans, eut une mauvaise surprise en début de match : le stade Louis-Armstrong était majoritairement favorable à son adversaire roumain. Impensable et insupportable pour le local. Lorsqu'il entendit un groupe de femmes encourager Nastase en loge, il les fusilla du regard et leur cracha une remarque bien misogyne. En gros, il était temps pour elles de quitter la tribune et de rentrer faire la cuisine… Dans la foulée, il balança un doigt d'honneur à la foule, définitivement acquise à la cause de Nastase qui comptait bien en profiter.

À trente-trois ans, le vainqueur de l'US Open 1972 se savait en fin de parcours et plus vraiment en mesure de résister à la jeune génération. Malgré le gain de la deuxième manche, le vingt-troisième mondial ne faisait pas le poids. Une fois mené deux sets à un, il comprit qu'il ne pourrait pas gagner simplement grâce à son tennis. Son double maléfique entra alors en scène. Il enchaîna les provocations, contesta quasiment chaque balle auprès des arbitres. Il chipa la casquette d'un des juges de ligne, se plaignit du bruit des avions survolant le stade et exigea que soient suspendus les décollages depuis l'aéroport voisin LaGuardia. On vous rassure, il n'obtint pas gain de cause…

Derrière tout ça, l'objectif était clair : faire sortir le volcanique McEnroe de son match et embarquer le public avec lui. À 2-1 au quatrième set, il alla encore plus loin en refusant carrément de jouer. Selon lui, son adversaire prenait trop de temps pour servir. Alors, en signe de protestation, il s'allongea sur le court et prétendit faire la sieste avec sa raquette en guise d'oreiller. En réalité, le Roumain était simplement épuisé et tentait un coup de poker.

Impossible de le convaincre de reprendre la partie. L'arbitre de chaise, Frank Hammond, n'eut d'autre choix que de lui donner un avertissement puis un point de pénalité. Pas de réaction. Jeu de pénalité, 3-1 McEnroe. Il était presque minuit à Flushing Meadows, l'heure du chaos. Les quelque dix mille spectateurs, bien avinés pour la plupart, lancèrent une énorme bronca. Nastase en rajoutait un maximum pour exciter la foule qui se mit à chanter « *Two-One* », le score avant le jeu de pénalité, et à lancer des canettes et des gobelets sur le court. Certains essayèrent même de pénétrer sur le terrain, mais la police les refoula. McEnroe, lui, restait immobile, étonnamment calme.

L'interruption dura de longues minutes. Le juge-arbitre, Mike Blanchard, puis le directeur du tournoi, Bill Talbert, tentèrent de calmer le public, sans succès. Au bout de quasiment vingt minutes, Hammond lança un ultimatum à Nastase : le Roumain avait trente secondes pour reprendre le jeu. Il refusa. « Jeu, set et match McEnroe », annonça l'arbitre au micro. La bronca reprit de plus belle et les officiels commencèrent à craindre l'émeute. Dos au mur, Talbert décida finalement d'annuler la disqualification de Nastase, de remplacer Hammond par Blanchard et de reprendre la partie à 2-1 pour McEnroe.

Mais Nastase n'avait plus rien dans les jambes. Il perdit quatre des cinq derniers jeux en à peine dix minutes (6-4, 4-6, 6-3, 6-2). Lors de la conférence de presse d'après-match, Hammond fut aperçu au dernier rang, en larmes. Il annonça un peu plus tard sa démission. « Nous étions chez les sous-développés du tennis, chez les dingues ! », regretta le journaliste Denis Lalanne dans *L'Équipe* le lendemain.

McEnroe, lui, dut se retenir de ne pas casser la mâchoire de Nastase après la balle de match. Mais, quelques minutes plus tard, de retour au vestiaire, le Roumain, accompagné de deux jeunes femmes, interpella l'Américain : « Hey McAroni *(vous avez bien lu)*, on mange où ce soir ? » Les deux joueurs enterrèrent la hache de guerre au Patrick's Pub à Little Neck. Dix jours plus tard, McEnroe domina son compatriote Vitas Gerulaitis en finale (7-5, 6-3, 6-3) et remporta le premier de ses sept titres du Grand Chelem. Son seul set perdu de la quinzaine ? Contre Ilie « Nasty » Nastase.

LE ROI ROGER

LA COUPE SOUS LA COUETTE

Il la tenait enfin, alors pas question de la lâcher. Des années que Roger Federer courait après la coupe des Mousquetaires, seul grand trophée qui lui échappait encore. Le Suisse restait sur trois finales perdues de suite à Roland-Garros, toujours face au même homme, son bourreau sur terre battue, l'Espagnol Rafael Nadal. La dernière, un an plus tôt, en 2008, avait été particulièrement difficile à avaler : 6-1, 6-3, 6-0. Une leçon, presque une humiliation. Mais, en 2009, « Rafa », genoux grinçants, avait cédé pour la première fois de sa carrière porte d'Auteuil, dès les huitièmes de finale, face au Suédois Robin Söderling (6-2, 6-7, 6-4, 7-6). L'occasion était trop belle pour Federer, qui passa pourtant près de la sortie de route dès le lendemain, mené 7-6, 7-5, 4-3, balle de break pour l'Allemand Tommy Haas, avant de finalement s'imposer en cinq manches (6-7, 5-7,

6-4, 6-0, 6-2), comme en demi-finale contre l'Argentin Juan Martín Del Potro (3-6, 7-6, 2-6, 6-1, 6-4). La finale, elle, ne laissa aucune place au doute : le 7 juin 2009, Federer balaya Söderling (6-1, 7-6, 6-4) et put enfin soulever « sa » coupe des Mousquetaires. Qu'il comptait bien garder près de lui jusqu'au petit matin.

Problème : c'est formellement interdit. Le règlement du Grand Chelem parisien est clair : une réplique de la coupe, plus petite, est offerte au vainqueur, mais il ne peut en aucun cas quitter le stade avec l'originale sous le bras. Le numéro deux mondial insista pourtant auprès des organisateurs et de Jean Gachassin, alors président de la Fédération française de tennis : il souhaitait montrer la vraie coupe à son père, Robert Federer, qui n'avait pas pu assister à la finale et qu'il devait retrouver plus tard dans la soirée pour célébrer son sacre. Rassuré par le responsable de la sécurité de Roland-Garros, Jacques Le Mené, Gachassin finit par accéder à la requête du champion suisse qui fut accompagné jusqu'au bout de la nuit, à bonne distance, mais tout de même, par quatre gardes du corps, chargés par la FFT de surveiller le précieux trophée. Deux d'entre eux passèrent même la nuit devant la chambre d'hôtel du joueur de vingt-sept ans qui rendit son bébé le lendemain, heureux d'être devenu le sixième joueur de l'histoire à remporter les quatre majeurs (après Fred Perry, Don Budge,

Rod Laver, Roy Emerson et Andre Agassi), le premier à passer une nuit entière avec la coupe des Mousquetaires. Lune de miel consommée.

LE ROI DU MATELAS

De rage, il balança un grand coup de pied dans une chaise, qui en fit tomber d'autres, là-haut, au sommet d'une tribune où il pensait pouvoir observer la rencontre en toute discrétion. Raté. Tout le monde vit Jim McIngvale, sous sa casquette rouge, calmer ses nerfs sur ce pauvre siège quand Andre Agassi céda son engagement une ultime fois, à 4-4 au troisième set de la finale du Masters de Houston, le 16 novembre 2003. Roger Federer allait ainsi servir pour le gain du match et du titre. Un affront pour le propriétaire des lieux, un riche entrepreneur de cinquante-deux ans ayant fait fortune dans la vente de literie et de meubles bon marché au milieu des années quatre-vingt.

Surnommé « Mattress Mack » – le roi du matelas –, McIngvale, ancien dépanneur automobile passé en quelques années de la liberté conditionnelle pour trafic de cocaïne au compte en banque à sept chiffres, est patriote et chauvin comme pas deux, et donc aussi fan d'Agassi qu'hostile à Federer. C'est la femme du premier, Steffi Graf, qui lui avait transmis le virus du tennis, en 1992, lors d'un déjeuner organisé à Houston en faveur des enfants souffrant de troubles obsessionnels compulsifs. L'entreprise de McIngvale était à l'origine de l'événement, Graf sa marraine. Ce jour-là, vêtue d'une robe de soirée et pieds nus, la joueuse allemande avait tapé quelques balles avec des gamins sur le parking d'un hôtel, sous le regard ému de McIngvale, dont la fille aînée est elle-même atteinte de TOC.

Dès lors, il s'intéressa de plus en plus à ce sport, jusqu'à acquérir en 1995 le Westside Tennis Club, immense complexe à Houston. À coups de millions, il y créa en 2001 un tournoi ATP puis obtint d'y accueillir en 2003 et 2004 le Masters, réunion annuelle des huit meilleurs joueurs du monde. Il investit quelque vingt-sept millions de dollars dans ce projet, dont trois simplement pour des spots de pub diffusés pendant le Super Bowl. Mais il déchanta dès l'entame de la première édition, quand lui furent rapportés les propos tenus en conférence de presse d'avant-tournoi par Roger Federer.

Récent vainqueur de son premier Grand Chelem à Wimbledon et phénomène en puissance du jeu, le Suisse de vingt-deux ans, très cash à l'époque, critiqua ouvertement le Masters : le fait qu'il se dispute en extérieur alors qu'il se jouait traditionnellement en salle ; le nouveau stade, qui avait coûté dix millions de dollars à McIngvale mais trop petit pour un tel événement selon le joueur ; la qualité médiocre du court, avec une légère pente vers la chaise de l'arbitre et des faux rebonds ; le manque de place dans les vestiaires ainsi que sur les terrains d'entraînement. Pour la première fois, les tournois de simple et de double étaient organisés dans un lieu unique et les joueurs se marchaient en effet dessus. Un jour, Federer avait même dû s'entraîner avec son coach Peter Lundgren sur un court sans filet.

Face à ces critiques acerbes, McIngvale vit rouge. Accompagné par sa femme Linda, il se précipita dans les vestiaires, interpella Federer et lui annonça souhaiter sa défaite, quelques heures plus tard, pour son entrée en lice en phase de poules contre un certain Andre Agassi. Surpris, blessé et agacé, le numéro trois mondial envisagea de déclarer forfait avant de se raviser. Remonté, il sauva deux balles de match puis s'imposa (6-7, 6-3, 7-6) face à l'Américain, qu'il n'avait jusque-là jamais battu en trois duels.

Incapable de cacher sa préférence nationale pour Agassi et Andy Roddick en tribunes, McIngvale s'attira les foudres de l'ATP ainsi que des autres joueurs, en tête desquels David Nalbandian. Pendant son match de poules contre Agassi – encore lui –, l'Argentin fut victime de plusieurs décisions litigieuses, notamment dans le tie-break du premier set. Il demanda alors à discuter avec le superviseur Mark Darby et accusa les arbitres de partialité.

– Personne ne soutient qui que ce soit, lui assura Darby.

– Si, le directeur du tournoi, coupa Nalbandian. Vous le savez ? Oui ou non ?

– Je le sais, mais les arbitres, c'est une autre histoire.

« C'est un manque de respect pour les joueurs », répéta Nalbandian en conférence de presse. « Savez-vous combien rapporte la présence d'Agassi en demi-finale ? Un million de dollars minimum ! », répondit McIngvale, pas peu fier de voir ses deux chouchous dans le dernier carré.

Ce que le riche entrepreneur n'avait pas prévu, c'est qu'ils se feraient tour à tour découper par Federer : Roddick (7-6, 6-2) en demie, Agassi (6-3, 6-0, 6-4) en finale. Lors de la remise du trophée, le propriétaire du tournoi passa plus de temps à glorifier le vaincu américain que le vainqueur suisse. Qu'importe, c'est bien Federer qui reçut la Mercedes et le chèque de près d'un million de dollars promis au gagnant. Le Masters quitta Houston pour Shanghai dès 2005 et jusqu'en 2008. Jim McIngvale, lui, s'éloigna rapidement du monde du tennis, pas suffisamment pro-américain à son goût.

LE VOL PLANÉ

En janvier 2000, Roger Federer n'était encore qu'un jeune joueur prometteur, vainqueur de Wimbledon chez les juniors un an et demi plus tôt (6-4, 6-4 en finale contre le Géorgien Irakli Labadze en 1998) et aux portes du top 50 à dix-huit ans. Après sa défaite sèche (6-1, 6-4, 6-3) au troisième tour de l'Open d'Australie contre le Français Arnaud Clément, le gamin rentra en Suisse et s'offrit quelques jours de ski à Crans-Montana avec son homologue et ami, le vieux briscard Marc Rosset. Un matin, ils dévalèrent la piste utilisée pour la Coupe du monde de descente femmes. Rapidement, ils se prirent au jeu, accélérèrent et aperçurent deux bosses au loin. Tout schuss, Federer dépassa Rosset sur la gauche et s'envola à trois, quatre mètres de haut mais perdit l'équilibre et s'étala dans la neige une quinzaine de mètres plus loin, les skis en l'air. Inquiet, Rosset le rejoignit et crut un instant que son jeune coéquipier s'était brisé une jambe en même temps que sa carrière. Moment de panique, mais Federer le rassura rapidement.

– Ça va, Rodge ?

– Ouais, ouais, c'est bon !

Plus de peur que de mal : dix jours après cet incident, Federer était sur le court à Zurich pour le premier tour de Coupe Davis face à l'Australie. Il remporta (6-4, 7-6, 4-6, 6-4) son premier simple contre le dix-septième mondial, Mark Philippoussis, puis le double (3-6, 6-3, 6-4, 7-6) au côté de Lorenzo Manta face à la paire Arthurs-Stolle mais s'inclina (6-2, 3-6, 7-6, 6-1) le dimanche contre le quinzième mondial, Lleyton Hewitt, et la Suisse fut finalement éliminée (3-2). Qu'importe, le pire avait été évité au détour d'une bosse à Crans-Montana…

RECALÉ À L'ENTRÉE

On peut être l'un des meilleurs joueurs de tous les temps, avoir remporté huit fois un tournoi et ne pas être autorisé à pénétrer dans son enceinte. Roger Federer en a fait l'étrange expérience en novembre 2022. Quelques semaines après avoir mis fin à sa carrière lors de la Laver Cup, à Londres, en septembre, le Suisse, de retour d'un déplacement professionnel à Tokyo, était de passage dans la capitale anglaise pour obtenir un second avis médical concernant son genou, de son propre aveu en mauvais état. À la fin du rendez-vous, l'homme aux vingt titres du Grand Chelem, qui avait un vol quelques heures plus tard en direction de la Suisse, décida de passer en coup de vent à Wimbledon pour saluer ses dirigeants et boire le thé. Sans les prévenir de sa venue, il conduisit jusqu'à l'entrée habituellement réservée aux invités. Mais il n'était jamais passé au All England Club en dehors du tournoi, qui a lieu tous les ans entre fin juin et début juillet. Alors, il sortit de sa voiture, où son entraîneur et ami Severin Lüthi resta à l'attendre, et demanda son chemin à l'agent de sécurité qui se tenait là. S'ensuivit un échange qu'il n'avait pas anticipé.

– Bonjour, comment est-ce que je peux rentrer ? C'est quelle porte ?

– Avez-vous une carte de membre ?

En tant qu'octuple vainqueur du tournoi, Federer est automatiquement membre du club. Mais il n'avait bien évidemment pas sa carte sur lui.

– Non, je n'ai pas ma carte, mais je suis un membre. Par où puis-je entrer ?

– Mais vous devez être membre.

– Je suis membre. Bon, je recommence : normalement, quand je viens ici, c'est pour jouer. Mais c'est la première fois que je viens en dehors du tournoi, je ne sais pas par où entrer. Donc, je vous le redemande : par où puis-je entrer ?

– De l'autre côté, mais vous devez être membre.

– J'ai gagné ce tournoi huit fois. S'il vous plaît, croyez-moi, je suis membre.

Federer remonta dans sa voiture et fit le tour du stade. Il tomba alors sur un passant estomaqué. « Oh, monsieur Federer ! Je n'arrive pas à croire que vous soyez ici, on peut prendre une photo ? »

La scène attira un membre de la sécurité qui reconnut immédiatement la star.

– Monsieur Federer ! Que faites-vous là ? Vous avez votre carte de membre ?

– Je… Non, mais je peux entrer ?

– Oui, bien sûr, je vais organiser ça.

Federer put enfin pénétrer dans le club. Il prit le thé avec les dirigeants de Wimbledon, dont le président, Ian Hewitt. Interrogé sur cette anecdote dans le « Daily Show », le Suisse raconta : « J'ai envisagé de retourner voir la femme de la sécurité pour lui dire que j'étais bien entré, mais je ne l'ai pas fait. Pendant une seconde, quand je lui ai dit que j'avais gagné Wimbledon huit fois, je me suis demandé si c'était vraiment huit fois. Sept ? Huit ? J'ai vraiment honte d'avoir dit ça, je ne parle jamais comme ça. Elle a juste fait son boulot ! »

RETRAITÉ MAL LUNÉ

Roger Federer était dans sa chambre d'hôtel d'un établissement luxueux de Genève, en pleine préparation d'un barrage de Coupe Davis entre la Suisse et la Serbie, en septembre 2006, quand le téléphone sonna. Pensant certainement à un appel de la réception ou d'un membre de l'équipe suisse, le numéro un mondial décrocha. À l'autre bout du fil, un homme d'un âge certain le menaça de mort. Federer raccrocha et prévint immédiatement ses dirigeants. L'affaire fut prise très au sérieux par sa fédération, Swiss Tennis. Dès le lendemain matin, des gardes du corps accompagnèrent le joueur de vingt-cinq ans et toute la sélection dans leurs moindres déplacements. L'auteur des menaces fut rapidement identifié. Il s'agissait d'un retraité vivant à Zürich. Celui-ci dira n'avoir jamais eu l'intention de se rendre à Genève pour assister à la rencontre, et encore moins de passer à l'acte. Les réceptionnistes de l'hôtel, qui avaient naïvement transféré l'appel dans la chambre de Federer, eurent droit à une petite tape sur les doigts. Depuis cet épisode, l'équipe suisse de Coupe Davis ne se déplace jamais sans une sécurité rapprochée. D'ailleurs, peu de temps après, le sponsor de la sélection a changé au profit de… Securitas, la plus grande entreprise suisse de services de sécurité. Cohérent.

Six ans plus tard, alors qu'il s'apprêtait à disputer le Masters 1000 de Shanghai, Federer reçut de nouvelles menaces, cette fois en provenance de Chine. « Le 6 octobre, je prévois d'assassiner Federer dans le but d'exterminer le tennis », écrivit un internaute répondant au pseudo « Blue Cat Polytheistic Religion Founder 07 » sur baidu.com, un site chinois très populaire, avant de poster un photomontage du Suisse agenouillé sur un court de tennis, un bourreau avec une hache dans la main près de lui. La situation alerta les organisateurs du tournoi qui renforcèrent la sécurité du patron du circuit.

Interrogé en conférence de presse, Roger n'était pas apparu plus stressé que ça. « C'était quelque chose de rien du tout sur un site web, rien de clair et de concret, juste des gens qui débattent », avait-il haussé des épaules avant, tout de même, d'ajouter : « Évidemment, c'est un peu perturbant, il n'y a pas de doute là-dessus. » Une douzaine de gardes du corps furent détachés pour assurer sa protection. Quelques jours plus tard, l'auteur des menaces publia un nouveau message sur baidu.com : « Je n'ai pas été arrêté. J'ai pris l'initiative de contacter les personnes concernées pour m'excuser. »

LE NERF DE LA GUERRE

Le surdoué Roger Federer était-il un loser ? Vingt ans plus tard, la question relève de l'absurde. Mais, au début de l'été 2003, elle commençait à se poser sérieusement. Bien sûr, le génie suisse avait des résultats. Pêle-mêle, des titres à Marseille, Dubaï, Munich, Halle ou encore une finale au Masters 1000 de Rome. Assez pour atteindre la quatrième place mondiale à vingt et un ans, ce dont beaucoup rêveraient. Pourtant, depuis sa victoire légendaire face à Pete Sampras en huitième de finale de Wimbledon deux ans plus tôt (7-6, 5-7, 6-4, 6-7, 7-5), « RF » avait pris la mauvaise habitude de se « gameller » en Grand Chelem. Un mois avant d'arriver au All England Club, en juin 2003, il avait sombré dès le premier tour de Roland-Garros face au modeste Péruvien Luis Horna, alors quatre-vingt-huitième mondial, en trois petits sets (7-6, 6-2, 7-6), ce qui lui avait valu de nombreuses critiques et une profonde remise en question. Mais le prodige suisse s'apprêtait à faire voler en éclats tous les doutes, y compris les siens.

Sur le gazon londonien, son futur royaume, Federer franchit les premiers tours avec facilité. En première semaine, il n'abandonna ainsi qu'une seule manche, au troisième tour contre Mardy Fish (6-3, 6-1, 4-6, 6-1). Lors du *Manic Monday* (lundi fou), quand se disputaient tous les huitièmes de finale au lendemain d'un dimanche chômé, il s'imposa en trois sets face à l'Espagnol Feliciano López (7-6, 6-4, 6-4). Ce jour-là, pourtant, sa quinzaine faillit s'arrêter brutalement. Sur le court numéro deux, surnommé « le cimetière de Wimbledon » en raison de l'élimination de nombreux favoris au fil des années, Federer ressentit une violente douleur au dos en frappant un service pendant l'échauffement. « C'était comme si on me plantait un couteau dans le dos », racontera-t-il des années plus tard. Dès la fin du deuxième jeu, il fit appel au kiné. Alors qu'il se faisait manipuler, allongé sur l'herbe, il envisagea de renoncer. Chaque mouvement était difficile, même s'asseoir aux changements de côté le faisait grimacer. Le joueur de vingt et un ans scrutait le ciel en espérant voir apparaître un gros nuage noir, en quête d'une interruption provoquée par la pluie, mais rien à l'horizon. À 5-4, López servit pour le gain de la première manche. Sans doute que, si l'Espagnol avait remporté ce jeu, et donc le set, Federer aurait jeté l'éponge. On ne le saura jamais puisqu'il débreaka puis arracha la manche au tie-break. Grâce aux soins, et notamment à la pommade analgésique appliquée par le kiné, la douleur s'estompa progressivement et le Suisse remporta la rencontre. Il passa les quarante-huit heures suivantes à soigner ce nerf coincé et, six jours plus tard, remporta la finale face à Mark Philippoussis (7-6, 6-2, 7-6), le premier de ses vingt titres du Grand Chelem.

LE COUP DE POUCE DE L'ORGANISATEUR

C'était une hérésie. Jusqu'en 2011 et sa victoire en finale face à Jo-Wilfried Tsonga (6-1, 7-6), Roger Federer n'avait jamais remporté le tournoi de Bercy. Le Suisse était pourtant extrêmement à l'aise en indoor, mais la position du Masters 1000 parisien dans le calendrier, entre Bâle – son tournoi maison – et le Masters de Londres – le rendez-vous des maîtres pour clôturer la saison –, ne lui était pas favorable. Lors de ses sept premières participations, entre 2000 et 2009, il s'inclina trois fois dès son entrée en lice et ne dépassa jamais le stade des quarts de finale. Fan de Federer, ce dont il ne se cachait pas malgré son rôle, Jean-François Caujolle décida d'intervenir.

En 2007 déjà, pour sa première année en tant que directeur du tournoi, l'ancien joueur français (cinquante-neuvième mondial en 1977) s'était rapproché de l'entourage du Suisse pour le convaincre de revenir disputer le tournoi parisien après trois éditions boudées. « RF » lui avait alors fait passer le message qu'il n'appréciait pas la surface du central – une moquette traumatisante pour son corps – et l'avait orienté vers une société autrichienne qui produisait la résine du tournoi de Vienne sur laquelle il se sentait très bien. Caujolle s'empressa de faire poser cette fameuse résine et Federer fit son retour à Paris. Puis, en 2010, le dirigeant décida d'accélérer nettement la vitesse de la surface, ce qui était évidemment très favorable au style de jeu du Suisse. Celui-ci réussit cette année-là sa meilleure performance à Bercy, avec une défaite en demi-finale contre Gaël Monfils malgré plusieurs balles de match en sa faveur (7-6, 6-7, 7-6). L'édition suivante fut finalement la bonne et, au bout d'une semaine traversée sans avoir perdu un seul set, Federer souleva enfin *Le Filet du Temps*, une sculpture en bronze de Jean-Pierre Rives récompensant le vainqueur. Caujolle, lui, quitta la direction du tournoi, le sentiment du devoir accompli.

INCLASSABLES

SOURIEZ, VOUS ÊTES FILMÉS

Ils ne voulaient surtout pas que leur trogne apparaisse sur les écrans de télévision et étaient prêts à tout pour l'éviter. Jean-François Caujolle, en 1971, et Yannick Noah, en 1978, avaient tous les deux dix-huit ans et un statut de jeunes beaux gosses à protéger. Alors pas question d'afficher aux yeux de tous (et surtout de toutes) leur vilain défaut du moment : l'acné pour Caujolle, un sourire troué pour Noah.

Grand espoir du tennis français, le premier remettait en jeu son titre de champion de France juniors. L'année précédente, il avait créé la surprise en dominant en finale Éric Deblicker et avait dans la foulée été invité dans l'émission sportive d'Antenne 2 (aujourd'hui France 2). Paniqué à l'idée d'être de nouveau confronté aux caméras, qui auraient immortalisé son visage boursouflé et recouvert de boutons disgracieux, celui qui atteindra la soixante-et-onzième place mondiale en 1979 balança totalement sa finale contre Louis Borfiga (6-1, 6-0 en trente-cinq minutes) et s'éclipsa. Il apprit plus tard que le vainqueur n'était finalement pas passé à la télévision… Deux semaines plus tard, à Marseille, loin des caméras, il prit sa revanche en le surclassant sur le même score.

Noah, lui, n'avait aucune chance d'éviter les télés. Au troisième tour de Roland-Garros, il n'affrontait rien d'autre que le numéro deux mondial, tenant du titre et futur finaliste, l'Argentin Guillermo Vilas. Forcément, l'affiche, attrayante, avait été programmée sur le Central, en troisième rotation. À l'époque, le Français habitait dans un studio rue Poussin, à moins d'une borne du stade. En début d'après-midi, il attendait nerveusement chez lui et décida de descendre acheter des cerises chez l'épicier du quartier. Il les mangeait goulûment quand il mordit dans un noyau et se cassa l'une des dents de devant. Ne pouvant concevoir de jouer devant sa famille, ses ami(e)s et les caméras avec un trou au milieu de la bouche, il appela son dentiste, qui lui conseilla, dans l'urgence, de mâcher un chewing-gum et de coller sa dent avec. Le MacGyver de la dentition démarra son match ainsi, le chicot branlant. Mais, à 2-2 au premier set, alors qu'il cédait son engagement, sa dent se détacha à nouveau. Agacé, il la cracha et donna un coup de raquette qui la fit valdinguer jusqu'à sa chaise. Il disputa toute la partie en se pinçant les lèvres et s'inclina en quatre manches (6-2, 4-6, 6-1, 6-1). Au moment où Noah rangeait ses affaires, le journaliste Christian Quidet, chef du service des sports de l'ORTF, voulut lui poser quelques questions. Il refusa de répondre : « Je ne parle pas à la presse. » Celle-ci se déchaîna contre lui le lendemain : « L'espoir du tennis français va devoir apprendre à être professionnel et à respecter la presse. » Elle ne connaissait évidemment pas la raison de la bouderie du jeune Français…

PLUS KGB QU'ATP

C'est une époque pas si lointaine, elle paraît pourtant ancestrale. Il y a trente ans, un système, celui de l'Union soviétique, s'effondrait. Un moment libérateur pour beaucoup, y compris chez les joueurs de tennis. Il y eut la génération d'Alex Metreveli – finaliste à Wimbledon en 1973 –, Olga Morozova – finaliste à Roland-Garros et Wimbledon l'année suivante –, ainsi que Toomas Leius, vainqueur de Wimbledon chez les juniors en 1959. Lui succédèrent Andreï Chesnokov – neuvième mondial et demi-finaliste à Roland-Garros en 1989 –, Aleksandr Volkov – droitier devenu gaucher après une fracture de la main et demi-finaliste à l'US Open en 1993 –, Andreï Cherkasov – médaillé de bronze aux JO de Barcelone en 1992 – ou encore Natalya Zvereva, vingt titres du Grand Chelem en double (dont deux en mixte) à son palmarès.

Tous ont vécu et joué sous le joug d'un régime oppressant, jusqu'à sa chute en 1991. Le comité soviétique des sports était leur gardien de prison. Tout passait par lui, même la simple demande de balles, de raquettes ou de shorts, qu'ils n'avaient aucune assurance de recevoir : les membres du bureau se servaient avant... Le plus délicat concernait les déplacements à l'étranger. Les joueurs n'étaient évidemment pas libres de leurs mouvements. Jusqu'en 1989, le comité décidait de la programmation de chacun avec des règles strictes : pas plus de douze tournois par an et interdiction de jouer en Afrique du Sud ou en Israël. En 1984, l'URSS avait fini par se résoudre à accueillir Israël à l'occasion de la finale d'un groupe Europe en Coupe Davis. Mais les autorités décidèrent que la rencontre, prévue à Donetsk du 28 au 30 septembre, se disputerait sans public ni caméras de télévision, devant des gradins seulement occupés par des policiers. Quand un Soviétique se retrouvait dans un tournoi avec un joueur de l'une de ces deux nationalités, la situation devenait ubuesque. Deux options se présentaient alors à lui : se retirer immédiatement du tableau ou déclarer forfait avant de l'affronter.

Ainsi, à Roland-Garros, en 1965, Toomas Leius, qui avait la particularité de se lécher le bout des doigts entre les points, prétexta une blessure à une cheville et quitta Paris avant son quart de finale contre le Sud-Africain Cliff Drysdale. Au tour précédent, déjà, au courant de l'identité de son futur adversaire, l'Estonien avait longtemps hésité à conclure son match. Il était pourtant bien meilleur que l'Américain William Hoogs, contre lequel il mena 6-3, 6-3, 2-0 avant de subitement « arroser » et commettre des erreurs de cadet, jusqu'à s'embarquer dans un cinquième set, sous les sifflets du court numéro 2 qui n'appréciait pas le spectacle. Il s'imposa finalement 9-7 dans la manche décisive. Sans doute avait-il eu l'accord de ses deux accompagnateurs, vers lesquels il avait jeté des regards insistants tout au long de la rencontre. Soi-disant entraîneurs, les deux hommes étaient en réalité des agents du KGB. Aucun voyage à l'étranger ne se faisait sans plusieurs d'entre eux. Ils épiaient les moindres faits et gestes de Leius et des autres, qui devaient systématiquement repasser par Moscou entre deux tournois et ne pouvaient voyager que sur la compagnie russe Aeroflot.

« Nous étions les meilleurs. À l'école, on nous apprenait que les avions, les voitures russes étaient les meilleurs… Même la merde était meilleure en Russie », ironisait Chesnokov dans *L'Équipe* en 2000 à propos de l'idéologie soviétique et de sa propagande. La réussite de chacun était la réussite de l'URSS, qui confisquait tous les gains des joueurs. En échange, l'État leur offrait « généreusement » un logement, minuscule, et une certaine somme, largement insuffisante, pour les frais en tournois. Chesnokov vivait ainsi dans un studio de seize mètres carrés avec sa mère et sa grand-mère. Il débarquait généralement à Roland-Garros avec une valise pleine de nourriture, pour garder de quoi s'acheter des cordages. Quand il était à sec, les journalistes français se relayaient pour lui offrir un repas au restaurant de la presse. La tentation de garder une partie des dotations remportées en tournoi était grande, mais la moindre sortie du rang pouvait se payer cher.

En 1986, Chesnokov croisa un arbitre de Roland-Garros, Patrick Flodrops, alors qu'il s'entraînait au Paris Country Club. Flodrops lui proposa de disputer le tournoi du club parisien. Sans prévenir personne, « Chesno » accepta et s'imposa. Il récupéra la dotation de huit mille francs, en donna la moitié à son entraîneur Tatiana Naoumko et décida de garder le reste. Deux semaines plus tard, alors qu'il s'apprêtait à affronter le Français Henri Leconte en quarts de finale porte d'Auteuil, il fut pris à partie dans le vestiaire par la délégation soviétique, qui venait d'être mise au courant de son petit secret. « Il faut que tu rendes l'argent. Tu devrais avoir honte.

Tu as volé le peuple, le pays. Comment as-tu pu nous faire ça ? » Chesnokov rendit ses gains et, encore secoué par la scène, fut surclassé par Leconte (6-3, 6-4, 6-3).

Une quinzaine d'années plus tôt, deux joueurs américains avaient proposé à Toomas Leius de quitter l'URSS et de l'accueillir aux États-Unis : « On te donnera une maison près de Washington, tu auras un réfrigérateur et une voiture décapotable. » La réponse de leur homologue les sidéra : « Si je vous comprends bien, vous voudriez que je quitte le pays de Pouchkine et Tolstoï pour un frigo et une voiture décapotable ? » Mais la génération suivante ne jurait plus fidélité à l'URSS. En 1989, Chesnokov, encore lui, et Natalya Zvereva, de plus en plus agacés par la situation, décidèrent conjointement de garder les gains de leur superbe parcours à Roland-Garros : une demi-finale pour le premier, qui avait battu Mats Wilander avant de s'incliner contre le futur vainqueur, Michael Chang ; un titre en double pour la seconde, au côté de Larisa Savchenko. Pour ce faire, ils signèrent avec un agent, Philippe Pimpaneau, qui toucha l'argent à leur place et le plaça sur un compte bloqué. Le subterfuge passa mal à Moscou, qui confisqua le passeport de Zvereva dès son retour de Paris. Appelé en urgence par le père de la joueuse, Pimpaneau dût se rendre sur place pour arranger la situation. Chesnokov eut droit à la même mésaventure après l'US Open et fut menacé de ne plus être autorisé à quitter le pays s'il ne rendait pas ses gains. Deux mois plus tard, le mur de Berlin tombait. Le régime soviétique était en train de se fissurer.

À L'INSU DE SON PLEIN GRÉ

Max Decugis est le premier grand champion de l'histoire du tennis français. Il est peut-être aussi son premier dopé ! En 1910, à Bruxelles, il affronta le Néo-Zélandais Anthony Wilding, meilleur joueur de l'époque face auquel il avait gagné deux fois mais subi de nombreuses corrections dans le passé. Une nouvelle était en route en Belgique. 6-0 au premier set, 6-0 au deuxième, 3-0 puis 5-3 au troisième… Mais, au changement de côté suivant, à 5-4, l'arbitre, le baron de Borman, lui donna gentiment un fruit à grignoter. Soudain, le match tourna. Transformé, Decugis inscrivit les seize jeux suivants et s'imposa 0-6, 0-6, 7-5, 6-0, 6-0. Le Parisien expliquera à l'arbitre Jacques Dorfmann n'avoir compris que plus tard que le fruit mangé à 5-4 était en réalité une noix de cola. Sans ce petit booster, le Français sera à nouveau corrigé (6-2, 6-1, 6-0) par Wilding l'année suivante, à Deauville.

LES VOYEURS DE ROLAND-GARROS

Une course-poursuite dans les allées de Roland-Garros. Des officiels et le service de sécurité, réduit comme peau de chagrin, au pas de course et Pierre Ostertag beuglant devant son bureau : « Attrapez-les, attrapez-les ! » Le juge-arbitre lui-même voulut participer à la chasse, mais sa jambe plus courte que l'autre le fit rapidement renoncer. Et les deux pourchassés ne furent jamais retrouvés. Quelques instants plus tôt, ils avaient été surpris en train de se rincer l'œil au-dessus des douches du vestiaire des joueuses. En 1973, avant que la tribune A du Central ne soit reconstruite, il y avait des fenêtres condamnées entre le bas des tribunes et le plafond dudit vestiaire. Les deux malins avaient soulevé une des dalles pour observer les femmes dans leur plus simple appareil. L'Américaine Janet Newberry était en train de se doucher quand elle aperçut, au-dessus de sa cabine, le visage des deux voyeurs. Elle poussa un grand cri d'effroi qui alerta tout le vestiaire. L'incident en amusa certaines, parmi lesquelles une autre Américaine, Pam Teeguarden, qui raconta, morte de rire, la scène au journaliste français Alain Deflassieux quelques semaines plus tard, à Wimbledon. Mais elle provoqua chez d'autres, choquées qu'un tournoi aussi prestigieux que Roland-Garros laisse un tel événement se produire, une colère froide. À défaut de retrouver les deux hommes, les organisateurs décidèrent de poster un gardien à plein temps devant la fenêtre en question.

L'ANCÊTRE DE TINDER

En 1961, Patricia Ann Stewart débarqua à Londres le cœur brisé. La joueuse américaine de vingt-six ans venait de se faire larguer par son compagnon de l'époque. Sur un coup de tête, elle décida alors de broder son numéro de téléphone sur sa jupe. Sous le regard amusé des spectateurs et des photographes qui la mitraillèrent, elle la porta lors de sa victoire face à « Sue » Chatrier (3-6, 6-0, 6-3) puis contre Margaret Court, qui l'élimina sèchement (6-3, 6-0) au troisième tour de Wimbledon. Conséquence ou simple coïncidence, « Pat » se maria moins de trois mois plus tard avec le joueur de cricket britannique John Edrich. Mais leur union dura à peine quatre ans. Stewart se remaria en Californie, en 1991. Pas de numéro de téléphone brodé, cette fois…

L'USURPATEUR

Au royaume des *fake news*, le mensonge de Darko Grncarov aurait une place de choix près du trône. Ou comment un jeune Macédonien – c'est à peu près la seule chose qu'on puisse affirmer avec certitude à son sujet – a réussi, tout seul derrière son ordinateur, à berner toute la planète tennis : fans, journalistes et même certaines légendes du jeu, comme Martina Navrátilová et Serena Williams.

L'histoire était belle, sans doute un peu trop pour être vraie : un joueur de tennis en devenir, jamais sans sa raquette ni celle offerte par son oncle, tombé dans le coma pendant plusieurs mois et de retour sur les courts avec l'ambition de percer sur le circuit professionnel. Le genre de conte de fées qui plaît à la presse. En septembre 2017, une interview de Grncarov fut ainsi publiée sur le site français Tennis Actu. Le joueur de vingt ans y racontait le calvaire qu'il avait vécu l'année précédente lorsqu'à deux jours d'un tournoi en Turquie, il fut victime d'une attaque et plongea dans un coma dont il ne se réveilla qu'au bout d'un an. Ses médecins lui annoncèrent alors qu'il ne pourrait plus jouer au tennis, mais il refusa le diagnostic et se prépara très dur pour revenir. L'ATP lui apporta son soutien et lui offrit plusieurs invitations dans des tournois importants qu'il disputerait l'année suivante, à Bangkok, Rotterdam, Miami ou encore en Chine.

Deux mois plus tard, ce fut au tour du site britannique Metro d'écrire un portrait du miraculé dont l'histoire se répandit alors à grande vitesse, jusqu'aux antennes de la BBC, qui l'interviewa au téléphone, et à plusieurs stars du tennis. Serena Williams, dont il est un grand admirateur, le suivit sur Twitter, où son compte fut rapidement certifié, symbole ultime d'authenticité pour de nombreux internautes. L'ancien joueur américain James Blake, quatrième mondial en 2006, lui écrivit qu'il souhaitait « commenter beaucoup de ses futurs matchs », Martina Navrátilová, dix-huit Grands Chelems au compteur entre 1978 et 1990, lui souhaita « bonne chance » pour la suite de sa carrière et Adidas tweeta « Bienvenue dans la famille, Darko » après qu'il eut annoncé être sponsorisé par la marque aux trois bandes, ainsi que par Wilson. Le gamin était aussi engagé contre l'homophobie et la transphobie et n'hésita pas à interpeller avec véhémence, sur les réseaux sociaux, des personnages controversés comme Margaret Court ou Tennys Sandgren, tous deux dans l'œil du cyclone début 2018 pour des propos plus que *borderline*. Une rareté dans le monde du tennis, sport ultra policé où les opinions tranchées se cachent ou se chuchotent.

Sauf que tout était bidon. Ou presque. Il existe bien un Darko Grncarov, né en 1997 en Macédoine. Le reste n'est que pure invention. Sans doute jusqu'à son visage, puisque bon nombre de photos et de vidéos d'entraînement qu'il publiait sur ses réseaux, généralement de dos, venaient en réalité du compte Instagram du junior espagnol Cameron Henricy Trigolos. Certaines montraient un joueur droitier, d'autres un gaucher… C'est le journaliste américain Ben Rothenberg qui révéla la supercherie dans une longue enquête publiée sur Slate en février 2018. Quelques mois plus tôt, curieux d'en savoir plus sur le potentiel du nouveau personnage en vogue, il avait souhaité consulter ses profils ATP et ITF. Problème : à l'ATP, qui liste tous les joueurs ayant évolué ne serait-ce qu'une seule fois sur le circuit principal ou secondaire, il n'existait pas ; quant à l'International Tennis Federation, elle ne répertoriait qu'un match juniors, en 2015, au Monténégro, perdu 6-0, 6-0 contre Nikola Vukotic, ainsi qu'un forfait en 2017 lors des qualifications d'un tournoi à Charm el-Cheikh, en Égypte, où il affirmait pourtant avoir gagné deux rencontres.

Forcément suspicieux, Rothenberg se mit à fouiller, chercha à entrer en contact avec les supposés joueurs affrontés par Grncarov. Certains n'existaient pas, les autres ne le connaissaient pas et disputaient des tournois dans d'autres pays au moment où ils étaient censés avoir joué contre lui. Le Serbe Viktor Troicki, avec lequel il avait annoncé qu'il disputerait des doubles à l'avenir, n'avait jamais entendu parler de lui non plus. Même chose pour les joueurs macédoniens Tomislav Jotovski et Besir Durguti : Darko Grncarov était inconnu au bataillon.

Rothenberg contacta Adidas et Wilson, qui affirmèrent ne pas être ses sponsors (la réponse d'Adidas sur Twitter est certainement l'œuvre d'un community manager qui n'avait pas connaissance du mensonge), et interrogea des médias macédoniens qui avaient publié des articles sur Grncarov et ses prétendues performances en tournois, notamment un titre en juniors à Amsterdam, en décembre 2014. Un tournoi fantôme dont il n'existe pas la moindre trace… Rothenberg retrouva également l'extrait d'une interview donnée par le joueur dans une émission de télévision macédonienne sur Strumica TV. Au milieu de l'entretien, quelques images d'entraînement : on le voyait frapper des coups droits avec une technique pour le moins approximative. Un niveau éminemment insuffisant pour avoir une quelconque ambition professionnelle…

Les journalistes locaux avaient fini par s'apercevoir de ses mensonges et arrêté d'écrire à son sujet. *Persona non grata* chez lui, l'usurpateur s'était alors tourné vers des médias étrangers. C'est lui qui avait contacté un jeune journaliste de Tennis Actu sur Twitter, pour qu'il raconte son histoire. Même chose deux mois plus tard avec un reporter de Metro. « Une fois que l'histoire était sortie dans un média *mainstream*, tout le monde a suivi, explique Rothenberg. Plusieurs personnes ont commis des erreurs qui ont rendu l'histoire de Darko plus crédible. Le fait qu'il ait été certifié sur Twitter lui a aussi donné une crédibilité qu'il ne méritait pas. » Le reporter américain avait également repéré de nombreux comptes fans du joueur sur Twitter, créés avant même que son histoire n'ait fait le tour des médias, tweetant et retweetant en permanence à son sujet et n'hésitant pas à harceler les quelques personnes qui émettaient le moindre doute sur le Macédonien, probablement à l'origine de tous ces comptes.

Censé faire son grand retour à la compétition en janvier 2018, Grncarov le repoussa à cause d'un deuil, celui de sa mère, disait-il dans un tweet qu'il supprima par la suite. Encore un mensonge puisque Mirjana Grncarova continua de poster sur son compte Facebook plusieurs semaines après sa mort supposée… Dans une conversation privée sur Twitter, Rothenberg confronta Grncarov aux nombreuses incohérences de son histoire, notamment sur sa période dans le coma qui correspondait au moment où il était censé être en Égypte pour le tournoi où il déclara finalement forfait. Acculé, Grncarov s'agaça et bloqua le journaliste, qui publia son récit. Le Macédonien nia maladroitement. Son conte de fées avait vécu.

Aujourd'hui, Darko Grncarov, suivi par des dizaines de milliers de personnes sur Twitter et Instagram, est toujours très actif sur les réseaux sociaux. Les photos qu'il publie lui appartiennent-elles ? On ne le sait pas. Est-il vraiment tombé dans le coma ? « Il n'y a pas de certitude, mais c'est possible, sans doute pas aussi longtemps que ce qu'il a raconté », pense Rothenberg.

Quelques mois après la découverte de la supercherie, Grncarov annonça vouloir mettre fin à ses jours et désactiva ses réseaux sociaux, avant de réapparaître comme si de rien n'était. En mai 2018, il tweetait : « J'ai vingt ans, j'ai été victime d'une attaque il y a deux ans, je suis tombé dans le coma, j'ai perdu l'ouïe, j'ai passé mon dix-huitième anniversaire à l'hôpital, j'ai perdu des membres de ma famille. J'ai essayé de me suicider, mais je me suis repris, tout seul. Oui, je suis une légende. » Et un mystère qui reste entier…

DE RICHARD À RENÉE

Dick Carlson eut rapidement un doute. Renée Clark était-elle vraiment une femme ? Le journaliste de KFMB-TV, la chaîne locale de CBS, l'observait, perplexe, balayer (6-1, 6-1) Robin

Harris, pourtant tenante du titre, en finale du tournoi régional de La Jolla, à San Diego, en Californie, durant l'été 1976. Comment une inconnue de trente et un ans, qui jouait sous les couleurs du petit club de Newport Beach, pouvait-elle à ce point martyriser ses adversaires ? Elle était grande – un mètre quatre-vingt-cinq –, parlait avec une voix rauque et, surtout, possédait un service de gauchère dévastateur. C'est ce geste qui la trahit. Il ressemblait à s'y méprendre à celui d'un ancien joueur, capitaine de son équipe à Yale et cinq fois dans le tableau de l'US Open entre 1953 et 1960. De plus en plus suspicieux et alerté par un spectateur fin connaisseur du tennis universitaire, Carlson mena son enquête. Il en arriva rapidement à la conclusion que Renée Clark était en réalité Richard Raskind et qu'elle n'avait pas trente et un ans, mais quarante et un !

Le lendemain, le journaliste appela celle qui avait une fausse identité à son cabinet d'ophtalmologie, à Newport Beach, pour lui annoncer qu'il comptait dévoiler son passé à l'antenne. Elle le supplia de ne pas la dénoncer, assurant ne pas être un personnage public. « Vous êtes devenu un personnage public en remportant ce tournoi hier », lui répondit Carlson, qui déclencha une énorme polémique dans le petit monde de la balle jaune : « *Women's Winner Was a Man* » (la femme gagnante était un homme). Les médias découvrirent Renée Richards, née

Richard Raskind, qui se faisait appeler Renée Clark pour jouer au tennis en toute discrétion. Raté. Soudainement sous le feu des projecteurs, elle tint une conférence de presse et confirma être devenue une femme : « Quand je suis venue en Californie, à quatre mille cinq cents kilomètres de chez moi, j'ai laissé mon fils, que je ne vois qu'une fois par mois, et tous mes amis pour vivre une nouvelle vie, anonyme et paisible. Et tout m'éclate au visage à La Jolla. » Elle fut invitée sur tous les plateaux télé mais refusa la plupart. Sa célébrité dépassa les frontières américaines. Lors d'un voyage en Uruguay, elle fut interpellée à Montevideo par un kiosquier qui avait vu sa photo dans un magazine et lui demanda de la signer…

Avant de devenir une femme, Richard Raskind était un homme à qui tout réussissait : né en 1934 de parents médecins – lui chirurgien, elle psychiatre – d'origine russe, il grandit dans les beaux quartiers de New York où il développa rapidement des qualités sportives, dans l'eau, avec une batte ou sur un terrain de football américain, mais rien ne lui plaisait autant que le tennis. Il déclina une invitation à passer un essai pour les Yankees, la célèbre équipe de baseball new-yorkaise, et envisagea de se lancer à corps perdu dans sa passion après avoir été le capitaine de l'équipe universitaire de Yale. Mais il se ravisa, se tourna vers la médecine à l'université de Rochester et devint un excellent ophtalmologue, spécialisé dans la chirurgie des muscles oculaires. Sans jamais complètement abandonner le tennis. Entre 1953 et 1960, il se qualifia à cinq reprises pour le tableau principal de l'US Open, où il ne remporta que deux matchs, puis joua à l'US Navy, où il était lieutenant *commander*. Il remporta le championnat militaire en simple comme en double, avant de devenir un des meilleurs joueurs seniors (plus de trente-cinq ans) du pays.

Bel homme, marié à un mannequin – Barbara Mole – et papa d'un petit Nicholas, il avait tout pour être heureux mais ne l'était pourtant pas. Parce qu'il se sentait mal dans sa peau. Il n'aimait pas son corps d'homme, musculeux et poilu. À huit ans, il empruntait les vêtements de sa sœur. Au lycée, il se rasait les jambes. Au début de sa vie d'adulte, il n'hésitait pas à porter jupe et talons hauts pour promener son chien. Plus tard, il entama un traitement hormonal pour se féminiser. Insuffisant. Il voyagea alors jusqu'à Casablanca, au Maroc, avec quatre mille dollars en poche, pour se faire opérer et changer de sexe. Il renonça au dernier moment, mais, malgré une psychanalyse, sa sensation d'être une femme coincée dans un corps d'homme ne le quitta jamais, jusqu'à ce qu'il saute finalement le pas, en août 1975. « Je n'avais plus le choix, je ne pouvais plus revenir en arrière. J'aurais préféré une autre solution, un remède miracle, une drogue, du vaudou, mais ça n'existait pas. C'était ça ou le suicide. » Il subit une chirurgie de réattribution sexuelle, effectuée par le docteur Robert Granato dans un hôpital new-yorkais, divorça, déménagea en Californie et intégra un cabinet d'ophtalmologie à Newport Beach. Richard Raskind était devenu Renée Richards. Un prénom tout sauf anodin puisqu'en anglais, il se traduit par *reborn* (renaître).

La belle histoire n'attendrit pas l'USTA. La Fédération de tennis américaine ne voulait pas de Renée Richards sur ses tournois, en tête desquels l'US Open, à moins qu'elle passe un test de dépistage chromosomique. Dont le résultat ferait nécessairement d'elle un homme… Soutenue par des figures du tennis comme Martina Navrátilová, Billie Jean King et Arthur Ashe, elle décida de porter l'affaire devant les tribunaux. Son discours fit mouche : « Je ne fais pas ça pour l'argent, je gagne cent mille dollars par an en tant qu'ophtalmologiste. Je n'ai pas changé de sexe pour une quelconque gloire, je l'ai fait pour des raisons intimes et personnelles. Mais je crois que ma demande est juste. Je crois en mon combat et je crois en la justice. »

Le 16 août 1977, après un an de bataille judiciaire, le juge Alfred Ascione, de la Cour suprême de New York, annonça que Renée Richards était une femme et avait donc le droit de disputer l'US Open. Deux semaines plus tard, elle devint, à quarante-trois ans, la première femme transsexuelle à disputer le majeur américain. Elle s'inclina (6-1, 6-4) dès le premier tour contre la Britannique Virginia Wade, tête de série numéro trois et tout juste sacrée à Wimbledon, mais atteignit la finale du double avec Betty-Ann Stuart, seulement battues (6-1, 7-6) par Martina Navrátilová et Betty Stöve.

Richards avait gagné son combat, mais elle était toujours interdite de compétition dans de nombreux pays. Elle ne pouvait ainsi pas disputer Roland-Garros, qui lui demandait de passer un test chromosomique, ni Wimbledon, dont le règlement permettait de refuser l'accès à des joueurs sans la moindre justification. L'Américaine jouait principalement aux États-Unis, où le vestiaire ne l'accueillit pas à bras ouverts. Avant même la décision de la Cour suprême, lorsque le promoteur Gene Scott l'invita à disputer le Tennis Week Open à South Orange, dans le New Jersey, vingt-cinq joueuses du tableau déclarèrent immédiatement forfait. Beaucoup considéraient que, malgré le changement de sexe et les traitements hormonaux, Richards possédait toujours un avantage musculaire, en plus de sa grande taille. D'autres craignaient qu'elle crée un précédent et que de plus en plus de transsexuels, plus jeunes et plus forts, ne suivent son chemin. Certaines allèrent jusqu'à porter des t-shirts hostiles sur lesquels on pouvait lire « *Go away Renée* » (« Va-t'en Renée ») ou « *I'm a real woman* » (« Je suis une vraie femme »). « Nous étions dans les années soixante-dix. Pour beaucoup, j'étais un homme avec une robe et une perruque », dira-t-elle.

En octobre 1977, à Phoenix, à l'occasion du tournoi de l'Arizona, Richards, issue des qualifications, dût faire face à des joueuses très véhémentes à son égard. Au deuxième tour, l'Américaine Joanne Russell, agacée de prendre ace sur ace, lui adressa plusieurs doigts d'honneur en pleine partie. Au tour suivant, elle fut opposée à l'Australienne Kerry Reid, qui avait remporté l'Open d'Australie quelques mois plus tôt. Son mari, Raz Reid, était aussi son entraîneur. L'ancien soixante-et-onzième mondial ne supporta pas de voir sa femme se faire battre par Richards. À 7-6, 4-1 pour l'Américaine, il déboula sur le court : « C'est terminé, elle arrête de jouer. » Kerry Reid ramassa ses affaires et quitta le terrain. Face à ces comportements, le Roumain Ilie Nastase, futur partenaire de double de Richards, ironisa : « De quoi ont-elles peur ? Elle pourrait être leur mère. »

Malgré les nombreux obstacles, Renée Richards passa quatre ans sur le circuit, où elle s'imposa jusqu'à atteindre le vingtième rang mondial, en 1979. La même année, elle passa deux tours à l'US Open en simple, éliminée (6-2, 6-1) par la tenante du titre et future finaliste Chris Evert, et se qualifia pour les demi-finales du double mixte au côté de Nastase. Elle mit fin à sa carrière en 1981, à quarante-sept ans, et devint la coach de Navrátilová, qu'elle guida vers deux de ses titres à Wimbledon. Elle reprit ensuite son activité d'ophtalmologue, non plus en Californie mais à New York. Elle opéra plus de vingt mille enfants, écrivit deux livres pour raconter son histoire et vit désormais dans le comté de Putnam, à une centaine de kilomètres au nord de New York, où elle voit encore quelques patients et joue au golf. Libre et heureuse.

DES « QUALIFS » DE ROLAND À UN ESSAI AU PSG

Aujourd'hui, les qualifications des tournois du Grand Chelem voient s'affronter des joueurs classés entre les centième et deux cent cinquantième places mondiales, à l'exception, parfois, de quelques rares *wild cards* qui peuvent se situer au-delà du top 300. Bref, seule l'élite du tennis y a accès. Mais fut un temps pas si lointain où presque n'importe qui pouvait tenter sa chance : des joueurs du dimanche (on est parfois descendu jusqu'à des deuxièmes séries !) pour compléter des tableaux vides, il y a une cinquantaine d'années, et des sans-grades classés négatifs, donc d'un très bon niveau régional, jusque dans les années quatre-vingt.

Laurent Rizzo est certainement l'un des derniers non classés ATP à avoir disputé les qualifications de Roland-Garros et de Wimbledon. Attention, le garçon était tout sauf un quidam : -30 à vingt ans, le meilleur classement amateur possible. En 1986, il réussit l'exploit d'éliminer Christophe Roger-Vasselin pendant les « qualifs » du majeur parisien, porte d'Auteuil, là même où, trois ans plus tôt, l'ancien vingt-neuvième mondial avait atteint les demi-finales, seulement battu par le futur vainqueur, Yannick Noah. Certes, Roger-Vasselin était sur la pente descendante, mais la performance n'en restait pas moins marquante. Malheureusement pour Rizzo, des douleurs persistantes à un poignet, qu'une opération ne suffit pas à faire disparaître, l'empêchèrent d'aller plus loin.

Très bon sportif, il s'essaya alors à d'autres disciplines : tennis de table, rugby, judo, bobsleigh et football. À l'été 1991, il fit même un essai au PSG ! Lui qui, à vingt-cinq ans, n'avait jamais joué à un niveau professionnel, eut une sacrée dose de culot pour s'inviter dans le bureau du nouvel entraîneur du club parisien, Artur Jorge, raconter son parcours universitaire – une licence de sciences économiques et Sup de Co à Lyon – et s'inventer une expérience de footballeur professionnel au Cap, en Afrique du Sud. « Vous n'avez rien à perdre à me mettre à l'essai », insista-t-il. Le coach portugais accepta.

Grand – un mètre quatre-vingt-dix –, rapide – onze secondes au cent mètres – et pas trop mauvais techniquement, l'attaquant Rizzo ne fut pas recalé dès la première séance. L'essai dura même deux semaines, au cours desquelles il sympathisa notamment avec Joël Bats et Paul Le Guen, avant que la période des matchs amicaux ne signe la fin de l'histoire. Enfin presque : il obtint une pige d'une semaine à Toulouse, avant de signer un contrat d'un an au Plessis-Trévise, dans le Val-de-Marne, en troisième division nationale. Mais Rizzo le caméléon, qui regretta par la suite de ne pas avoir joué en défense centrale où, pensait-il, il aurait pu évoluer à un meilleur niveau, se lassa vite de l'ambiance et préféra en rester là.

HENRI, LA « LIMO » ET CARLOS

Henri Leconte était un jeune professionnel, à peine majeur, quand il découvrit New York et ses paillettes. D'abord à Flushing Meadows, pour l'US Open, puis, quelques années plus tard, au Madison Square Garden, pour le Masters, il vécut des scènes improbables. Dans les vestiaires, il lui arrivait de croiser, entre autres, Sean Connery,

Roger Moore, Eric Clapton, Sting, les Doors, Led Zeppelin ou même les Rolling Stones. Le « showbiz » venait voir John McEnroe ou d'autres stars du jeu. En janvier 1986, au Masters, en revenant d'un entraînement avec Yannick Noah, il vit son homologue suédois Mats Wilander jouer de la gratte avec Keith Richards, le guitariste des Stones. Le numéro trois mondial devait pourtant disputer un match quelques minutes plus tard !

Leconte ne se priva pas non plus de goûter aux excentricités new-yorkaises. En 1984, lassé de prendre quotidiennement une navette de son hôtel, le Méridien, au stade, il interpella le chauffeur d'une limousine qui passait par là. Les deux hommes négocièrent un deal : en échange de badges pour accéder au stade et au salon des joueurs, Carlos, le chauffeur, l'amènerait tous les matins à Flushing puis tous les soirs à son hôtel. La combine dura cinq ans pendant lesquels Leconte fut ainsi transporté en « limo » alors que Carlos et sa femme s'offrirent des journées gratos à l'US Open et traînèrent comme si de rien n'était dans le salon des joueurs.

FRENCH CLASH

Key Biscayne assista à un drôle de PSG-OM, le 20 mars 2013. Plus pathétique que drôle, d'ailleurs. Michaël Llodra – le Parisien, fan du club de la capitale au point d'enfiler son maillot sur le Central de Roland-Garros après une victoire (7-6, 6-4, 7-6) au troisième tour contre l'Italien Simone Bolelli en 2008 – et Benoît Paire – l'Avignonnais, alors abonné au stade Vélodrome pour soutenir Marseille – s'accrochèrent violemment au premier tour du Masters 1000 de Miami. Le clash démarra à 3-0 pour Paire dans le premier set. Deux jeux plus tôt, à 1-0, 30-0, Llodra commit une double faute que l'arbitre mit quelques secondes à annoncer. Quelques secondes de trop pour Paire, qui s'agaça auprès de l'officiel. Au changement de côté suivant, à 3-0 donc, Llodra interpella son adversaire : « Ne commence pas à mettre la pression sur l'arbitre. Ne te comporte pas comme un petit merdeux. » Du genre volcanique, Paire répondit du tac au tac : « Je t'emmerde. »

Dès lors, le match sombra dans le grand n'importe quoi. Les deux joueurs ne cessèrent de s'envoyer des piques. Des « Ferme ta gueule » fusèrent entre les échanges. Dominateur en début de partie, Paire, excédé, sortit progressivement de la rencontre. Après avoir perdu la première manche au tie-break malgré cinq balles de set, il dévissa totalement et tenta même d'allumer Llodra à plusieurs reprises.

Après la victoire du Parisien (7-6, 6-2), Paire se dirigea directement vers l'arbitre, lui serra la main et quitta le court sans saluer Llodra, ce qui lui valut une bordée de sifflets du public américain, perdu et loin d'avoir compris le sketch auquel il venait d'assister. « C'est pas compliqué, je ne lui parlerai plus jamais », lâcha le vaincu après la partie, avant de conclure : « Désormais, je sais à quoi m'en tenir. Ce n'est pas quelqu'un de bien. C'est quelqu'un de faux qui est prêt à tout pour gagner un match. » Réponse du vainqueur : « Dans des matchs comme ça, il y a deux solutions. Soit on se monte le bourrichon et ça devient n'importe quoi, soit on ferme sa gueule et on joue. C'est ce que j'ai fait. Benoît, lui, s'est complètement fissuré dans le deuxième set. Il faisait n'importe quoi en essayant de m'allumer. Au bout du compte, c'est lui qui s'est ridiculisé. » De ce point de vue-là, les journalistes ayant assisté au « spectacle » évoquèrent plutôt un match nul. Le lendemain, le quotidien *L'Équipe* titra d'ailleurs : « Au bal des imbéciles ».

LE JOUR OÙ NOAH S'EST TROMPÉ D'ENTERREMENT

Ces deux-là s'aimaient profondément. Yannick Noah et Marcel Bernard avaient tissé des liens forts tout au long de la carrière du premier, suivie de près par le second. Dernier vainqueur français de Roland-Garros en 1946, l'ancien président de la Fédération française de tennis avait pris le jeune espoir sous son aile. Il venait le voir à l'entraînement, lui glissait quelques conseils et lui donnait des bouquins, sur des peintres notamment. Parce qu'il fallait être un artiste pour jouer au tennis, pensait-il. C'est aussi lui qui remit à Noah la coupe des Mousquetaires lors de son sacre contre Mats Wilander, en 1983. Alors, quand le Français apprit la mort de Bernard, le 29 avril 1994 à Paris, il décida de se rendre aux obsèques qui devaient avoir lieu quelques jours plus tard à l'église d'Auteuil. Enfin, ça, c'est ce qu'il pensait…

Le jour de l'enterrement, Noah se pointa une bonne heure en avance. Pas question de manquer la cérémonie. Les gens commençaient doucement à arriver et l'ancien numéro trois mondial, qui n'avait pas très envie de sociabiliser, partit se planquer dans un café en face de l'église. Puis, il se faufila au fond de l'assemblée quand l'un des employés des pompes funèbres s'approcha pour lui proposer de présenter ses condoléances à la famille. Noah hésita, il n'avait pas vraiment envie que tout le monde le voie. Le croque-mort insista et il finit par se lever et se diriger vers les proches de Marcel Bernard. À sa grande surprise, il ne reconnut personne dans la foule. Pas le moindre joueur, entraîneur ou dirigeant du tennis français. Il présenta ses condoléances puis retourna s'asseoir. Tout le monde le regardait avec de grands yeux, notamment sa voisine…

La cérémonie démarra. Assis près de l'allée, Noah fondit en larmes lorsque le cercueil de son ami apparut. Puis, le prêtre prit la parole. « Mes frères, mes sœurs, nous sommes là pour dire au revoir une dernière fois à notre fils, à notre ami, à notre parent… Pierre. » Noah se raidit. Il crut d'abord à une erreur. Mais l'homme de foi répéta plusieurs fois le prénom Pierre. Il s'était trompé d'obsèques ! Pris de panique, il feignit un malaise, se plia en quatre et sortit de l'église. Un des croque-morts lui demanda ce qui n'allait pas. Confus, Noah lui avoua tout. « Le monsieur du tennis ? C'est pas l'église d'Auteuil, c'est l'église de Boulogne. »

Noah partit en courant, enfourcha sa moto et arriva à l'enterrement de Marcel Bernard avec une heure de retard. Son ami photographe Serge Philippot l'engueula. Noah lui raconta l'histoire et Philippot éclata de rire. Tout le monde se retourna vers les deux hommes. « Ils ont cru que j'avais encore dit une connerie. » S'ils avaient su…

LES SPAGHETTIS SONT CUITS

Fou de rage, Guillermo Vilas fonça vers son banc, rangea ses raquettes et quitta le court en trombe sous le regard ahuri des spectateurs aixois. La finale de la Raquette d'Or d'Aix-en-Provence venait de s'achever brutalement, ce 2 octobre 1977, sur l'abandon de l'Argentin, alors mené deux sets à zéro (6-1, 7-5) par le vieillissant Ilie Nastase. Vilas était pourtant l'immense favori de la rencontre. Il restait sur cinquante-trois victoires consécutives sur terre battue – record qui ne sera battu que par Rafael Nadal trois décennies plus tard – et huit titres, parmi lesquels deux Grands Chelems, en l'occurrence Roland-Garros et l'US Open – qui s'était disputé sur terre battue (Har-Tru) entre 1975 et 1977 avant de repasser sur dur. Mais, ce jour-là, il fut démoli par Nastase. Écœuré, le numéro deux mondial lâcha : « Je n'ai pas perdu contre un joueur mais contre une raquette. »

Comme depuis le début de la semaine, Nastase jouait avec un instrument bien particulier. Une raquette à double cordage, autrement appelée « raquette spaghetti » pour son look pas banal : boyaux, tubes de plastique et bouts de ficelle colorée montés sur un triple plan. La création sortait tout droit du cerveau inventif d'un... horticulteur allemand. Gamin déjà, Werner Fischer fabriquait ses jouets, des voitures en contreplaqué notamment. Il inventa ensuite une suspension avec des amortisseurs, puis un système de chauffage avec des copeaux de bois. Ses années à jouer au tennis de table et l'apparition des raquettes avec picots sur mousse, qui permettaient de mettre beaucoup plus d'effet dans la balle, lui donnèrent des idées. En 1966, il bricola un prototype en à peine une journée, mais le cordage cassait trop vite à cause des frottements. Il lui fallut finalement cinq ans – et, au passage, l'invention d'une nouvelle colle, plus résistante que toutes les autres – pour créer la raquette à double cordage, dont la laideur s'opposait à l'extraordinaire efficacité : quiconque l'attrapait possédait immédiatement un super pouvoir, celui d'imprimer un lift inouï à la balle, plus bondissante et incontrôlable que jamais. À côté, le lift de Rafael Nadal aurait fait pâle figure…

Fischer fit tester l'objet par un joueur de son club, à Vilsbiburg, en Bavière. Le résultat dépassa toutes ses espérances. Il n'avait plus qu'à se retrousser les manches et en créer pour tout le monde. Lui-même commença à battre tous ses coéquipiers, à l'exception du numéro un, et son équipe gravit tous les échelons jusqu'à atteindre la première division nationale en 1976. L'Allemand se mit alors en quête de commercialiser sa création sur le circuit professionnel. Il démarcha les stars du tennis, mais Jimmy Connors, avec son jeu à plat, ne fut pas convaincu. Harold Solomon, trop traditionaliste, non plus. Fischer se rabattit sur des seconds couteaux. Parmi eux, Barry Phillips-Moore. Sorti du top 100 un an plus tôt, l'Australien de trente-neuf ans n'avait plus grand-chose dans les chaussettes et sa hanche couinait dangereusement. La raquette spaghetti lui offrit un second souffle.

En mai 1977, une semaine avant de devenir le premier joueur à utiliser le nouvel outil en Grand Chelem, à Roland-Garros, où il passa un tour à la surprise générale, il affronta Georges Goven lors des qualifications du tournoi de Düsseldorf. Le Français fut interpellé par le bruit que produisait la raquette de son adversaire et par les trajectoires hallucinantes de ses frappes. De retour au vestiaire après la rencontre, qu'il avait remportée non sans mal, Goven s'approcha de Phillips-Moore, qu'il connaissait bien, et lui demanda s'il pouvait voir sa raquette, celle qu'il cachait dans son sac à chaque changement de côté pendant le match… L'Australien refusa. Tout juste avoua-t-il faire des essais avec un Allemand. « Ça va révolutionner le tennis », annonça-t-il. Face à l'insistance de son collègue, il lui montra finalement la raquette quelques secondes avant de la ranger et de filer à la douche. Goven en profita pour prendre un crayon et un papier et dessiner ce qu'il venait de voir.

Dès son retour à Paris, le demi-finaliste de Roland-Garros 1970 acheta une machine à corder puis du nylon pour requin au magasin de pêche du coin. Ses premières tentatives de reproduction furent un échec : le cordage était trop fragile. Il le solidifia avec du scotch et de la ficelle. À force de bricolage et de tests, à l'abri des regards, il obtint le résultat escompté. Seul problème : il lui fallait entre quatre et cinq heures pour corder une raquette. Qu'importe, il était temps de « matcher ». Lui aussi en dehors du top 100 cette année-là, il s'en alla disputer la tournée estivale française sur le circuit secondaire. En plein divorce, sur la route avec sa fille et… sa machine à corder, Goven vécut un été extraordinaire. Il remporta pratiquement tous ses matchs, le tout sans jamais monter au filet – impensable à l'époque. Il lui suffisait de balancer des mines du fond du court, la trajectoire et le rebond de la balle faisaient le reste. En finale à Royan, il se mesura au jeune et prometteur José Luis Clerc. L'Argentin l'avait toujours battu. Pas avec madame Spaghetti. 6-1, 6-0, une humiliation et quelques noms d'oiseaux.

Forcément, ses performances provoquèrent jalousies et bon nombre de soupçons dans le vestiaire. Même ses amis – Luigi Borfiga, Dominique Bedel et Régis Brunet – l'avaient mauvaise. Comment Georges pouvait-il soudainement être aussi fort en ayant totalement modifié son style de jeu, à presque trente ans ? Au tournoi de La Baule, pendant que Goven se douchait, un joueur ouvrit son sac et découpa tous ses cordages. Le Français passa la nuit suivante à recorder ses raquettes.

Son épopée se poursuivit au tournoi de Paris, en septembre, où il domina un certain Ilie Nastase (6-4, 2-6, 6-4). Le Roumain s'emporta contre l'objet de tous les désirs… qu'il utilisa à son tour dès la semaine suivante, à Aix, jusqu'à l'abandon de Vilas en finale. L'arrêt de mort de la raquette spaghetti. Dès le lendemain, le 3 octobre 1977, la Fédération internationale annonça la suspension, à titre provisoire, du double cordage. Il fut définitivement banni du circuit huit mois plus tard. Selon l'ITF, il faussait le jeu et lissait les écarts entre les meilleurs et les autres. Comme le modeste Américain Mike Fishbach, qui avait reproduit à la perfection le modèle original pour sortir des qualifications et écraser la légende nationale Stan Smith (6-0, 6-2) au deuxième tour de l'US Open, en août 1977.

La décision fut un coup dur pour les convertis à la spaghetti, parmi lesquels Goven, qui ne retrouva jamais les sensations offertes par le double cordage, mais aussi – et surtout – pour Werner Fischer. Il comptait douze employés. Tous les joueurs français lui avaient commandé un exemplaire de sa trouvaille dès la fin de l'été 1977 : deux mille raquettes étaient prêtes et Fischer était en contacts avancés avec une entreprise américaine pour industrialiser la fabrication. Au lieu de quoi, il se retrouva ruiné. Ça ne l'empêcha pas de créer une nouvelle raquette, conforme aux règles édictées par l'ITF, mais celles-ci furent à nouveau modifiées et son invention une fois de plus interdite. Cette fois, c'en était bel et bien terminé des inventions tennistiques de Werner Fischer…

JIM COURIER ET LA VACHE ESPAGNOLE

En 1992, l'Américain Jim Courier, intouchable tout au long de la quinzaine – un seul set perdu –, s'adjugeait son second titre consécutif à Roland-Garros. Après sa victoire face à Petr Korda en finale (7-5, 6-2, 6-1), le numéro un mondial s'était mis le public parisien dans la poche en prononçant quelques mots en français lors de la cérémonie de remise du trophée. Son sacre l'année précédente porte d'Auteuil lui avait donné envie d'apprendre la langue de Molière. Le gamin de Sanford (Floride) s'y était mis avec son entraîneur, Brad Stine, un Américain francophone, sa petite amie française de l'époque et un guide de poche qu'il feuilletait tous les jours.

De retour à Paris en 1993, le joueur de vingt-deux ans atteignit la finale pour la troisième année de suite, mais, cette fois, alors qu'il menait 2-0 dans le cinquième set, il trébucha sur la dernière marche contre l'Espagnol Sergi Bruguera (6-4, 2-6, 6-2, 3-6, 6-3). Malgré sa déception, « The

Rock », qui avait par ailleurs l'étrange habitude de réserver ses chambres d'hôtel sous le nom de personnages du film de Quentin Tarantino *Reservoir Dogs* (Mr. Brown ou Mr. Pink), offrit aux spectateurs un discours de finaliste tout sauf conventionnel. En français dans le texte, il lança au micro : « L'année dernière, je parlais français comme une vache espagnole. Cette année, j'ai perdu contre une vache espagnole. »

HOT-DOG MIDI ET SOIR

Jeune espoir du tennis français, Thierry Champion se préparait à disputer le tableau juniors de l'US Open en septembre 1983. Parti seul, sans entraîneur ni carte bleue, il avait simplement dans ses bagages une somme d'argent en cash donnée par la Fédération française de tennis qui s'était également occupée de lui réserver une chambre d'hôtel. Dans l'avion vers New York, le gamin de dix-sept ans eut la bonne surprise d'être assis à côté d'une jeune Suédoise dont le charme opéra instantanément. Champion expliqua à sa jolie voisine qu'il s'apprêtait à participer à l'US Open, sans préciser qu'il s'agissait du tournoi juniors. Elle lui demanda s'il connaissait Yannick Noah, vainqueur de Roland-Garros quelques mois plus tôt. Champion acquiesça alors qu'il ne lui avait jamais parlé.

Dès leur arrivée à New York, ils dînèrent ensemble. Grand seigneur, Champion régla l'addition. Il y laissa un quart de sa bourse. Trois dîners plus tard avec madame, il ne lui restait plus que vingt dollars en poche alors que son tournoi n'avait pas démarré. Le tennisman français ne s'acheta plus que des hot-dogs à un dollar, midi et soir, pendant six jours. Le ventre vide ou assez peu qualitativement rempli pour un sportif de haut niveau, il s'inclina dès le premier tour face à l'Israélien Amos Mansdorf (6-2, 4-6, 6-0).

Et la Suédoise, dans tout ça ? Trois semaines après l'US Open, Noah présenta sa nouvelle copine à la presse. C'était elle, Cecilia Rodhe, Miss Suède 1978, sculptrice, future mère de Joakim et Yelena Noah. Sauf qu'à son retour des États-Unis, Champion avait eu la bonne idée de faire le cacou auprès de ses camarades à l'INSEP (Institut national du sport) à propos de sa rencontre avec une sublime Suédoise. Il avait même punaisé au-dessus de son lit le flyer qu'elle lui avait offert. La publication des photos du couple Noah-Rodhe provoqua son lot de railleries.

Quelques mois plus tard, Champion recroisa la route de Noah à Monaco. Le premier disputait le tournoi des moins de vingt et un ans de Monte-Carlo pendant que le second participait à celui des pros. Champion avait vu que Noah était accompagné par Cecilia. Trop honteux, il fit tout pour les éviter. Mais un soir, alors qu'il rentrait du club à pied pour rejoindre son hôtel, un deux étoiles à Menton, avec son entraîneur François Errard, il vit une énorme Mercedes s'arrêter à sa hauteur. C'était Noah. La star du tennis français leur proposa de les déposer. Sur le trajet, Noah demanda à Champion : « C'est toi, Thierry Champion ? Tu as rencontré Cecilia à New York, c'est ça ? » Le jeune joueur devint plus rouge que la terre battue monégasque et bégaya quelques mots : « Oui… euh… enfin… par hasard, hein… On s'est croisés cinq minutes… pas plus… » Il garda pour lui l'anecdote des hot-dogs.

C'ÉTAIT LE MAUVAIS JAPONAIS

Tête de série numéro huit au Queen's en 2012 et exempté de premier tour, Julien Benneteau attendait tranquillement le nom de son adversaire pour son entrée en lice sur le gazon londonien. Son entraîneur d'alors, Loïc Courteau, lui avait dit qu'il irait le superviser pour l'observer et donner d'éventuelles clés tactiques à son poulain. Sauf qu'au lieu d'aller voir le match entre le Japonais Tatsuma Ito et l'Italien Paolo Lorenzi, dont le vainqueur affronterait le Français au tour suivant, Courteau se trompa de Japonais et assista, pour rien, à la victoire de Go Soeda contre Björn Phau.

Benneteau ne put donc bénéficier de l'analyse de son coach pour défier Ito. Heureusement, ça ne l'empêcha pas de s'imposer, non sans mal (5-7, 6-4, 7-5).

L'HÉLICO SÉCHOIR

En Nouvelle-Zélande, il existe une méthode bien particulière pour sécher les courts mouillés par la pluie. Au tournoi Futures de Te Anau, en janvier 2020, alors que les terrains étaient détrempés après une violente averse, les organisateurs, plutôt que de réquisitionner les ramasseurs de balles et de leur donner des serviettes pour tout essuyer, firent venir… un hélicoptère. Celui-ci vola en statique au-dessus des courts pendant une dizaine de minutes. Ce séchage express permit aux joueurs de reprendre les matchs rapidement.

CHANGEMENT DE SUSPENSOIR

Le quart de finale de Coupe Davis était déjà perdu à l'issue du double du samedi après trois défaites en trois matchs, mais la France avait encore deux simples à disputer face aux États-Unis, à San Diego, en avril 1989. Visiblement plus vraiment concerné, Yannick Noah, qui devait affronter Andre Agassi, réalisa à son arrivée dans le vestiaire, le dimanche, qu'il n'avait plus de suspensoir, ce sous-vêtement qui maintient bien les parties intimes. Dans l'équipe, personne n'en avait, sauf Olivier Delaitre, mais il le portait déjà. En vitesse, le remplaçant de l'équipe retira son slip de compet' et le donna à son coéquipier. Au premier changement de côté, Noah se retourna vers Delaitre et lui lança en se marrant : « Ouah, t'as un p'tit cul, toi ! » Serré dans son suspensoir, le Français s'inclina contre Agassi (6-3, 7-6). Et Delaitre ne revit jamais son sous-vêtement.

SOURCES

MÉDIAS ET INTERNET

L'Équipe

lequipe.fr

theplayerstribune.com, « *The Weight* », 1er septembre 2015, Mardy Fish

Compte Instagram « *Behind the Racquet* »

Sports Illustrated

Boca Raton News, « *Tennis star battles severe mental illness* », 24 mars 1996, Gregg Doyel

The Hour, « *Americans ousted* », 17 juin 1980

Sarasota Journal, « *Netter yanked for poor play* », 12 août 1980, David Tucker

eurosport.fr

tennis-buzz.com, « *Silenzio Cretini* », 9 mai 2016, Peter Bodo

Journal de Monaco n°2588, 11 février 1908

criminocorpus.org, « Vere Saint-Leger Goold (1907) », 10 février 2017, Philippe Collin

Libération, « Du temesta dans la bouteille d'eau », 12 août 2009, Patricia Tourancheau

Europe 1, « Hondelatte raconte », 29 juillet 2017

Sud Ouest, « Dans un cycle de haine », 28 juin 2011, Christine Lamaison
rmcsport.bfmtv.com, 25 septembre 2016
Tennis Magazine
YouTube
lesoir.be, « Justine Henin réfute rumeurs et insinuations », 10 septembre 2003, Paolo Leonardi et Philippe Vande Weyer
wearetennis.pnbparisbas.fr
tennisfame.com, « Art Larsen »
rolandgarros.com
Pastimes, « *Tennis' ageless guru* », 1976, Willard Bailey
Tennis Week, « *Athlete And Sage* », 11 août 1983, Beverly Boyarsky
atptour.com
tennisclublyon.com
tennisspace.it
thetennisspace.com
ina.fr
theguardian.com
nytimes.com
Paris Match
parismatch.com
The New York Times
chron.com
leparisien.fr
lexpress.fr
spokesman.com
slate.fr
slate.com
L'Express
historyofceylontea.com

rtbf.be
tennisactu.net
si.com
telegraph.co.uk
Le Matin
BBC Radio 4 Today
« The Daily Show »
Compte Twitter de Bastien Fachan
« Les Grands Récits », Eurosport
tennismajors.com

LIVRES

Dico culture illustré de Roland-Garros, Julien Pichené et Christophe Thoreau, R & Co Éditions, 2013
Murder in Monte Carlo, Michael Sheridan, Poolbeg Press Ltd, 2011
Open, Andre Agassi, J'ai Lu, 2011
Tennis's Strangest Matches: Extraordinary but True Stories from over a Century of Tennis, Peter Seddon, Portico, 2016
Titanic, The tennis story, Lindsay Gibbs, New Chapter Press, 2012
Toute l'histoire du Titanic, Beau Riffenburgh, Sélection du *Reader's Digest*, 2008
Carnets de balles, Julien Pichené, Publibook, 2010
Roland-Garros, Toute une histoire, Félicien Taris, Ramsay, 2016
The Goddess and the American Girl, Larry Engelmann, Oxford Univ Pr, 1988
The Naked Eye, Charles Saatchi, Booth-Clibborn Editions, 2014
Rouge est la terre, Bertrand Pulman, Calmann-Lévy, 2013

Roger Federer : La quête de la perfection, René Stauffer, Premium, 2012
Second Serve, Renée Richards et John Ames, Stein & Day, 1983
*No Way Renée: The Second Half of My Notorious Lif*e, Renée Richards et John Ames, Simon & Schuster, 2007
Acing depression : a tennis champion's toughest match, Cliff Richey, New Chapter Press, 2010
Monsieur Nastase, L'autobiographie, Ilie Nastase, Éditions Jacob-Duvernet, 2008
Winning ugly, Brad Gilbert, Simon & Schuster, 2007

PIÈCES DE THÉÂTRE
My Match Against Mlle Lenglen, Helen Wills, 1933
Lenglen-Wills match at Cannes, James Thurber

REMERCIEMENTS

Merci, d'abord, à vous, lectrices et lecteurs, de vous être laissés tenter par cette plongée dans le merveilleux monde du tennis, ses excès, ses larmes, ses joies, ses personnages hors norme et ses légendes. J'espère que vous avez ouvert grand les yeux, ri aux éclats ou versé quelques larmichettes, ici et là, à mesure que les pages défilaient. Et, surtout, que vous avez à votre tour chopé le virus, celui de la passion pour un sport et ses coulisses. C'est elle qui m'a animé au moment de me lancer dans ce projet, auquel ont tout de suite adhéré, malgré ma bibliographie vierge, Clément Ronin et Bertrand Pirel, éditeurs chez Hugo Sport. Je les remercie pour leur confiance, leur soutien, leurs idées et serais très heureux de les retrouver du côté de la rue La Pérouse pour potasser sur d'autres bouquins. Merci, à nouveau, à Clément, pour sa patience et sa bienveillance.

Je remercie, aussi, Benoît Paire pour sa disponibilité, son honnêteté et le temps qu'il a consacré à cette préface. Benoît, je te souhaite de kiffer le plus longtemps possible ta vie sur le circuit, ta famille, tes potes, ton golf et tes spritz.

Je remercie, ensuite, le directeur de la rédaction de *L'Équipe*, Jérôme Cazadieu, qui m'a donné sa bénédiction pour ce projet personnel et chronophage. Je n'oublie pas mes collègues, âgés mais estimés, Julien Reboullet et Renaud Bourel, pour leurs conseils au début de l'aventure et leur rôle de mentors qu'ils occupent sans doute sans le savoir. Que dire de Philippe Bouin et Alain Deflassieux, plumes historiques du journal, avec lesquels je n'ai pas eu l'honneur de travailler, mais qui m'ont accordé un après-midi entier pour m'aider à trouver des histoires à raconter. Au plaisir de vous revoir pour parler tennis et, surtout, de tout le reste. Un petit mot, aussi, pour Gérard Schaller – encore un ancien de la grande maison *L'Équipe* – pour l'anecdote qu'il m'a soufflée et pour son pointilleux travail de correction.

Plus globalement, je remercie toutes celles et ceux, à *L'Équipe*, qui m'ont successivement pris sous leur aile depuis mon arrivée en stage, en juillet 2015 : Jérémie Arbona et Gigi, lorsque j'étais encore un gosse timide et gauche ; Benoît Lallement, qui m'a donné ma chance comme nul autre, merci encore, senior ! ; Clément Dossin, qui m'a permis de payer mon loyer avec un paquet de doubles pages rugby ; Marc Ventouillac – malgré

« Lancelot » – ; Alex Roos, le Daudet et les plus belles punchlines de l'histoire de la rue Princesse ; Alex Bardot – promis, je suis sobre – ; Romain Lefebvre ; Jean-Denis Coquard – 6 juillet 2008, 21 h 16 – ; Vincent Cognet – Yes, Sir – ; Mamie Sophie Dorgan ; Franck Ramella – oui, même toi, mon vieux – ; Clémentine Blondet ; Fred Bernès – team houmous à jamais – et tous les autres.

Je n'oublie pas, non plus, Ali Farhat, qui m'a donné l'envie de me lancer dans ce projet ; Stéphane Béchaux du CELSA ; les gars du *Dauphiné*, à Grenoble, Éric Clert et Benoît Lagneux ; Hervé Dacquet, du *Parisien* ; et toute la team So Press, de *So Foot* à *Tampon*.

Je remercie, également, mes amis, notamment Nico, Fraio et Radou, qui ne m'ont pas lâché, même quand je faisais tout pour. Et je remercie, enfin, ma famille : les cousins qui ont supporté mon addiction au sport chaque été à *L'Oursinade* ; le frangin et la frangine, Matthieu et Clémence, que je ne vois pas assez souvent ; et puis, bien sûr, mes parents, sans lesquels je n'aurais sans doute pas dépassé le collège. Le reste, ils le savent.

Composition et mise en pages
Nord Compo à Villeneuve-d'Ascq